Führungswissen für kleine und mittlere Unternehmen
Band 1

Kurt Nagel
Heinz Stark

Marketing und Management

Das Standard-Lehrwerk für den Studiengang Betriebswirt des Handwerks, entwickelt im Auftrag der Landesakademie Baden-Württemberg

Band 1

Förschler/Hümer/Rössle/Stark (Hrsg.)
Führungswissen für kleine und mittlere Unternehmen

Kurt Nagel/Heinz Stark
Marketing und Management

3. Auflage 2001

Holzmann Buchverlag

3., überarbeitete Auflage 2001
© 2001 by Hans Holzmann Verlag, Bad Wörishofen
Umschlaggestaltung: Atelier Günter Egger, Bad Wörishofen
Herstellung: Schätzl Druck, Donauwörth
Art.-Nr. 1821
ISBN 3-7783-0502-6
Printed in Germany

Teil I: Management (Kurt Nagel) ... 11

1. Tendenzen in der Unternehmensführung ... 11
        Wiederholungsfragen zum 1. Kapitel ... 17

2. Das Wertesystem ... 18
   2.1   Elemente der Unternehmensführung ... 18
   2.2   Die Unternehmensgrundsätze ... 22
        Wiederholungsfragen zum 2. Kapitel ... 25

3. Strategien ... 26
   3.1   Wettbewerbsanalyse ... 29
   3.2   Produkt-/Dienstleistungsanalyse ... 32
   3.3   Analyse der strategischen Ausrichtung ... 35
        3.3.1   Die Strategie der Kosten- oder Preisführerschaft ... 35
        3.3.2   Die Strategie der Differenzierung ... 36
        3.3.3   Die Strategie der Konzentration ... 37
   3.4   Innovations-Analyse ... 37
   3.5   Erfolgsfaktoren ... 39
        Wiederholungsfragen zum 3. Kapitel ... 51

4. Unternehmensziele ... 52
   4.1   Die Notwendigkeit von Zielsystemen ... 52
   4.2   Einteilung der Ziele ... 52
   4.3   Formulierung von Teilzielen ... 54
   4.4   Kooperative Zielvereinbarung ... 54
        Wiederholungsfragen zum 4. Kapitel ... 59

5. Planung und Kontrolle ... 60
   5.1   Begriff der Planung und Kontrolle ... 60
   5.2   Zweck der Planung ... 60

5.3		Grundlagen der Planung	61
	5.3.1	Analyse der Vergangenheit	61
	5.3.2	Die vorhandenen bzw. zu schaffenden Kapazitäten	61
	5.3.3	Prognosen externer Gegebenheiten für die Zukunft	61
	5.3.4	Zielfindung und Zielsetzung	61
5.4		Planhierarchie	62
5.5		Planungsgrundsätze	62
5.6		Thesen zum Aufbau eines Planungssystems	63
5.7		Thesen zum Aufbau eines Kontrollsystems	64
5.8		Ausgewählte Formulare zur Planung	65
	5.8.1	Finanzplanung	65
	5.8.2	Vertriebsplanung	71
5.9		Wesentliche Vorteile einer Planung	73
		Wiederholungsfragen zum 5. Kapitel	76

6. Organisation und Information 77

6.1		Eigenschaften von Organisationen	77
6.2		Anforderungen an Organisationssysteme	78
6.3		Maximen für die Aufbau- und Ablauforganisation	79
	6.3.1	Aufbauorganisation	79
	6.3.2	Ablauforganisation	80
6.4		Erhebungstechniken	80
6.5		Phasenkonzepte in der Organisationsgestaltung	83
	6.5.1	Vorteile von Phasenkonzepten	83
	6.5.2	Einzelne Phasen der Organisation	85
6.6		Projektmanagement	86
6.7		Erfolgreiches Organisationsverhalten	93
6.8		Wesentliche Methoden zum Aufspüren von Kosteneinsparungen	93
	6.8.1	Gemeinkosten-Wertanalyse	93
	6.8.2	ABC-Analyse	95
	6.8.3	Die Pareto-Analyse	96
	6.8.4	Lean Management	98
		6.8.4.1 Stellenwert und Begriffsklärung	98
		6.8.4.2 Arbeitsprinzipien von Lean Management	100

6.9	Qualität und ISO-Normen		101
	6.9.1 Qualität und Qualitätsmanagement		101
	6.9.1.1	Die wesentlichen Gründe für den heutigen Stellenwert	101
	6.9.1.2	Der Begriff „Qualität"	102
	6.9.1.3	Der Begriff „Qualitätsmanagement"	103
	6.9.2 Die 4 P's des Qualitätssystems		105
	6.9.3 Vorgehensweise bei der Einführung eines Qualitätsmanagement-Systems nach DIN EN ISO 9001		108
	Wiederholungsfragen zum 6. Kapitel		109

7. Entscheidungstechniken ... 110

7.1	Bedeutung einer systematischen Entscheidungsfindung	110
7.2	Die Nutzwertanalyse – eine Technik zur Entscheidungsfindung	110
7.3	Der Einsatz von Checklisten als Entscheidungshilfe – dargestellt am Beispiel Projektmanagement	115
	Wiederholungsfragen zum 7. Kapitel	122

Teil II: Marketing (Heinz Stark) ... 123

8. Marketing – kritischer Erfolgsfaktor der Unternehmensführung ... 123

8.1	Zur Notwendigkeit von Marketing		123
8.2	Aufgaben und Ziele im Marketing		125
	8.2.1	Bestimmung der Geschäftsfelder	125
	8.2.2	Marketing-Basisziele	126
	8.2.3	Marketing-Aktionsziele	130
8.3	Marketing als Managementaufgabe		131
	8.3.1	Marketing und Geschäftserfolg	131
	8.3.2	Marketing und E-Business	131
8.4	Marketing und Standortwahl		135
	8.4.1	Betrieblicher Standort	135
	8.4.2	Innerbetrieblicher Standort	137
	Wiederholungsfragen zum 8. Kapitel		138

9. Marketing – Grundstrategien 139
- 9.1 Problemlösungsstrategie 139
- 9.2 Wettbewerbsstrategie 140
  - 9.2.1 Strategie der Preisorientierung 141
  - 9.2.2 Strategie der Leistungsorientierung 141
- 9.3 Profilierungsstrategie 142
- 9.4 Segmentierungsstrategie 148
- 9.5 Wachstumsstrategie 151
  - 9.5.1 Grundformen 151
  - 9.5.2 Kooperation 154
- 9.6 Marktbearbeitungsstrategie 157
- Wiederholungsfragen zum 9. Kapitel 159

10. Marketing – Informationsinstrumente 160
- 10.1 Marktforschung 160
  - 10.1.1 Gründe und Aufgaben 160
  - 10.1.2 Methoden und Verfahren 163
  - 10.1.3 Informationsquellen 166
- 10.2 Betriebsanalyse 173
- Wiederholungsfragen zum 10. Kapitel 175

11. Marketing – Gestaltungsinstrumente 176
- 11.1 Die Marketing-Instrumente im Überblick 176
- 11.2 Das Leistungsprogramm 177
  - 11.2.1 Entscheidungen der Leistungspolitik 177
    - 11.2.1.1 Entscheidungsfelder 177
    - 11.2.1.2 Entwicklung und Bewertung neuer Leistungen 179
    - 11.2.1.3 Änderungen bei den Marktleistungen 186
    - 11.2.1.4 Entscheidungen bei ertragsschwachen Leistungen 188
  - 11.2.2 Entscheidungen zur Servicepolitik 190
    - 11.2.2.1 Profilierende Nebenleistungen 190
    - 11.2.2.2 Abschlussbezogene Serviceleistungen 193
    - 11.2.2.3 Verwendungsbezogene Serviceleistungen 193
- 11.3 Preise und Konditionen 196

	11.3.1	Arten der Preisbildung	196
		11.3.1.1 Kostenorientierte Preisbildung	198
		11.3.1.2 Nachfrageorientierte Preisbildung	200
		11.3.1.3 Konkurrenzorientierte Preisbildung	201
	11.3.2	Anlässe der Preisbildung	202
		11.3.2.1 Erstmalige Preisbildung durch das Unternehmen	202
		11.3.2.2 Preisänderung durch das Unternehmen	202
		11.3.2.3 Preisänderung durch die Konkurrenz	203
	11.3.3	Instrumente der Preisgestaltung	203
		11.3.3.1 Rabatte	203
		11.3.3.2 Konditionen	205
		11.3.3.3 Kreditgewährung	205
11.4	**Marketing-Kommunikation**		**206**
	11.4.1	Werbung	206
		11.4.1.1 Werbeziele	206
		11.4.1.2 Werbearten	209
		11.4.1.3 Werbebudget	210
		11.4.1.4 Werbeaussagen	213
		11.4.1.5 Werbemittel und Werbeträger	213
	11.4.2	Verkaufsförderung	218
		11.4.2.1 Sachliche Mittel zur Verkaufsförderung	219
		11.4.2.2 Personenbezogene Maßnahmen zur Verkaufsförderung	220
	11.4.3	Öffentlichkeitsarbeit	221
	11.4.4	Imageprägender Kommunikations-Mix	224
11.5	**Verkauf und Vertrieb**		**228**
	11.5.1	Wahl der Absatzwege	228
	11.5.2	Wahl der Absatzform	230
		11.5.2.1 Vertragliche Aspekte	230
		11.5.2.2 Institutionelle Maßnahmen	232
		11.5.2.3 Personelle Gesichtspunkte	232
	11.5.3	Vertriebslogistik	235
		Wiederholungsfragen zum 11. Kapitel	237

12. Marketing – Steuerungsinstrumente ... 239

12.1	**Marketingplanung**		**239**
	12.1.1	Zur Planung in Klein- und Mittelbetrieben	239
	12.1.2	Ziele und Aufgaben	239
	12.1.3	Aufbau und Gestaltung	242

12.2 Marketingkontrolle 249
    12.2.1 Aufgaben und Ablauf. 249
    12.2.2 Strukturanalysen. 250
    12.2.3 Erfolgsanalysen 254
            Wiederholungsfragen zum 12. Kapitel 258

Teil I: Management (Kurt Nagel)

1. Tendenzen in der Unternehmensführung

Die Welt im Bereich der Unternehmensführung steht Kopf. Vieles, was früher richtig war, ist heute mehr und mehr mit einem Fragezeichen zu versehen. Dies betrifft alle Gebiete: Erfahrungen, Konzepte und Methoden ebenso wie Prognosen, Werteinstellungen und Umfeldänderungen. Die Turbulenzen nehmen zu.

Wer bisher erfolgreich agierte, kann morgen nur gute Zahlen schreiben, wenn Postulate wie
- Flexibilität,
- Schnelligkeit,
- Innovation und ein
- Subunternehmertum

ständig gelebt werden.

Voraussetzungen erfolgreichen Unternehmertums

Siehe hierzu Abbildung 1 „Paradigmen-Wandel".

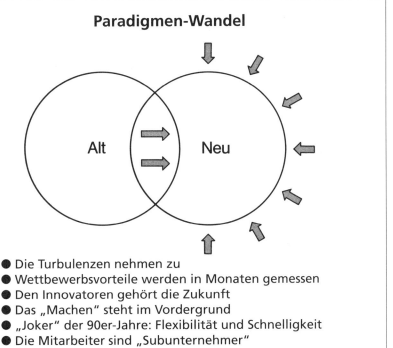

Paradigmen-Wandel

- Die Turbulenzen nehmen zu
- Wettbewerbsvorteile werden in Monaten gemessen
- Den Innovatoren gehört die Zukunft
- Das „Machen" steht im Vordergrund
- „Joker" der 90er-Jahre: Flexibilität und Schnelligkeit
- Die Mitarbeiter sind „Subunternehmer"

Abb. 1: Paradigmen-Wandel

1. Tendenzen in der Unternehmensführung

Flexibilität

Von der Notwendigkeit der **Flexibilität** sprechen alle. Im Vordergrund stehen dabei Aussagen wie:
- Die klassische Aufbauorganisation mit zahlreichen hierarchischen Ebenen ist einfach zu schwerfällig. Die „Pyramide" im Organisationsaufbau ist durch eine „Zwiebel" mit möglichst wenig Entscheidungsebenen abzulösen.
- Das Denken in „Abteilungen" und „Zuständigkeiten" ist problematisch. In einer Zeit, in der in Europa zahlreiche Barrieren niedergerissen werden, kann man Unternehmen nicht „abteilen" und ein Klima für Abteilungs- und Ressortegoismen schaffen. Das sterile Praktizieren von Zuständigkeiten bewirkt bei den Betroffenen nichts anderes, als dass man „ständig zu" ist.
- Flexibilität setzt ein Denken in Prozessen voraus. Diese Prozesse dürfen nicht nur auf die Unternehmung selbst fixiert sein, sondern sie sind übergreifend im Sinne der Einbindung der Lieferanten und Kunden zu optimieren.
- Mit organisatorischen Voraussetzungen klassischer Art wie z. B. Stellenbeschreibungen kann man Flexibilität nicht realisieren. Sind diese nicht ein gutes Beispiel für gegenteilige Eigenschaften von Flexibilität? Stehen sie doch für Begriffe wie
  - statisch,
  - inhaltlich überholt,
  - eine geringe Nutzung des Mitarbeiterpotentials,
  - fehlende Mitwirkung der Betroffenen und
  - starres Korsett.

Schnelligkeit

Zu einem wichtigen Joker in der letzten Dekade dieses Jahrtausends wird die **Schnelligkeit.** Es werden nicht mehr die großen Unternehmen die kleinen fressen, sondern die schnellen die langsamen.

Die Veränderungen in der Umwelt nehmen dramatisch zu. Dies gilt u. a. für
- die Orientierungsrichtung,
- die Einflussgrößen,
- die Umwelt-/Unternehmensgeschwindigkeit,
- die Selbst- und Fremdbestimmung,
- den Bekanntheitsgrad der Ereignisse und
- die Prognostizierbarkeit der Zukunft.

Ökologisches Gesetz des Lernens

Das **ökologische Gesetz des Lernens** bringt zum Ausdruck, dass eine Spezies nur dann überleben kann, wenn ihre Lerngeschwindigkeit gleich oder größer ist als die Änderungsgeschwindigkeit des Umfeldes. Dieses Gesetz lässt sich auch auf Unternehmen übertragen. Eine Analyse der Änderungsgeschwindigkeit der externen und internen Faktoren ist unabdingbar.

Schnelle Entscheidungen

Bezüglich der Schnelligkeit wird darauf hingewiesen, dass diese nicht nur in physischen Prozessen stattzufinden hat, sondern insbesondere im Kopf. Es gilt einfach auch, Entscheidungen schneller zu treffen. Tom Peters, einer der großen Gurus für erfolgreiches Management, signalisiert: „Heute sind häufig neun von zehn Entscheidungen allein schon deshalb falsch, weil sie zu spät getroffen werden." Solange einzelne Manager einen hohen Anteil ihrer Zeit einfach darauf verwenden, den Stuhl, auf dem sie sitzen, nach rechts und links, nach oben und unten durch unzählige Verifikationsprozesse abzusichern und nicht bereit sind, ein angemessenes Risiko einzugehen, kann von Schnelligkeit nicht gesprochen werden.

> Michael Porter, ein weltbekannter Wettbewerbsstratege, verdeutlicht dies durch eine treffende Aussage: „Wer heute nicht agiert, wird künftig gezwungen sein, einen Wandel hinzunehmen, den **andere** eingeleitet haben."

Bei der Realisierung der Schnelligkeit spielen Informationssysteme und Logistiksysteme eine wesentliche Rolle. War bisher die strategische Produktivkraft das Kapital, sind es jetzt **Information, Wissen und Kreativität** der Mitarbeiter und Führungskräfte in einem Unternehmen.

Bedeutung der Informations- und Logistiksysteme

Die Informationstechnologie durchdringt alle Bereiche, jeder kommuniziert mit jedem, ein sehr hoher Grad an Transparenz wird erreicht; es findet eine verstärkte Delegation von Verantwortung, Aufgaben und Befugnissen statt.

Es kommt zu Verknüpfungen von selbstständigen, organisatorischen Einheiten; informationswirtschaftliche Einheiten entstehen über die betriebswirtschaftlichen Einheiten (Unternehmen) hinaus. Das Management sieht sich damit neuen Dimensionen der Investitionsentscheidungen und damit größeren Risiken gegenüber. Es wächst der Zwang zu „Muss-Investitionen".

Mehr und mehr wird den **Innovatoren** die Zukunft gehören. Innovationen werden sich dabei nicht nur auf Produkte beziehen, sondern verstärkt auf Märkte, Zielgruppen und Prozesse. Es gilt, Bestehendes in Frage zu stellen und zu verändern. Innovationen gedeihen nur in einem vertrauensvollen Klima, das geprägt ist von einer positiven Einstellung der Unternehmensführung und der Mitarbeiter. Innovationen entstehen im ganzen Kopf des Menschen. Wichtig wird dabei sein, beide Hirnhälften einzusetzen. Während die linke Hirnhälfte die Sinneseindrücke logisch-analytisch verarbeitet, rational, linear, folgerichtig und konservativ denkt, kann die rechte Hirnhälfte ganzheitlich aus der Erfahrung heraus denken und sehr kreativ und phantasievoll arbeiten. Die „logische" linke und die „kreative" rechte Seite müssen gleichzeitig aktiviert werden, um größtmögliche Innovationen zu erreichen.

Bedeutung von Innovationen in der Zukunft

Genauso wichtig wie die zielgerichtete Beeinflussung der Sachaufgaben ist die optimale Lösung der Personenaufgaben (siehe Abbildung 2 „Ziele der Unternehmensführung").

Der **Mitarbeiter der Zukunft muss unternehmerisch denken und handeln.** Zukunftsorientierte Unternehmen sind heute mehr denn je auf Innovationen, auf die Entwicklung neuer Ideen, Techniken und Produkte angewiesen. Organisationen benötigen Mitarbeiter, die durch ihre Fähigkeiten solche Erneuerungsprozesse auslösen, die eine Firma wettbewerbsfähig machen. Dazu ist jedoch die **Zusammenarbeit aller Unternehmensmitglieder,** eine **Kürzung überflüssiger Hierarchieebenen** und ein **vernetztes, kybernetisches Denken** notwendig. Um diese Fähigkeiten aber nutzen zu können, ist es ratsam, die eigenen Gaben und Schwachstellen zu analysieren. Es ist wichtig, sich dabei insbesondere auf die eigenen Stärken zu besinnen. Viele Menschen verfügen über ein eindrucksvolles Wissen und Können; das meiste davon bleibt

Mitarbeiter der Zukunft

jedoch ungenutzt, weil die Einsatzbereitschaft mangels innerer Einstellung zur Aufgabe fehlt – und diese ist es, die Leistung und Ergebnisse schafft.

Heute sehen sich zahlreiche Unternehmen – vom Erfolg vergangener Jahrzehnte verwöhnt – einem harten Verdrängungswettbewerb ausgesetzt, bei dem sie nicht selten die Verlierer sind. Dies macht deutlich, dass heute mit den Konzepten der Vergangenheit kaum noch Gewinne erzielt und erst recht nicht die Probleme der Zukunft gelöst werden können. Es sind nur die herausragenden Unternehmen, die heute bereits die menschlichen Fähigkeiten als ihre zukünftigen Ressourcen betrachten, die bewusst und aktiv kultiviert werden müssen. In Zukunft werden Finanzen und Maschinenpark passive Handelsgüter sein, während das Humankapital – als Investment betrachtet – eine aktiv sprudelnde Quelle ist, die durch das Einbeziehen hoch motivierter Menschen in das Firmengeschehen ausgeschöpft wird. Dieses menschliche Potenzial ist es, das eine Brücke schlägt vom ausklingenden Industriezeitalter zum längst begonnenen Informationszeitalter.

Bedeutung der Mitarbeiter für Unternehmenserfolg

Arbeitszufriedenheit und Motivation der Mitarbeiter haben heute entscheidenden Einfluss auf den Unternehmenserfolg. Die Erwartungshaltung der Mitarbeiter tendiert dabei mehr und mehr zur Selbstverwirklichung in der Arbeitswelt. Es ist ein Wertewandel eingetreten. Die Intensivierung der Ansprüche auf Lebensqualität und Selbstverwirklichung der eigenen Person ist zum allgemein erklärten Ziel geworden. Das Anerkennungsbedürfnis wurde noch vor dem Besitzbedürfnis die stärkste Antriebskraft für menschliche Leistungen. Während früher das ökonomische Prinzip eine Spezialisierung der Tätigkeitsfelder erforderlich machte, kommt durch die technische Neuorientierung eine Umkehr: Dezentralisierung der Entscheidung, Schaffung von überschaubaren Einheiten, Einsetzen von aktionsorientierten Arbeitsgruppen, verstärkte Selbststeuerung des Einzelnen und Integration unterschiedlicher Tätigkeitsfelder sind die Lösungsansätze von heute und die der Zukunft.

> Ferner werden **die** Unternehmen erfolgreich sein, in denen die Mitarbeiter erkennen, dass ihre Leistung zum Aufbau der Firma gleichzeitig einen Diedirekten Beitrag zu ihrer persönlichen Entfaltungsmöglichkeit darstellt.

Die wesentlichen Entwicklungen im Bereich der Unternehmensführung gehen aus der Abbildung 3 „Tendenzen in der Unternehmensführung" hervor.

1. Tendenzen in der Unternehmensführung

Ziele der Unternehmensführung

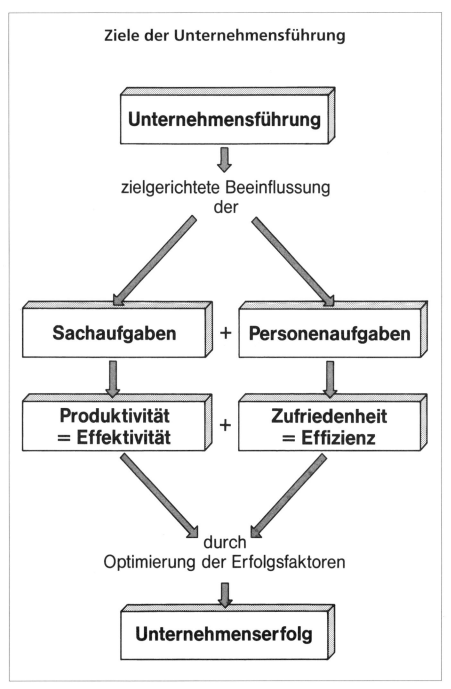

Abb. 2: Ziele der Unternehmensführung

1. Tendenzen in der Unternehmensführung

Tendenzen in der Unternehmensführung

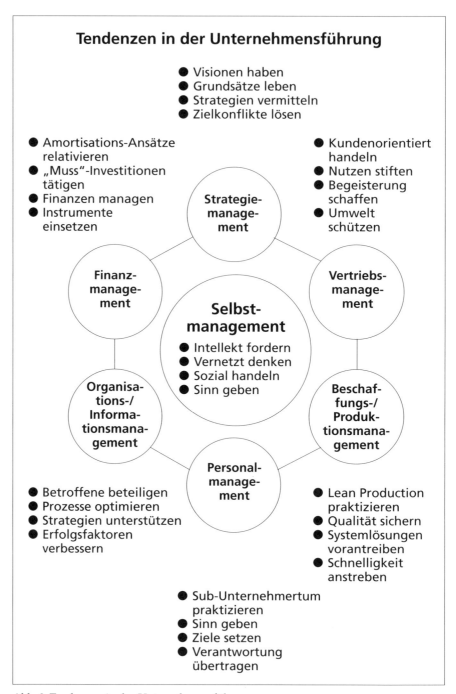

Abb. 3: Tendenzen in der Unternehmensführung

Wiederholungsfragen zum 1. Kapitel

1. Was versteht man unter dem ökologischen Gesetz des Lernens? (Seite 12)
2. Wie interpretieren Sie die Rolle des Mitarbeiters als Mitunternehmer? (Seite 13)
3. Welche Ziele verfolgt die Unternehmensführung? (Seite 15)
4. Skizzieren Sie die wesentlichen Tendenzen in der Unternehmensführung. (Seite 16)
5. Finden Sie Beispiele für Innovationen im Handwerk. (Seite 13)

2. Das Wertesystem

2.1 Elemente der Unternehmensführung

In der heutigen Zeit wird den Unternehmen mehr und mehr deutlich, dass bei sich verändernden Umweltsituationen kurzfristige Anpassungen oft nur schwer möglich sind. Es tritt klar die Forderung nach einer längerfristigen Absicherung auf. Dies bedeutet die Einbindung der Planungs- und Kontrollsysteme in die Unternehmensgrundsätze und -strategien (siehe Abbildung 4 „Elemente der Unternehmensführung").

Unternehmensgrundsätze

Die **Grundsätze einer Organisation** (Geschäftsgrundsätze, Corporate Identity und Corporate Image) geben den Rahmen für die Unternehmensstrategie ab.

Unternehmensgrundsätze schaffen für alle Mitglieder einer Organisation ein „Wir-Gefühl". Führungskräfte und Mitarbeiter haben sich mit den Grundsätzen zu identifizieren. Zunächst ist es notwendig, diese Grundsätze eindeutig zu erarbeiten. Denn für Werte und Aufgaben, die man als erstrebenswert und wertvoll erkannt hat, können Mitarbeiter sich wesentlich effizienter einsetzen als für solche, deren Wert man nur vage ahnen kann oder gar anzweifeln muss.

In zahlreichen Untersuchungen kam zum Ausdruck, welche Bedeutung Geschäftsgrundsätze für den Unternehmenserfolg haben.

Bedeutung

Durch das Vorhandensein eines gelebten Wertgefüges existiert für die Betriebsmitglieder ein verlässlicher sozialer Bezugsrahmen, der ihnen ein Zusammengehörigkeitsgefühl, d. h. ein „Wir-Bewusstsein", vermittelt.

Strategische Planung

Aus Untersuchungen geht hervor, dass das Top-Management als seine wichtigste Aufgabe die strategische Planung ansieht. Nach einer Studie der Hochschule St. Gallen und der Personalberatung Heidrick and Struggles bezeichneten Entscheidungsträger als ihre wichtigste Aufgabe die strategische Planung (57 % der Nennungen). Die Frage, wieviel Zeit sie für diese Aufgabe wahrnehmen, wurde in der Untersuchung mit 8,6 % beantwortet.

In der Praxis verfügen die wenigsten Unternehmen über klare Strategien. Die Strategien sollten dabei auf einen Planungshorizont von durchschnittlich drei bis fünf Jahren ausgelegt sein. Dieser Zeitraum deckt sich häufig auch mit den durchschnittlichen Produkt-Lebenszeiten.

Aufgabe

Die **strategische Planung** hat z. B. Antworten auf Fragen zu geben wie:
- Wie sieht die Nachfrage nach den von uns angebotenen Produkten bzw. Dienstleistungen mittel- und längerfristig aus?
- Wie wird der Wettbewerb sich in der Branche mittelfristig und langfristig entwickeln?
- Wie verändern sich die Wettbewerbskräfte in den nächsten Jahren?
- Verfügen wir über genügend hohe Eintrittsbarrieren gegenüber neuen Wettbewerbern?
- Welche Stärken können mittelfristig gegenüber den Konkurrenten ausgebaut werden?

2.1 Elemente der Unternehmensführung

Elemente der Unternehmensführung

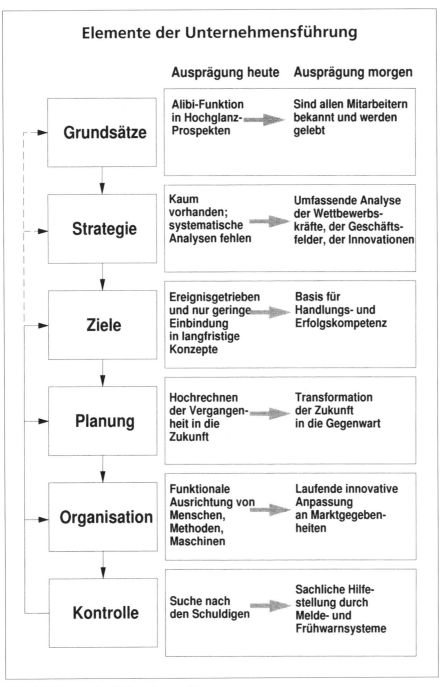

Abb. 4: Elemente der Unternehmensführung

- Welche strategische Ausrichtung wird angestrebt (Kostenführerschaft, Differenzierung, Nischenorientierung)?
- Welche Geschäftsfelder werden in welchem Umfang unseren Umsatz ausmachen?
- Welche innovativen Ansätze sehen wir für unser künftiges Geschäft?

Diese Überlegungen machen die strategische Planung aus. An dieser Stelle sei auch auf die Abgrenzung zur taktischen und operativen Planung verwiesen, die vorwiegend für die mittelfristige bzw. kurzfristige Sicht verwendet wird. Die wesentlichen Anforderungen an den strategischen Plan und die Unterschiede zum operativen Plan gehen aus der Abbildung 5 „Operativer und strategischer Plan – Vergleichende Darstellung" hervor.

Unternehmensziele

Aus der Strategie sind die Ziele abzuleiten. Die Zielrichtung ist dabei eine angemessene Rendite in der langen Sicht. Daneben können aber weitere, sich ergänzende oder miteinander konkurrierende Teilziele, gegebenenfalls nichtwirtschaftlicher Art, verfolgt werden. Die Ziele zu finden und zu setzen ist die Primäraufgabe der Unternehmensführung. Von ihr kommt die Idee als Ausgangspunkt aller Aktivitäten.

Unsicherheitsfaktoren

Bei der operativen Definition des Zieles und dessen Auflösung in immer detailliertere Teilziele, bis hin zu den Anweisungen für die Arbeitsdurchführung, muss aber berücksichtigt werden,
- dass die Ziele in die Zukunft gerichtet sind und somit zwar wünschenswerte, aber keine sicheren Erwartungen darstellen;
- dass somit auch die Teilziele zwar logisch vom Gesamtziel abgeleitet sind, aber zwangsläufig den Unsicherheitsgrad des Gesamtzieles in sich tragen;
- dass die Definitionen der Aktivitäten zur Erfüllung der jeweiligen Teilaufgabe nach dem ökonomischen Prinzip zwar optimal sein sollen, aber nicht unbedingt sein müssen. Hier werden durch Lernvorgänge aus Erfahrung stets Verbesserungen in Richtung auf das Optimum angestrebt;
- dass die Teilaufgaben Menschen übertragen werden, die
  - nicht über das absolute Gedächtnis verfügen und somit notwendige Aktivitäten auslassen oder falsch absolvieren können und
  - das Recht des Irrtums bzw. des intelligenten Auswegs aus einer unklaren Situation für sich beanspruchen können und das auch tun.

Taktische operative Planung

Die **Planung**, in diesem Sinne die taktische und operative Planung, legt die Schritte zur Erreichung der Ziele fest. Bei der Erarbeitung von Planzahlen werden die Weichen für ein gutes, **effizientes Kontrollsystem** gestellt.

Bei einer mathematischen Gleichung ist ein falsches Ergebnis nicht aus sich falsch; der Fehler liegt auf der linken Seite, im logischen Ansatz. Dort müssen wir auch den Fehler suchen. Wie soll aber der Fehler gefunden werden, wenn der Ansatz nie formal existierte und kein Kontrollsystem für die einzelnen Prämissen besteht? Das heißt, dass die Intensität unserer Kontrollsysteme erheblich verbessert werden muss. Diese Forderung aufzustellen ist sicherlich gedanklich richtig, bei manueller Datenverarbeitung aber genauso sicher nicht voll praktikabel. Bei dem heutigen Stand der Informationsverarbeitung wird die Forderung sinnvoll. Ihre Erfüllung wird den Informationsgrad und damit die Handlungssicherheit erheblich erhöhen.

Operativer und strategischer Plan
Vergleichende Darstellung

Kriterien	Operativer Plan (OP)	Strategischer Plan (SP)
Planungszeitraum	erstreckt sich auf die Zeit, für die die Verantwortlichen ihre OP-Ziele als verbindlich betrachten müssen	erstreckt sich auf die Lebenszeit des am längsten lebenden Produktes
Beteiligung	(möglichst) alle Führungskräfte bis zum Kostenstellenleiter	obere Führungsebene unter Beteiligung von Stabskompetenz
Entscheidungsprozess	überwiegend dezentral	zentral
Entscheidungsgegenstand	viele Einzelentscheidungen, vor allem Finanz- und Marketingsektor; Schwergewicht verschieden. Es gilt das Ausgleichsgesetz der Planung: der Engpasssektor bestimmt den Inhalt und die Form des OP	Entscheidungen mit strategischer Bedeutung: Geschäftsfelder, Kernkompetenzen, Produkte usw.
Ziele	prognoseorientierter OP: bedingt verbindliche Ziele über die prognostizierten vorgegebenen Größen, z. B. Umsatz, Gewinn, Auftragseingang	formal ähnlich wie beim OP, aber ohne direkte Verbindlichkeit; außerdem Formulierung der Ziele des Unternehmens
	budgetorientierter OP: genau spezifizierte und verbindliche Vorgaben über Mengen- und Finanzgrößen und über die dazu genehmigten Ressourcen	
Inhalt	Aufzeichnung des laufenden Geschäfts; ein ausgeglichener Vorschlag, wie in der gegenwärtigen Umwelt mit den Beschränkungen im Rahmen des SP die OP-Ziele erreicht werden; enthält ein detailliertes Zahlenwerk über die Mengen und Finanzen des Unternehmens mit einem unternehmenseigenen Kennzahlensystem	Überlegung, wie langfristig Ziele erreicht werden sollen; Beschreibung, wie die gegenwärtige und zukünftige Produktpalette den Anforderungen des Marktes entspricht und welche Ressourcen benötigt und welche Restriktionen beachtet werden müssen; auch Zahlen, aber Schwergewicht ist: Identifikation von Problemen, die zwischen Funktionen und Bereichen auftreten, und von Risiken und Möglichkeiten des Marktes
Kontrolle	Plan-Ist-, Plan-Plan-, Ist-Ist-Vergleich für viele Positionen mit Abweichungsanalyse und kurzfristigen Anpassungsmaßnahmen; erforderlich ist ein Mindestmaß an Formalismus, z. B. regelmäßige Durchführung	Kontrolle im OP-Sinn nicht möglich; lediglich Überprüfung von Annahmen und gesetzten Bedingungen
Steuerung	steuert alle Tätigkeiten, durch welche vorhandene Produkte auf gegenwärtige Märkte verteilt werden, und beeinflusst somit die Funktionen und Bereiche direkt. Sie spezifiziert die gesamte Arbeit, die im Planungszeitraum getan werden muss; dabei spielt die Kontrolle eine wichtige Rolle	in der Entstehungsphase des SP wird mit Strategien experimentiert (gedanklich); nach Genehmigung durch Unternehmensleitung gibt SP Orientierung für Ziele und Ressourceneinsatz des OP

Abb. 5: Operativer und strategischer Plan – Vergleichende Darstellung

Unterschied operative und strategische Planung

Organisation des Unternehmens	Die **Organisation** hat die Aufgabe, die Voraussetzungen für die Durchführung der Pläne zu schaffen. Damit ist die Planung die Voraussetzung für organisatorische Maßnahmen, und die Organisation stellt sicher, dass das Geplante realisiert wird.
Kontrolle	Die **Kontrolle** vergleicht die tatsächlichen mit den geplanten Ergebnissen. Die Kontrolle hat die Aufgabe:

- in jeder Phase der Zielverfolgung den Erfolg der Aktivitäten zu registrieren, zu messen und mit der bei der Zielauflösung (Planung) gesetzten Sollgröße zu vergleichen;
- die Differenz zwischen Soll und Ist zu analysieren, daraus Anpassungsmaßnahmen abzuleiten, die dann wieder in Anweisungen für neue Aktivitäten formuliert werden;
- dass die gesamte Feststellung, Analyse und Umformung der Differenzen in neue Maßnahmen in einer so großen zeitlichen Übereinstimmung und sachlichen Dichte erfolgt, dass eine nur geringe Abweichung vom gesamten Zielaspekt garantiert ist.

Dieser Gesamtkomplex von Beachten, Messen, Differenzieren und neuem Einwirken im Sinne eines Regelkreises wird als Kontrolle bezeichnet. Wollten wir es kybernetisch ausdrücken, würden wir sagen: **„Kontrolle ist das Wirksamwerden von Regelkreisen"**.

2.2 Die Unternehmensgrundsätze

Generelle Unternehmensgrundsätze	Ein auf Dauer und Bestand gerichtetes Unternehmen muss feste Grundsätze haben, die normalerweise unverändert sind. **Generelle Grundsätze** können sein:

- „Achtung vor den Rechten und der Würde jedes Mitarbeiters",
- „Bester Kundendienst",
- „Hervorragende Qualität",
- „Faire geschäftliche Beziehungen zu den Lieferanten",
- „Hohe Verantwortung des Unternehmens gegenüber der Umwelt".

Geschäftsgrundsätze schaffen in Unternehmen ein „Wir-Gefühl", das eine hohe Leistungsbereitschaft auf allen Ebenen initiiert. Sie können u.a. festlegen

Bereiche für Grundsätze	– **Tätigkeitsfeld der Unternehmung**

  • Produkte, Abnehmerkreis, Schwerpunkte des künftigen Angebots,
- **Wachstums- und Expansionspolitik**
  • Vorbedingungen, Grenzen, Vorgehen, Konkurrenz,
- **Finanzpolitik**
  • Finanzierung, Investition, Kreditpolitik, Gewinnpolitik, Bilanzpolitik, Kostenrechnung,
- **Absatzpolitik**
  • Auftragsstruktur, Leistungsbereitschaft, Absatzmethode, Absatzwege, Werbepolitik, Preispolitik, Kundendienst,
- **Beschaffungspolitik**
  • Lager- und Vorratspolitik, Kredit und Leasing,

- **Beziehungen zu Kapitalgebern**
  - Banken, Anteilseigner,
- **Beziehungen zu den Mitarbeitern**
  - Personalpolitik, Einstellungsprinzipien, Gehaltspolitik,
- **Beziehungen zur Öffentlichkeit, Verbänden**
  - Public Relations, Informationspolitik.

Die Geschäftsgrundsätze müssen von allen Mitarbeitern einer Organisation „gelebt" werden. Dies bedeutet, dass die Grundsätze

Anforderungen an Grundsätze

- schriftlich fixiert,
- den Mitarbeitern laufend bekannt gegeben und
- verstärkt publiziert werden.

Im Folgenden werden die Unternehmensgrundsätze einer mittelständischen Bauunternehmung wiedergegeben. Mit den Unternehmensgrundsätzen wurde eine Basis geschaffen, die sowohl bei Auftraggebern als auch bei Auftragnehmern Partnerschaften gedeihen lässt. Dies führte zu dem Wahlspruch dieses Hauses „Partner für die Zukunft".

Praxis-Beispiel:

„Um unsere gemeinsame Zukunft selbst noch erfolgreicher zu gestalten, sind diese Unternehmensgrundsätze entstanden. Sie bewirken in zunehmendem Maße ein positives, einheitliches Erscheinungsbild unseres Unternehmens und geben unserer Arbeit ihren Sinn. Jeder Mitarbeiter hat sich selbst entschieden, in dieser Unternehmung zu arbeiten. Dadurch hat er sowohl die Chance, aber auch die Pflicht, an der Verwirklichung der Unternehmensziele mitzuarbeiten. Rechtzeitige Information aller Mitarbeiter über die Ziele, Leistungen und Fehlentwicklungen im Unternehmen macht jeden Einzelnen für den Erfolg mitverantwortlich. In dem Maß, in dem sich jeder mit den Unternehmenszielen identifiziert, schafft er auch die Voraussetzungen für seinen persönlichen Erfolg. Darüber hinaus sind alle Mitarbeiter zur Schwachpunktanalyse und -beseitigung aufgefordert. Aufgeschlossenheit gegenüber Neuem, Toleranz und Mut zu Veränderungen sind Voraussetzungen für die Entwicklung des Unternehmens und der persönlichen Entwicklung jedes Einzelnen. Jeder Mitarbeiter ist nach außen Mitrepräsentant der Firma. Daraus erwächst die Verpflichtung, sein Tun und Handeln an den Firmengrundsätzen zu orientieren. Gegenseitiges Vertrauen bildet die Grundlage dieser Unternehmensgrundsätze. Das Vertrauen unserer Kunden können wir nur durch fachkompetente Lösung der Aufgabenstellung und klare, faire und zielorientierte Handlungsweise gewinnen.

Die Unternehmensgrundsätze sind:

1. Dem Kunden dienen.
2. Verantwortungsbewusstsein gegenüber Umwelt und Natur, Gemeinwesen, Lieferanten und Öffentlichkeit.
3. Mitarbeiterförderung.

1. Dem Kunden dienen

Den Belangen unserer Kunden fühlen wir uns in höchstem Maße verpflichtet.

Gemeinsame Lösungen
Zusammen mit unserem Auftraggeber erarbeiten wir für jede an uns gestellte Bauaufgabe die optimale Lösung und berücksichtigen dessen individuelle Anforderungen in vollem Umfang.

Innovationskraft
Aufgeschlossen, kreativ und offen für die Entwicklung neuer Technologien. Fähigkeit zum Umdenken, positive Einstellung und Vertrauen in die Zukunft sowie in die Leistungsfähigkeiten des menschlichen Geistes, für die Probleme von morgen Lösungen zu finden.

Glaubwürdigkeit
Zuverlässigkeit in der Einhaltung von Terminzusagen und von Preisgarantien haben Vorrang vor kurzfristigem wirtschaftlichem Erfolg. Wir geben kein Versprechen, das wir nicht halten können – wenn wir etwas versprechen, setzen wir alles daran, es zu halten.

2. Verantwortungsbewusstsein
gegenüber Umwelt und Natur, Gemeinwesen, Lieferanten und Öffentlichkeit. Wir begreifen uns selbst als Teil des Ganzen, unser Denken ist deshalb ganzheitlich. Wahrung der Balance des Ganzen, statt Herausgreifen von Einzelproblemen. Faire und partnerschaftliche Behandlung gilt auch gegenüber unseren Auftragnehmern und Lieferanten. Verzicht auf Machtmissbrauch gegenüber dem jeweils schwächer Gestellten.

3. Mitarbeiterförderung
Aufbauender, fördernder Umgang mit jedem Mitarbeiter. Vertrauen in die Fähigkeiten jedes einzelnen Menschen. Die Gemeinsamkeit im Wollen und Können bestimmt im Wesentlichen unseren Erfolg. Positiv denken und handeln heißt: Trotzdem bejahen, trotz der Kenntnis der ganzen Wirklichkeit. Positive Grundhaltung heißt auch, die Notwendigkeit akzeptieren, hin und wieder deutlich ‚nein' zu sagen."

Wiederholungsfragen zum 2. Kapitel

1. Skizzieren Sie die Elemente der Unternehmensführung. (Seite 18)
2. Was versteht man unter einem operativen Plan und was unter einem strategischen Plan? (Seite 21)
3. Nennen Sie Beispiele für Unternehmensgrundsätze! (Seite 22)
4. Welche Bedeutung haben Unternehmensgrundsätze in der Praxis? (Seite 23)

3. Strategien

Elemente zur Strategieentwicklung

Strategien müssen systematisch erarbeitet werden. Dazu ist es notwendig, mehrere Bausteine zu beachten. Die Abbildung 6 „Entwicklung und Umsetzung von Strategien" verdeutlicht die Einordnung der Wettbewerbsanalyse **(Ziffer 1)**.

Wettbewerbsanalyse

Die **Wettbewerbsanalyse** kann unterschiedlichen Zielen dienen. Im Vordergrund stehen u. a.
- die Analyse der Mitbewerber,
- die Entwicklung der Absatzmärkte,
- die Analyse der Abnehmer von heute,
- die Erwartungen der Abnehmer von morgen,
- Status und Tendenzen im Lieferantenmarkt,
- die Entwicklung der Branche bzw. Subbranche,
- die Bedrohungen des Wettbewerbs,
- Einflüsse der Technologie auf den Markt bzw. die Märkte,
- der Wettbewerb unter internationalen Aspekten.

Produktanalyse

Das Erarbeiten von Strategien verlangt neben der Analyse der Wettbewerbskräfte auch eine detaillierte **Produktanalyse.** Diese wird heute vornehmlich mit Hilfe der Portfolio-Analyse durchgeführt **(Ziffer 2)**. Sie macht deutlich, mit welchen Produkten eine Organisation derzeit verstärkt ihren Umsatz generiert und welche Chancen das heutige Produktangebot in der Zukunft hat.

Daraus können Überlegungen abgeleitet werden wie:
- Stellt der Anteil der Produkte mit einem hohen Marktpotential die künftigen Umsatzentwicklungen sicher?
- Ist eine angemessene Aufteilung der gesamten Produktpalette hinsichtlich **„Nachwuchsprodukte"** (Produkte, die neu auf den Markt kommen), **„Sterne"** (Produkte, die ein starkes Wachstum aufweisen), **„Melkkühe"** (Produkte mit einem hohen Marktanteil) und **„Auslaufprodukte"** (Produkte mit einem zurückgehenden Marktanteil) gegeben?
- Welche Gewinne/Deckungsbeiträge erbringen die einzelnen Produkte?
- Wie ist die Struktur der Marktanteile heute und wie wird sich diese verändern?

Strategische Ausrichtungsanalyse

Auch die **Fixierung der strategischen Ausrichtung** hat einen hohen Stellenwert im unternehmerischen Gesamtkonzept. Die Abbildung „Entwicklung und Umsetzung von Strategien" **(Ziffer 3)** lässt dies erkennen. Bezüglich dieses Bausteins geht es u. a. um die Beantwortung der folgenden Fragen:
- Welche der drei strategischen Ausrichtungen:
  - Kostenführerschaft,
  - Differenzierung (Mehrwert),
  - Nischenstrategie,

  ist für die Organisation dominant?

3. Strategien

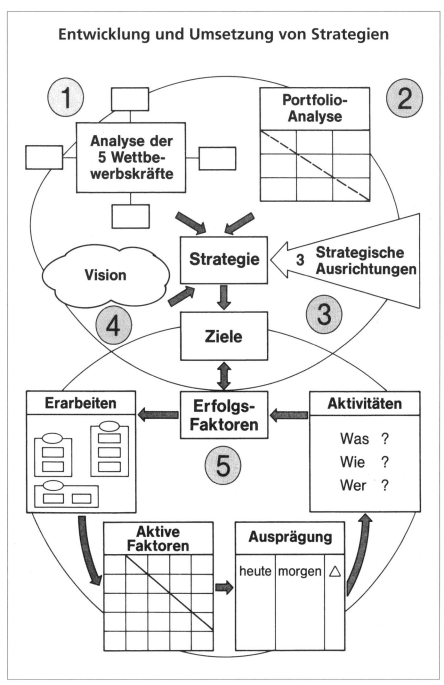

Abb. 6: Entwicklung und Umsetzung von Strategien

3. Strategien

- Wie kann der „Mehrwert" gelebt werden?
- Gelten für einzelne Produktbereiche unterschiedliche strategische Ausrichtungen?
- Ist die strategische Grundrichtung den
  - Mitarbeitern,
  - Kunden,
  - Lieferanten und
  - der Öffentlichkeit

  bekannt?

Innovationsanalyse

Neben einer Markt-, Produkt- und strategischen Ausrichtungsanalyse, die vorwiegend auf diskreten Datenanalysen und logischen Schlussfolgen auf der Basis einer erkennbaren Rechenhaftigkeit ermittelt werden, gilt es künftig mehr und mehr, eine **Innovationsanalyse** auf der Basis einer Vision **(Ziffer 4)** durchzuführen. Die Zukunft wird immer weniger aus den Trends der Vergangenheit und Gegenwart abgeleitet werden können. Daher gilt es, mehr und mehr Innovationen zu erarbeiten.

Diese müssen sich jedoch auf alle Ebenen der Innovationsansätze beziehen:
- die Marktinnovationen,
- die Produktinnovationen,
- die Prozessinnovationen.

Es sind diesbezüglich Fragen zu analysieren wie:
- Welche Marktinnovationen zeichnen sich ab?
- Lassen sich Wettbewerbsvorteile durch Prozessverbesserungen erreichen?
- Können Wettbewerbsvorteile durch eine verstärkte Ökologieausrichtung erreicht werden?
- Wie lassen sich die „Austrittsbarrieren" für Kunden im Sinne eines **Gewinner-Gewinner-Spiels** (d.h. Verkäufer und Käufer müssen gewinnen) noch weiter erhöhen?
- Welche Produktinnovationen zeichnen sich ab?
- Wie können wir unsere Innovationen möglichst rasch realisieren, um eine „Tempo-Führerschaft" zu erreichen?

Strategiefindung

Die Analyse des Wettbewerbs, die Produktanalyse, die Analyse der strategischen Ausrichtungen und die Innovationsanalyse bilden die Grundlage für das Erarbeiten der Strategie.

Das Ziel einer eindeutigen Strategie liegt im Finden einer Position, in der sich ein Unternehmen am besten gegen die Wettbewerbskräfte schützen oder diese entsprechend positiv beeinflussen kann. Die strategischen Aussagen erstrecken sich in der Regel über einen Planungshorizont von drei bis fünf Jahren. Aus den strategischen Orientierungen werden die Ziele abgeleitet.

Bedeutung der Erfolgsfaktoren zur Zielbeeinflussung

Für die Umsetzung der Ziele haben die **Erfolgsfaktoren (Ziffer 5)** eine große Bedeutung, beeinflussen diese doch im Wesentlichen die Zielerreichung. Daher ist es wichtig, die Erfolgsfaktoren einer Organisation zu kennen und zu wissen, wie gut diese Faktoren heute ausgeprägt sind, wie die Ausprägungen morgen (z. B. in einem oder in zwei Jahren) aussehen sollten und mit welchen Aktivitäten die Differenz, das Delta (Δ), zu lösen ist.

3.1 Wettbewerbsanalyse

Bei der Wettbewerbsanalyse geht es insbesondere um die
- Mitbewerber-Analyse und die
- Kundenanalyse.

Wettbewerbsanalyse

Bezüglich der **Mitbewerberanalyse** haben zahlreiche Organisationen erhebliche Schwachstellen. Häufig fehlt die Konkurrentenanalyse ganz. Von einer systematischen Konkurrentenforschung kann nur ein bestimmter Anteil von Unternehmen sprechen. Die Konkurrenzforschung sollte heute gezielt von jedem Unternehmen nach dem Prinzip „Kenne deinen Gegner" betrieben werden.

Die Hauptursachen für fehlende Konkurrenzanalysen liegen im Mangel
- an relevanten Daten und
- in der systematischen Auswertung von Daten.

Bei der Mitbewerber-Analyse gilt es, möglichst umfassend Daten über die Mitbewerber zu erfassen, diese in computergestützten Systemen zu speichern und eine gezielte Auswertung vorzunehmen.

Mitbewerberanlayse

> Neben dem in Abbildung 7 dargestellten Beispiel einer Wettbewerbsanalyse ist es notwendig, verstärkt auch **qualitative Merkmale** und **Aktivitäten** zu erfassen.

Inhalt einer Wettbewerbsanalyse

Beispiel einer Wettbewerbsanalyse

Leistungskriterien \ Bewertung	sehr gut 1	2	mittelmäßig 3	4	nicht ausreichend 5
• Produktqualität					
• Schnelligkeit der Belieferung					
• Qualität des Service					
• Spezialisierte Problemlösungen					
• Preis-Leistungs-Verhältnis					

○ Eigenes Unternehmen
● Durchschnitt in der Branche
◇ Wesentlicher Wettbewerber

Abb. 7: Beispiel einer Wettbewerbsanalyse

3. Strategien

Kundenanalyse

Von großer Bedeutung für eine **Kundenanalyse** ist das Herausfinden der jeweiligen Entscheidungskriterien. „Was ist für den Kunden wichtig?" Die Kriterien, die für den Kunden einen hohen Stellenwert haben, gilt es bestmöglich zu erfüllen. Ist man diesbezüglich den Mitbewerbern unterlegen, dürfte man schlechte Karten für das Verbessern der Marktposition haben. Das Ziel muss es sein, in diesen Kriterien eine eindeutige Führungsrolle anzustreben. Führen Sie bezüglich der Entscheidungskriterien der Kunden daher ständig Meinungsbefragungen durch und versuchen Sie in den Kriterien, die von vitalem Kundeninteresse sind, den Mitbewerbern überlegen zu sein. Sensibilisieren Sie sich diesbezüglich durch Fragen wie in der folgenden Abbildung 8 „Mögliche Fragen zur Ermittlung der Kundenmeinung".

Das Arbeitsblatt „Kunden-Analyse" (Abbildung 9) sollte verstärkt zur Segmentierung der Kunden eingesetzt werden.

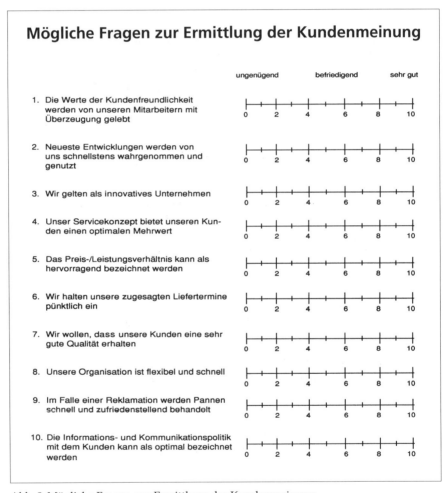

Abb. 8: Mögliche Fragen zur Ermittlung der Kundenmeinung

3.1 Wettbewerbsanalyse

Kundenanalyse

Kriterien / Zielgruppen	Umsatzanteil heute	Umsatzanteil morgen	Gewinnanteil heute	Gewinnanteil morgen	Wichtigkeit für uns	Entscheidungs-Kriterien des Kunden	Risiken für uns	Maßnahmen
1.								
2.								
3.								
4.								

Abb. 9: Kundenanalyse

Inhalt einer Kundenanalyse

3.2 Produkt-/Dienstleistungsanalyse

Produktanalyse mit Portfolio-Analyse

Das Erarbeiten von Strategien verlangt neben der Analyse der Wettbewerbskräfte auch eine detaillierte **Produktanalyse**. Diese wird heute vornehmlich mit Hilfe der Technik der **Portfolio-Analyse** durchgeführt. Sie macht deutlich, mit welchen Produkten eine Organisation derzeit verstärkt ihren Umsatz generiert und welche Chancen das heutige Produktangebot in der Zukunft hat.

Daraus können Überlegungen abgeleitet werden wie:
- Stellt der Anteil der Produkte mit einem hohen Marktpotential die künftigen Umsatzentwicklungen sicher?
- Ist eine angemessene Aufteilung der gesamten Produktpalette hinsichtlich „Nachwuchsprodukte", „Sterne", „Melkkühe" und „Auslaufprodukte" gegeben?
- Welche Gewinne/Deckungsbeiträge erbringen die einzelnen Produkte?
- Wie ist die Struktur der Marktanteile heute, und wie wird sich diese verändern?

Produkt-Lebenszyklus als Grundlage der Analyse

Grundlage des Produkt-Portfolios bildet dabei das Modell des **Produktlebenszyklus:** dieser Zyklus zeigt den typischen Verlauf von
1. Entstehungsphase
2. Wachstumsphase
3. Reifephase
4. Sättigungsphase.

Siehe hierzu Abbildung 10 „Produktlebenszyklus".

In den einzelnen Phasen ist
- der Umsatz,
- der Gewinn,
- das Marktpotential,
- der Marktanteil,
- der Cashflow,
- die Rentabilität,
- die Technologie usw.

sehr unterschiedlich. Daher muss Sorge dafür getragen werden, dass das Produkt-Portfolio sich optimal zusammensetzt, d.h. eine gute Mischung von Produkten aus den einzelnen Lebensphasen gegeben ist.

Aufgabe der Portfolio-Analyse

Die **Portfolio-Analyse** hat vor diesem Hintergrund die Aufgabe, die Produkte und das Produktionsprogramm unter Berücksichtigung der Unternehmensziele zu optimieren. Dabei ist davon auszugehen, dass das Produktionsprogramm bereits heute Produkte enthält, die gewinnträchtig sind; außerdem sollte sichergestellt sein, dass Investitionen in Produkte erfolgen, die zukünftig Gewinne erwarten lassen.

Überträgt man die vier Produktlebenszyklus-Phasen in eine Matrix, die aus den Achsen Marktattraktivität und Wettbewerbsstärke besteht, dann ergeben sich, wenn man die Achse jeweils in niedrig und hoch unterteilt, vier Felder (siehe Abbildung 10 „Produktlebenszyklus und Produkt-Portfolio" und Abbildung 11 „Portfolio-Analyse").

3.2 Produkt-/Dienstleistungsanalyse

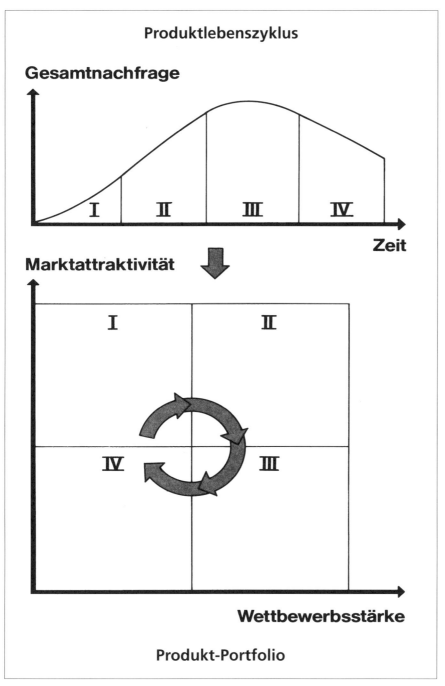

Abb. 10: Produktlebenszyklus und Produkt-Portfolio

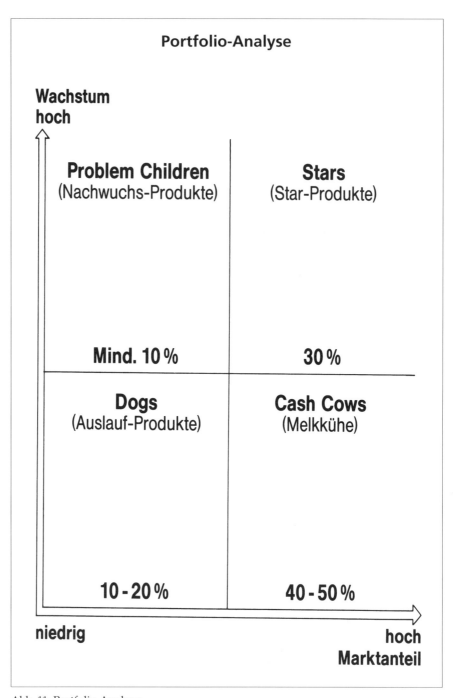

Abb. 11: Portfolio-Analyse

3.3 Analyse der strategischen Ausrichtung

Michael Porter hat sich intensiv mit den Typen der Wettbewerbsstrategien auseinander gesetzt.

> Danach gibt es nur drei Strategien, die eine Unternehmung verfolgen kann. Diese sind:
> 1. Umfassende Kosten- oder Preisführerschaft,
> 2. Differenzierung,
> 3. Konzentration auf Schwerpunkte (Nischen).

Wettbewerbsstrategien

Die Unternehmen versuchen, durch die konsequente Realisierung einer Strategie Wettbewerbsvorteile gegenüber den Branchenkonkurrenten zu erreichen.

3.3.1 Die Strategie der Kosten- oder Preisführerschaft

Es ist das Ziel der **Kosten- oder Preisführerschaft,** die Stückkosten unter das Niveau der wichtigsten Mitbewerber zu drücken, um dann durch eine Politik der niedrigen Preise entscheidende Wettbewerbsvorteile auf den Märkten zu erreichen. Für diese Strategie ist die **Kostenminimierung aller betrieblichen Funktionen** eine wesentliche Voraussetzung. Große Marktanteile und der Preis als wesentliches Kaufkriterium des Kunden sind erstrebenswerte Elemente dieser Strategie.

Strategie der Kosten- oder Preisführerschaft

Die Strategie einer umfassenden Kosten- oder Preisführerschaft wurde im eigentlichen Sinne von Frederick Taylor begründet. Ihm ging es vor allem um eine hohe Effizienz im Produktionsbereich und – damit einhergehend – um starke Kostensenkungen.

Er machte deutlich, dass dies u. a. erreicht werden könne durch:
- Einführung der Arbeits- und Zeitstudien,
- arbeitsablaufbezogene Auswahl und Anweisung der Mitarbeiter, um möglichst optimale Bewegungsabläufe zu erreichen,
- starke Arbeitsteilung,
- Produktion hoher Stückzahlen,
- verstärkten Einsatz von Maschinen und sonstiger Technologie.

Faktoren zur Kostensenkung

Henry Ford realisierte diese Strategie durch die Einführung der Fließbandarbeit im Jahre 1913. Aus den nachfolgenden Zahlen geht hervor, wie stark er bei der Produktion der „Tin Lizzy", wie sein Auto genannt wurde, auf Kostenführerschaft setzte.

Marktentwicklung des Modell T von Ford			
Jahr	Preis $	Absatz	Marktanteil
1909	950	12 000	9,7 %
1913	550	182 000	39,4 %
1921	355	845 000	55,7 %

Abb. 12: Marktentwicklung des Modells T von Ford

Seit rund zwei Dekaden wird die Kostenführerschaft von einzelnen Organisationen verstärkt angestrebt. Die Unternehmen versuchen, diese Strategie u. a. zu erreichen durch:
- Minimierung der Forschungs- und Entwicklungskosten,
- Minimierung der Beschaffungskosten und Einstandspreise,
- Minimierung der Produktionskosten,
- Minimierung der Verwaltungskosten,
- Minimierung der Vertriebskosten,
- Minimierung der Personalkosten.

Das Unternehmen konzentriert sich bei dieser Strategie auf preisorientierte Käufer und will sich durch einen günstigen Preis gegenüber der Konkurrenz profilieren.

Organisationsvoraussetzungen

In diesen Organisationen sind **strenge Kostenkontrollen** und ein **hoher Technologie- und Organisationsgrad** in allen Funktionsbereichen von vitalem Interesse. Ist die Situation bezüglich der Kosten für eine Unternehmung günstig, dann schützt diese Position gegenüber starker Konkurrenz. Auch werden dadurch die Eintrittsbarrieren für neue Wettbewerber erheblich höher gesetzt als bei einer nur durchschnittlichen oder gar schlechten Kostensituation. Die Strategie der Kostenführerschaft bedingt üblicherweise immer eine **bestimmte Unternehmensgröße** und einen **entsprechenden Marktanteil.** Für mittelständische Unternehmen eignet sich daher diese Wettbewerbsstrategie in ihrer stärksten Ausprägung nur bedingt. Es muss betont werden, dass Kostensenkungen bei allen drei Wettbewerbsstrategien angestrebt werden sollten – dies verlangt im Grundsatz jedes ökonomische Handeln. Besonders ausgeprägt müssen diese Maßnahmen aber dann sein, wenn es um die Realisierung der Kostenführerschaft geht.

Unternehmensbedingungen

Im Grundsatz kann es nur einen Kostenführer in einer Branche geben. Versuchen mehrere Anwärter der Kostenführerschaft durch immer weitergehende Preisreduzierungen die Position des Kostenführers einander streitig zu machen, so sinkt zwangsläufig die Rentabilität aller Mitbewerber.

3.3.2 Die Strategie der Differenzierung

Strategie der Differenzierung

Für zahlreiche Unternehmen kommt es mehr und mehr darauf an, das Produkt oder die Dienstleistung zu differenzieren, d. h. die Strategie der Differenzierung konsequent zu verfolgen.

> Differenzierungsstrategien werden dann ins Auge gefasst, wenn das Produkt oder die Dienstleistung dem Kunden zusätzliche Produkt- oder Leistungsvorteile bringt. Es wird dem Kunden etwas gegeben, was für ihn eine über den Preis hinausgehende Bedeutung hat.

Im Gegensatz zum „Preisunterschied" bei der Strategie der Kostenführerschaft wird hier auf den **„Leistungsunterschied"** gesetzt.

Bei dieser Strategie besteht das Ziel, sich von den anderen Unternehmen abzuheben. Es geschieht vor allem dadurch, dass man für die Kunden einen „Mehrwert" schafft.

Dies ist u. a. möglich durch:
- Geschäftsgrundsätze,
- Markennamen,
- Kundendienst,
- Technologie,
- Qualität,
- Servicenetz.

Faktoren zur Schaffung eines „Mehrwerts"

3.3.3 Die Strategie der Konzentration

Die Konzentration auf Schwerpunkte, auch Nischenstrategie genannt, versucht im Rahmen der Spezialisierung in bestimmten Zielsegmenten Wettbewerbsvorteile zu realisieren. Die **Konzentrationsstrategie** zielt nicht auf die branchenweise Umsetzung ab. Hier geht es um die Beschränkung auf ein Segment, auf eine „Marktnische", wobei sowohl die Differenzierung als auch die Kostenführerschaft zur Anwendung kommen können.

Strategie der Konzentration

Beschränkung auf „Marktnische"

Bei der **Variante des Kostenschwerpunktes** strebt das Unternehmen in seinem Zielsegment einen Kostenvorteil an, bei der **Variante der Differenzierung** einen Differenzierungsvorteil, d.h. einen Mehrwert für die Kunden.

Das Ziel der Nischenstrategie ist also, in einer kleinen Marktnische eine gewisse **Immunität gegen die Wettbewerbskräfte** zu erreichen. Die Konzentration kann sich auf einen bestimmten Teil des Produktprogramms, auf eine spezifische Abnehmergruppe oder einen geographisch abgegrenzten Markt erstrecken.

3.4 Innovations-Analyse

Mehr und mehr wird den Innovatoren die Zukunft gehören.

Die Innovationsansätze beziehen sich auf
- die **Marktinnovationen** (neue Märkte und Geschäftsfelder),
- die **Produktinnovationen** (die richtigen Produkte zur richtigen Zeit der richtigen Zielgruppe),
- die **Prozessinnovationen** (Innovationen im logistischen Bereich).

Innovationsansätze

Die Praxis verhält sich bei der Auswahl der Innovations-Techniken noch viel zu brav, indem sie vorwiegend klassische Methoden verwendet. Die neuen Techniken sind kaum bekannt.

Beim Gewinnen von Innovationen sind Fragen zu analysieren wie:
- Welche **Marktinnovationen** zeichnen sich ab?
- Lassen sich Wettbewerbsvorteile durch **Prozessverbesserungen** erreichen?
- Können Wettbewerbsvorteile durch eine verstärkte **Ökologieausrichtung** erreicht werden?
- Wie lassen sich die **„Austrittsbarrieren"** für Kunden im Sinne eines Gewinner-Gewinner-Spiels noch weiter erhöhen?
- Welche **Produktinnovationen** zeichnen sich ab?

Innovationsgewinn

3. Strategien

- Wie können wir unsere Innovationen möglichst rasch realisieren, um eine **„Tempo-Führerschaft"** zu erreichen?

Einsatz von Arbeitsgruppen

In der Praxis empfiehlt sich u. a. ein verstärktes Arbeiten mit kleinen Arbeitsgruppen.

Solche Arbeitsgruppen haben häufig die Organisationsform von
- Lernstatt-Gruppen,
- Teams,
- Werkstattgesprächen,
- Qualitätszirkeln.

Besonders **Qualitätszirkel** sind für mittelständische Unternehmen eine Möglichkeit, das Mitarbeiterpotential verstärkt zu nutzen. Nachstehend seien einige Anmerkungen zu dieser Organisationsform gegeben.

Inhalt:

Eine Gruppe
- greift ohne Vorgabe von anderer Seite Probleme aus dem eigenen Tätigkeitsbereich auf,
- versucht Lösungsvorschläge zu erarbeiten
- und diese im Rahmen ihrer Kompetenzen oder mit Hilfe anderer zu realisieren.

Die Gruppe
- gibt sich ihre Ziele selbst vor,
- arbeitet freiwillig,
- versucht Mitarbeiter, soweit erforderlich, aus allen Organisationsebenen einzubeziehen.

Voraussetzungen:
- Die Unternehmensleitung muss sich mit der Planung und Einführung von Qualitätszirkeln identifizieren.
- Die Entscheidungsträger haben die Strategien zu entwickeln, die Richtlinien vorzugeben, die Mittel bereitzustellen und die Zirkelaktivitäten zu fördern.
- Sämtliche Führungskräfte sollten die Aktivitäten fördern und ein positives Klima schaffen.
- Für die einzelnen Qualitätszirkel sind Leiter, die eine Moderatorenfunktion ausüben, zu ernennen.

Ideenfindung

Diese Gruppen verwenden in hohem Umfang eine Reihe von bewährten Techniken zur Ideenfindung. Nachstehend werden einige Techniken kurz aufgeführt. Diese Basistechniken können grundsätzlich immer dann angewandt werden, wenn es gilt, Ideen zu produzieren.

Bei der **Ideenproduktion** ist zu beachten:
- Ideenerhebung und Ideenbewertung sind getrennt durchzuführen.
- Ideen sind grundsätzlich schriftlich festzuhalten.

– Es ist sinnvoll, Ideen, die von einem Einzelnen oder in einer Gruppe produziert werden, formalisiert zu erfassen. Eine einzelne Person sollte sich des Aufschreibverfahrens bedienen.
– Ideen, die unzureichend oder auf das erste Betrachten hin den Eindruck des Unbrauchbaren vermitteln, sind weiterzuentwickeln unter den Aspekten
  - Erweiterungsmöglichkeiten,
  - Reduktion des ersten Ansatzes,
  - Kombination mit anderen Ideen,
  - Übertragung auf andere Bereiche.

3.5 Erfolgsfaktoren

Für die Umsetzung der Ziele haben die **Erfolgsfaktoren** eine große Bedeutung, beeinflussen diese doch im Wesentlichen die Zielerreichung. Daher ist es wichtig, die Erfolgsfaktoren einer Organisation zu kennen, und zu wissen, wie gut diese Faktoren heute ausgeprägt sind, wie die Ausprägungen morgen (z. B. in einem oder in zwei Jahren) aussehen sollten und mit welchen Aktivitäten die Differenz, das Delta, zu lösen ist.

Bedeutung der Erfolgsfaktoren zur Zielerreichung

Jede Organisation sollte bei der Ermittlung der Erfolgsfaktoren zunächst die **branchenspezifischen Erfolgsfaktoren** analysieren.

Analyse branchenspezifischer Erfolgsfaktoren

Im Folgenden werden für einzelne Branchen gegenwärtig typische Faktoren aufgelistet.

Erfolgsfaktoren für Fertigungsunternehmen:
– Preis-/Leistungsverhältnis
– Maßgeschneiderte Lösungen
– Hervorragende Qualität
– Hoher Servicegrad
– Betriebssicherheit (Produkthaftung)
– Pünktliche Lieferung
– Innovative Lösungsansätze
– Flexibilität
– Nutzung der Konstruktionserfahrung
– Kurze Durchlaufzeiten
– Optimale Lagerhaltung

Erfolgsfaktoren für Baumaschinenhersteller:
– Herausragende Technik
– Innovative Lösungsansätze
– Schnelle Lieferbarkeit der Ersatzteile
– Günstiges Preis-/Leistungsverhältnis
– Leichte Bedienbarkeit
– Wartungsfreundlichkeit
– Gute Kundenschulung

– Nähe zum Kundendienst

Erfolgsfaktoren in der Speditions-Branche:
- Fahrplan-Einhaltung
- Auslastung der Fahrzeuge (Lkws)
- Auskunft über den Sendungsstatus
- Keine Fehlverladung
- Richtige, zeitgerechte Anlieferung
- Korrekte Berechnung
- Benzin-Verbrauch

Erfolgsfaktoren für Kfz-Reparaturwerkstätten:
- Hoher Servicegrad
- Lieferschnelligkeit
- Kurze Durchlaufzeiten
- Optimale Lagerhaltung
- Qualifizierte Mitarbeiter
- Motivation der Mitarbeiter
- Sicherung der regelmäßigen Werkstattauslastung

Welche Schritte empfehlen sich bezüglich der Analyse der Branchen-Erfolgsfaktoren (siehe Abbildung 13 „Analyse der Branchen-Erfolgsfaktoren")?

Schritt 1: Versuchen Sie, die für Ihre Branche typischen Faktoren zu erarbeiten und aufzulisten.

Schritt 2: Ermitteln Sie für die einzelnen Erfolgsfaktoren die branchendurchschnittliche Ausprägung auf einer Skala von 0 – 10 (0 = nicht vorhanden, sehr schlecht; 10 = höchste Ausprägung, sehr gut).

Schritt 3: Versuchen Sie für Ihre wesentlichen Wettbewerber eine Einordnung zu finden.

Schritt 4: Bewerten Sie für Ihr Haus die Ausprägung „heute" und „morgen", und versuchen Sie, die rechnerische Größe des Handlungsbedarfs (Differenz zwischen Ist und Soll) zu ermitteln.

Schritt 5: Ziehen Sie aus den zusammengetragenen Werten die erforderlichen Schlüsse, indem

– Einzelpersonen/Teams die notwendigen Aktivitäten erarbeiten,

– konkrete Lösungsvorschläge diskutiert und

– die ausgewählten Maßnahmen realisiert werden.

Analyse unternehmensspezifischer Erfolgsfaktoren

Nach der Ermittlung der branchenspezifischen Erfolgsfaktoren geht es um die Analyse der **unternehmensspezifischen Erfolgsfaktoren**.

3.5 Erfolgsfaktoren

Durchführung der Analyse

Analyse der Branchen-Erfolgsfaktoren

Branche:

Erfolgsfaktoren	Durchschnittl. Ausprägung in der Branche	Wesentliche Wettbewerber				Unsere Ausprägung 0 = sehr schlecht 10 = sehr gut		
		A	B	C	D	heute	morgen	△

Abb. 13: Analyse der Branchen-Erfolgsfaktoren

Die spezifischen Erfolgsfaktoren können auf allen hierarchischen Ebenen einer Organisation (z. B. auf Unternehmens-Ebene, Bereichs-Ebene, Abteilungs-Ebene, Team-Ebene) und im persönlichen Bereich eingesetzt werden.
Im Folgenden wird die Vorgehensweise am Beispiel der Unternehmens-Ebene dargestellt. Diese Vorgehensweise lässt sich jedoch analog auf alle anderen Ebenen und auch auf die persönliche Ebene herunterbrechen.

1. Erfolgsfaktoren erarbeiten

Schritt 1: Erarbeiten der Erfolgsfaktoren

Für diesen Schritt eignet sich sehr gut der Einsatz der Abfrage-Technik mit Karten (Kartentechnik). Der Ablauf dürfte sich üblicherweise wie folgt darstellen:

1. **Erarbeiten der Abfrage**
   Diese könnte z. B. wie folgt formuliert werden:
   - „Wenn ich an meine Verantwortung in unserem Hause denke, dann kommt es insbesondere darauf an, dass ... (siehe Abbildung 14 „Wenn ich an meine Verantwortung ...") oder
   - „Welche wesentlichen Erfolgsfaktoren sehen wir für unsere Organisation?"
2. **Schreiben der Karten**
3. **Einsammeln und Mischen der Karten**
4. **Anstecken und Ordnen der Karten auf einer Pinnwand**
5. **Gemeinsames Erarbeiten der Oberbegriffe**
6. **Zusammenstellen der Oberbegriffe.**

Im Allgemeinen dürften in einer solchen Sitzung 8 – 14 Oberbegriffe erarbeitet werden. Um sicherzustellen, dass keine wesentlichen Erfolgsfaktoren fehlen, sollte man einen Abgleich mit den Branchen-Erfolgsfaktoren durchführen.

Priorisierung der Erfolgsfaktoren

Ist man der Überzeugung, die wichtigsten Erfolgsfaktoren ermittelt zu haben, dann stellt sich die Frage nach der **Priorisierung**. Aus vielen Sitzungen mit Entscheidungsträgern in Wirtschaft und Verwaltung kam der Verfasser zu dem Ergebnis, dass die klassischen Priorisierungsansätze

- die Anzahl der Karten pro Oberbegriff und
- die Vergabe von Klebepunkten zur Gewichtung der Oberbegriffe

Vernetzungstechnik

nicht genügend objektiv und zielorientiert sind. Entscheidend bei der Analyse der Erfolgsfaktoren ist der Einfluss der Faktoren untereinander. Hier gibt uns die Vernetzungstechnik ein sehr brauchbares Instrument zur Priorisierung. Mit Hilfe der Vernetzungstechnik können die Einflüsse der einzelnen Faktoren näher analysiert werden. In den folgenden Ausführungen wird die Anwendung dieser Technik verdeutlicht.

2. Aktive und passive Faktoren ermitteln

Schritt 2: Ermitteln der aktiven und passiven Faktoren

Die gegenseitige Wirkung der einzelnen Erfolgsfaktoren lässt sich in Anlehnung an Vester mit einer Vernetzungsmatrix darstellen. Die Einflussstärken können zum Beispiel sein (siehe Abbildung 15 „Vernetzung der Erfolgsfaktoren"):
0 = kein Einfluss
1 = geringer Einfluss
2 = starker Einfluss.

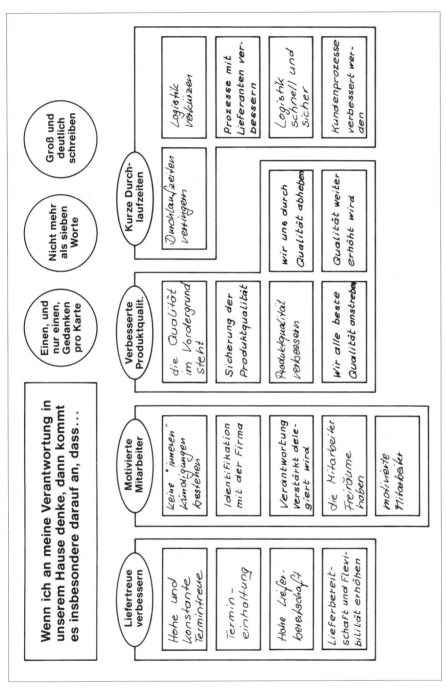

Abb. 14: Wenn ich an meine Verantwortung …

Vernetzung der Erfolgsfaktoren

Erfolgsfaktoren Wirkung von ↓ auf →	(1)	(2)	(3)	(4)	Aktiv-Summe
(1) Produktqualität		2	1	0	3
(2) Liefertreue	1		2	1	4
(3) Durchlaufzeiten	1	1		0	2
(4) MA-Motivation	2	2	1		5
Passiv-Summe	**4**	**5**	**4**	**1**	**14**

Einflussstärke: 0 = kein, 1 = gering, 2 = starker Einfluss

Vernetzungs-Matrix

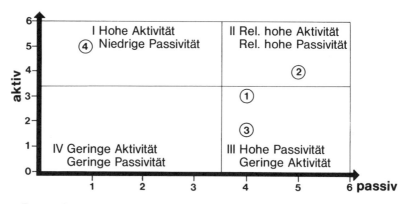

Berechnungen:
Begrenzung der Aktiv- und Passiv-Achsen
  Anzahl der Elemente ((n) - 1) x 2
  Beispiel: (4 - 1) x 2 = 6
Schnittpunkt der Aktiv-/Passiv-Achse
  Addition der Aktiv-/Passiv-Summe : Anzahl der Elemente
  Beispiel: 14   : 4 = 3,5

Abb. 15: Vernetzung der Erfolgsfaktoren und Vernetzungs-Matrix

Trägt man in eine Matrix die Erfolgsfaktoren ein, dann besteht die Möglichkeit, ihren gegenseitigen Einfluss zu ermitteln. Unser Beispiel (siehe Abbildung 15 „Vernetzung der Erfolgsfaktoren") geht aus von den vier Erfolgsfaktoren:
1. Produktqualität,
2. Liefertreue,
3. Durchlaufzeiten und
4. Mitarbeiter-Motivation.

Für jeden Faktor ist seine Wirkung auf die anderen Faktoren zu ermitteln. So beeinflusst in unserem Beispiel die Mitarbeiter-Motivation die Produktqualität und die Liefertreue stark (jeweils mit 2 angegeben), die Durchlaufzeiten mittelmäßig (mit 1 gekennzeichnet). Aus der Matrix wird deutlich, dass die Mitarbeiter-Motivation die anderen Faktoren insgesamt stark beeinflusst (Aktivsumme 5), während die Wirkungen auf diesen Erfolgsfaktor selbst gering sind (Passivsumme 1). Addiert man die Aktivwerte aller Erfolgsfaktoren und teilt diese Summe durch die Anzahl der Faktoren, dann erhält man den Mittelwert 3,5 (14 : 4). Mit Hilfe dieses Wertes und der Begrenzung der Aktiv- und Passivachsen ergibt sich das in der Abbildung 15 „Vernetzungs-Matrix" dargestellte Diagramm. Die Begrenzungswerte erhält man durch die Multiplikation der Anzahl der Faktoren minus eins (der Faktor beeinflusst sich selber nicht) und dem Wert für starken Einfluss.

In unserem Beispiel ergibt die Begrenzung der Aktiv- und Passiv-Achsen:
(4 – 1) × 2 = 6.

In die Felder sind dann auf der Basis der ermittelten Koordinaten die einzelnen Faktoren zu positionieren. Die einzelnen Felder können wie folgt charakterisiert werden:

Feld I: Erfolgsfaktoren mit hoher Aktivität und geringer Passivität

Feld II: Erfolgsfaktoren mit relativ hoher Aktivität und relativ hoher Passivität

Feld III: Erfolgsfaktoren mit hoher Passivität und geringer Aktivität

Feld IV: Indifferente Erfolgsfaktoren, d. h. geringe Aktivität und Passivität.

Die Rangfolge der einzelnen Erfolgsfaktoren kann auf der Basis der vier Felder wie folgt angegeben werden:

Rang 1: 4) Mitarbeiter-Motivation
Rang 2: 2) Liefertreue
Rang 3: 1) Produktqualität
Rang 4: 3) Durchlaufzeiten.

An diesem Beispiel wird deutlich, dass mit den Faktoren zu beginnen ist, die eine hohe Aktivität haben, also mit den Faktoren in den Feldern I und II.

Für das Erarbeiten eines individuellen Beispiels können Sie das Arbeitsblatt „Vernetzungsmatrix der Erfolgsfaktoren" (Abbildung 16) verwenden.

Schritt 3: Feststellen des Status der aktiven Faktoren

Aus der Vernetzungsmatrix geht hervor, dass ein besonderes Augenmerk den aktiven Faktoren zu widmen ist. Diese sind in das Arbeitsblatt „Ausprägung der Erfolgsfaktoren" (Abbildung 17) einzutragen. Üblicherweise werden auch

3. Status der aktiven Faktoren feststellen

die passiven Faktoren mit aufgenommen. Für die Ausprägung steht die bereits mehrfach erwähnte Skalierung von 0–10 zur Verfügung. Die Werte sind in die Spalte „Ausprägung heute" einzutragen.

4. Soll-Wert aktiver Faktoren festlegen	**Schritt 4: Festlegen des Soll-Wertes der aktiven Faktoren** In das Arbeitsblatt „Ausprägung der Erfolgsfaktoren" (Abbildung 17) sind in der Spalte „Ausprägung morgen" die wünschenswerten Verbesserungen in dem anvisierten Planungshorizont festzuhalten. Danach schließt sich die Ermittlung der Differenzen und das Festlegen der Prioritäten an. Zur Bestimmung der Prioritäten können mehrere Kriterien herangezogen werden. Die Abbildung „Einflüsse auf die Priorisierung" (Abbildung 18) zeigt einige Entscheidungshilfen auf.
5. Aktivitäten festlegen	**Schritt 5: Festlegung der Aktivitäten** In diesem Schritt sind konkrete Vorschläge für Verbesserungsmaßnahmen festzulegen (siehe Abbildung 19 „Erfolgsfaktoren und Aktivitätenplan").
6. Nutzen absichern	**Schritt 6: Nutzenabsicherung** Für die ausgewählten Maßnahmen versucht man zunächst die Kosten zu ermitteln. Diese lassen sich üblicherweise relativ gut erfassen. Schwieriger ist im Allgemeinen die Bewertung des Nutzens. Wenn sich der Nutzen pro Maßnahme in zahlreichen Fällen auch nicht in Mark und Pfennigen ermitteln lässt, so sollte man jedoch auf alle Fälle ein Wertgefüge aufstellen, um die Entscheidung auch unter dem Aspekt der Wirtschaftlichkeit abzusichern. Es sollte jedoch nicht vergessen werden, dass es eine Reihe von Entscheidungen gibt, die sich als Muss-Projekte darstellen. Solche Projekte sind unabhängig von Kosten-/Nutzen-Erwägungen zu realisieren. Sie sind von entscheidender Bedeutung für das Überleben einer Organisation bzw. für den Aufbau vitaler Erfolgspositionen.

Vernetzungsmatrix der Erfolgfaktoren

Vernetzungsmatrix Wirkung von ↓ auf →	A	B	C	D	E	F	G	H	I	J	Aktiv-Summe
A											
B											
C											
D											
E											
F											
G											
H											
I											
J											
Passiv-Summe											

Einflussstärke:
0 = Kein Einfluss
1 = Geringer Einfluss
2 = Starker Einfluss

Abb. 16: Vernetzungsmatrix der Erfolgsfaktoren

3. Strategien

Kritische Erfolgsfaktoren	Ausprägung (0–10)		△	Prioritäten
	heute	morgen		
Beispiel:				
Produktqualität	4	8	4	②
Liefertreue	3	9	6	①
Durchlaufzeiten	5	9	4	④
Mitarbeiter-Motivation	4	7	3	③

Ausprägung der Erfolgsfaktoren

Abb. 17: Ausprägung der Erfolgsfaktoren

3.5 Erfolgsfaktoren

Einflüsse auf die Priorisierung

- Standort im Vernetzungsgitter
- Soll-/Ist-Differenz (Δ)
- Wettbewerbs-Situation
- Strategische Orientierung
- Ressourcen-Situation
- Dauer der Realisierung
- Risiken
- Kosten
- Nutzen

Abb. 18: Einflüsse auf die Priorisierung

Erfolgsfaktoren und Aktivitätenplan

Priorität	Erfolgsfaktor	Aktivitäten zur Verbesserung der Erfolgsfaktoren	Fristigkeit

Abb. 19: Erfolgsfaktoren und Aktivitätenplan

Wiederholungsfragen zum 3. Kapitel

1. Skizzieren Sie die wesentlichen Analysen für das Erarbeiten von Strategien. (Seite 26–28)
2. Wie könnte eine Mitbewerber-Analyse durchgeführt werden? (Seite 29)
3. Was sollte im Rahmen einer Kunden-Analyse erfasst werden? (Seite 31)
4. Welche Phasen umfasst der Produkt-Lebenszyklus? (Seite 32)
5. Was versteht man unter der Strategie der Differenzierung? (Seite 36)
6. Welche Erfolgsfaktoren haben für Ihr Unternehmen einen hohen Stellenwert? (Seite 39)
7. Beschreiben Sie die Anwendung des Systems der Erfolgsfaktoren. (Seite 40 ff.)

4. Unternehmensziele

4.1 Die Notwendigkeit von Zielsystemen

Bedeutung strategischer Planung

Zahlreiche Untersuchungen haben in den beiden letzten Dekaden zum Ausdruck gebracht, dass Ziel-, Planungs- und Kontrollsysteme für Unternehmen sich auszahlen. Es ist bewiesen, dass im Durchschnitt Strategen weit besser abschneiden als Nichtstrategen, und dass man in einer Zeit, die durch ein rasantes Tempo der Veränderung in allen Lebensbereichen gekennzeichnet ist, mit strategischer Planung und strategischer Unternehmensführung den Schlüssel für erfolgreiches Wirtschaften leichter findet.

Aufbau eines geschlossenen Zielsystems

Die Unternehmensleitung in mittelständischen Organisationen hat dafür zu sorgen, dass ein **geschlossenes Zielsystem** aufgebaut wird. Dies ist aus einer Reihe von Gründen notwendig:

Bedeutung

- Jedes Unternehmen braucht klare Zielsetzungen. Nur dann wird Erfolg
  - objektiv messbar und
  - Fortschritt sichtbar.
- Ziele schaffen automatisch Ordnungsprinzipien und Prioritäten für alle Mitarbeiter.
- Zielsysteme sorgen bei den Führungskräften und Mitarbeitern für eine Beschäftigung mit der Zukunft. Sie führen zum Agieren anstelle von nur Reagieren.

4.2 Einteilung der Ziele

1. Formale Ziele

Formale Ziele

Diese werden gewöhnlich als Hauptziele der Unternehmungen definiert:
- Gewinnziele,
- Renditeziele,
- Kostenziele,
- Umsatzziele,
- Marktanteilsziele,
- Kapitalziele.

2. Materiale Ziele

Materiale Ziele

Diese richten sich auf die Absatzgüter und das zu ihrer Erstellung notwendige technische Produktionspotential:
- Produkte und funktionsgerechte Gestaltung,
- Produktqualität und deren laufende Verbesserung,
- Differenzierung der Produkte,
- Verfolgung der technischen Perfektion,
- Lieferservice.

3. Soziale Ziele

Soziale Ziele

Diese Ziele beziehen sich auf den arbeitenden Menschen, seine Arbeitskraft und den Arbeitsprozess:

- Sicherung der Arbeitsplätze,
- Gestaltung des Betriebsklimas,
- Fürsorge und Vorsorge für die Mitarbeiter,
- Aus- und Weiterbildungskonzepte,
- Streben nach Mitentscheidung und Mitverantwortung,
- Streben nach sozialem Aufstieg.

Zwischen den Zielen, die eine Unternehmung verfolgt, gibt es Beziehungen verschiedener Art, wie z. B.: *Beziehungen zwischen den Zielen*

- **indifferent** (neutral): die Realisierung eines Zieles hat keinen Einfluss auf die Realisierung eines anderen Zieles;
- **konkurrierend**: die Realisierung eines Zieles schließt die Realisierung eines anderen Zieles ganz aus oder beeinflusst den Grad der Zielerreichung sogar negativ;
- **komplementär**: die Realisierung eines Zieles wirkt sich positiv auf die Realisierung eines anderen Zieles aus;
- **total**: ist eine dieser Beziehungen dann, wenn sie für jeden Grad der möglichen Zielerreichung gültig ist;
- **partiell**: ist eine Zielbeziehung dann, wenn sie nur in einem bestimmten Bereich (z. B. zwischen 1 und 30 %) der gradmäßigen Zielerfüllung gilt und sich ab einem bestimmten Grenzwert (z. B. ab 30 %) in eine andere Zielbeziehung verwandelt – z. B. von einer konkurrierenden in eine komplementäre Zielsetzung.

Aus dem unten aufgezeigten Zahlenbeispiel geht u.a. hervor, dass

- alle drei Ziele nur in den Produktionsmengenbereichen von 30.000 bis 40.000 und 70.000 bis 80.000 Stück miteinander komplementär sind,
- das Zielstreben nach „möglichst hohem Umsatz" mit dem Ziel „möglichst hoher Gewinn" nur in dem Bereich von 60.000 bis 70.000 Stück nicht komplementär ist. In diesem Falle liegt eine Ziel-Konkurrenz vor.

Zahlenbeispiel für Zielkomplementarität bzw. -konkurrenz:

Absatzmenge (1000 Stck.)	Preis €	Kosten €	Kapital (Mio. €)	Umsatz-Ziel (Mio. €)	Gewinn-Ziel (Mio. €)	Rendite-Ziel %
30	55	800	4,0	1,65	0,85	21,25
40	50	900	4,4	2,00	1,10	25,00
50	45	1000	5,0	2,25	1,25	25,00
60	40	1100	5,3	2,40	1,30	24,50
70	35	1200	5,6	2,45	1,25	22,30
80	30	1300	6,0	2,40	1,10	18,30

Vgl. hierzu: Brauer, K.M. (Hrsg.), Allgemeine Betriebswirtschaftslehre, Würzburg und Ulm

4.3 Formulierung von Teilzielen

Festlegung von Teilzielen

Die Erarbeitung von Teilzielen muss unter folgenden Aspekten konzipiert werden:

– **Klarer Zeitbezug**
 Ohne Zeitbezug ist jede Zielsetzung sinnlos. Es muss festgelegt werden, bis zu welchem Zeitpunkt oder innerhalb welcher Zeitspanne ein bestimmtes Ziel erreicht werden soll.

– **Präzise Formulierung**
 Jeder Mitarbeiter sollte ein klar umrissenes Ziel von seiner Führungskraft erhalten, die dieses aus ihrer eigenen Zielvorgabe ableitet. Alle Ziele sind eindeutig abzugrenzen und, soweit möglich, wert- und/oder mengenmäßig zu fixieren.

– **Beste Verträglichkeit**
 Die Ziele dürfen den Geschäftsgrundsätzen nicht widersprechen. Etwaige Zielwidersprüche müssen auf ein Minimum reduziert werden.

– **Kooperative Festlegung**
 Die Ziele sind in gemeinsamen Gesprächen zwischen Entscheidungsträgern und Mitarbeitern festzulegen. Sie müssen realistisch und erreichbar formuliert werden.

– **Angemessene Prioritäten**
 Die Ziele sollten durch eine Gewichtung, d.h. einen Dringlichkeitserfüllungsmaßstab, in eine Rangreihe gebracht werden. Zur Durchführung eines Zieles werden dem Mitarbeiter übertragen:
 - die zur Aufgabenerfüllung notwendigen sachlichen und personellen Mittel,
 - klar abgegrenzte Befugnisse,
 - die mit der Zielerreichung verbundene Durchführungsverantwortung.

– Innerhalb des so definierten Delegationsbereiches handelt der Mitarbeiter selbstständig.

– Der Vorgesetzte hat die Ergebnisverantwortung. Daraus resultiert seine Verpflichtung, die Zielerreichung zu kontrollieren.

4.4 Kooperative Zielvereinbarung

Ziele haben für ein praktiziertes Mitunternehmertum einen hohen Stellenwert (siehe Abbildung 20 „Gebote zum Mitunternehmertum"). Vor diesem Hintergrund sind auch die klassischen Stellenbeschreibungen neu zu sehen. Stellenbeschreibungen sind heute fast ausschließlich statisch und sachbezogen, lassen nur eine geringe Mitwirkung der Betroffenen zu, Mitarbeiter können meist nur reagieren und ihr vorhandenes Potenzial wird stark eingeengt.

Kooperative Zielvereinbarung

Gegenüber den Stellenbeschreibungen sind Zielsysteme dynamisch, beziehen sich auf die Person, machen aus Betroffenen Beteiligte, lassen die Mitarbeiter agieren und ihre Fähigkeiten nutzen. Für die kommenden Jahre ist daher neben einer generellen Stellenbeschreibung ein **„kooperatives Zielvereinbarungs-System"** ein unabdingbares „Muss" für Wirtschaft und Verwaltung.

Gebote zum Mitunternehmertum

Jeder Mitarbeiter hat als Unternehmer zu denken und zu handeln

Neben den Abteilungs-/Bereichszielen muss der Blick auf die Unternehmensziele gerichtet werden

Das ganzheitliche Denken in Prozessen gewinnt an Bedeutung

Der Mitarbeiter als Mitunternehmer praktiziert eine bestmögliche Kunden- und Umfeld-Orientierung im Sinne eines Gewinner-Gewinner-Spiels

Die Wissens- und Sozialkompetenz wird durch die Erfolgskompetenz erweitert

Abb. 20: Gebote zum Mitunternehmertum

4. Unternehmensziele

Grundsätze

Beim Erarbeiten der Zielvereinbarungen sollten folgende Grundsätze gelten:

1. Die Ziele sind **gemeinsam zu vereinbaren,** d. h. vom Mitarbeiter und der Führungskraft werden die Vorstellungen gemeinsam eingebracht und dann zusammen formuliert.
2. Die Mitarbeiter-Ziele haben sich **an den übergeordneten Zielen** der Abteilung, des Bereiches und der Unternehmung zu orientieren.
3. Ein Ziel stellt immer ein **Ergebnis** dar. Es sollten nicht die Aktivitäten als Ziel formuliert werden, sondern die Ergebnisse der Aktivitäten.
4. Die Ziele sind **konkret zu quantifizieren,** zeitpunkt- oder zeitraumbezogen.
5. Die Ziele berücksichtigen den **„Reifegrad"** des Mitarbeiters, d. h. es ist von der jeweiligen Fach-, Sozial- und Erfolgskompetenz auszugehen und das mögliche Potential zu berücksichtigen.
6. **Anspruchsvolle** Ziele motivieren am stärksten. Die Ziele sollten aber realistisch sein.
7. Bei der Formulierung von Zielen genügt im Allgemeinen eine geringe Anzahl von Zielen. **Überschaubarkeit** geht vor übertriebene Vielzahl. Die Ziele müssen aber klar abgegrenzt werden.
8. Die Ziele sollten **widerspruchsfrei** formuliert werden.
9. Eine **Anpassung an geänderte Bedingungen** muss bei allen vereinbarten Zielen möglich sein. Dies bedeutet, dass Ziele kein unabänderliches Dogma darstellen.
10. Die Ziele sind **schriftlich** zu formulieren. Es empfiehlt sich, ein Formblatt dafür zu entwickeln.

Für Unternehmen wird es immer wichtiger, dass die Mitarbeiter nicht nur Kenntnis über

– die Geschäftsgrundsätze,
– die Strategien,
– die Ziele und
– die Erfolgsfaktoren

haben, sondern dass diese auch im Sinne der Entscheidungsträger gelebt werden. Dies ist aber nur möglich, wenn man die aus unternehmerischer Sicht wichtigen Komponenten auf Team-(Abteilungs-) und Mitarbeiterebene überträgt. Was nützen die besten Aussagen über Corporate Identity, wenn diese nicht von allen Abteilungen – entsprechend der jeweiligen Aufgabe – interpretiert, übertragen und praktiziert werden. Es wäre daher wünschenswert, dass jedes Team sich entsprechend den Unternehmensgrundsätzen, die eine generelle, übergreifende, häufig aber zu abstrakte Wirkung haben, ein **Missions-Papier** erstellt, das diese **Grundsätze abteilungsspezifisch interpretiert**. Diese Überlegungen gelten auch für die Aussagen über die Strategien, Ziele und Erfolgsfaktoren.

Abteilungsspezifische Interpretation der Grundsätze

Aus der Sicht des einzelnen Mitarbeiters bedeutet dies, dass die erarbeiteten Grundsätze, die nun konkret für ein Team fixiert wurden, auch gelebt werden. Es ist zu verdeutlichen, dass der entscheidende Unterschied zur Konkurrenz jede Mitarbeiterin und jeder Mitarbeiter ist. Dies bedeutet u.a. ein gelebtes Mitunternehmertum, die **„Kooperative Zielvereinbarung"** und die Optimierung der unternehmerischen und persönlichen Erfolgsfaktoren.

Das System der „Kooperativen Zielvereinbarung" umfasst nicht nur den Prozess der Zielplanung, sondern natürlich auch die **Kontrolle der Zielerreichung**. Die Kontrolle hat in einem solchen Regelkreis keine nachgeordnete Funktion, sondern ist ein integraler Bestandteil der „Kooperativen Zielvereinbarung". Die Bewertung der erbrachten Leistung gehört ebenso wie die Planung der Förderungsmaßnahmen zu diesem System.

Kontrolle bei kooperativer Zielvereinbarung

Die Abbildung 22 „Formblatt zur Zielvereinbarung" zeigt ein mögliches Muster für die Fixierung der Ziele. Es wäre wünschenswert, wenn die Mitarbeiter ihre Zielvorschläge in einem solchen Formular konkretisieren würden. In der Praxis wird deutlich, wie schwer es einem Mitarbeiter fällt, seine Ziele zu beschreiben und – wenn möglich – in ein Prioritätssystem und in ein Quantengefüge einzuordnen. Viele Mitarbeiter bekunden, dass es nicht einfach sei, eine Aufgabe, die sie zwar mit dem „kleinen Finger" beherrschen und täglich durchführen, klar zu formulieren. Auch wenn das Beschäftigten mit den Zielen schwer fällt – es führt auf dem Weg zum unternehmerisch denkenden Mitarbeiter nichts an einer **schriftlichen Fixierung der Ziele** vorbei: Es empfiehlt sich auch für Abteilungsleiter bei der Festlegung der Abteilungsziele, die Mitarbeiter voll mit einzubinden. Nur wer die Ziele gemeinsam erarbeitet, schafft auch die Voraussetzung für eine Zielerreichung. Solche Mitarbeiter haben einen höheren Grad an Identifikation mit dem Unternehmen. Es ist dann nicht mehr „unsere Firma", sondern „meine Firma".

Nachfolgend wird in Abbildung 21 ein Beispiel für eine Zielvereinbarung gegeben.

Mitarbeiter im Vertrieb		
Zielsetzung	Rang	Termin bzw. Indikator für Erfüllung
1. Erreichen der Umsatzziele • Produktgruppe 1 • Produktgruppe 2	 A A	 400.000,– € 31. 12. 180.000,– € 31. 12.
2. Einführung des neuen Produktes X • Präsentation bei 60 Schlüsselkunden • Umsatzziel	 A B	 bis 15. 10. 170.000,– € 31. 12.
3. Gewinnen von Neukunden • 15 Produktgruppe 1 • 10 Produktgruppe 2	 B B	 bis 15. 11. bis 15. 11.
4. Aufbau einer Mitbewerber-Datei nach vorgegebenem Muster	C	bis 15. 07.
5. Erfassen der Kundenpotentiale für die nächsten zwei Jahre	C	bis 15. 09.
6. Teilnahme an den vorgeschlagenen Weiterbildungsmaßnahmen	C	laufend

Abb. 21: Beispiel für eine Zielvereinbarung

Formblatt zur Zielvereinbarung

Name: Abteilung:

Arbeitsziele und Aufgaben:

Im Rahmen der Aufgabenstellung für 20__ haben wir vereinbart, dass Sie im Verlauf dieses Jahres folgende Ziele verwirklichen. Wir werden im nächsten Beurteilungs-Gespräch die Erfüllung der Ziele und Lösungen der Aufgaben besprechen und bewerten.

Zielsetzung	Rang (A/B/C)	Termin bzw. Indikator für Erfüllung

_____   _____
Datum   Unterschrift des Mitarbeiters

   _____
   Unterschrift des Vorgesetzten

Abb. 22: Formblatt zur Zielvereinbarung

Wiederholungsfragen zum 4. Kapitel

1. Welche Ziele kann eine Unternehmung verfolgen? (Seite 52)
2. Was versteht man unter konkurrierenden und was unter komplementären Zielbeziehungen? (Seite 53)
3. Beschreiben Sie das System der kooperativen Zielvereinbarung. (Seite 56–58)
4. Tragen Sie Ihre Ziele in das Formular „Kooperative Zielvereinbarung" ein. (Seite 58)

5. Planung und Kontrolle

5.1 Begriff der Planung und Kontrolle

Planung

Unter **Planen** versteht man
- sich Vorstellungen über zukünftige Gegebenheiten bilden
- diese systematisch durchdenken
- mit gegebenen Situationen vergleichen
- und daraus Maßnahmen für die optimale Gestaltung der Zukunft ableiten.

In der Planung wird das kommende Geschehen gedanklich vorweggenommen, in ihr wird der Versuch gemacht, die Zukunft zu gestalten. Durch die Planung werden die Gesamtziele in operationale Teilziele zerlegt, die als Aufgaben formuliert werden, damit durch eine sinnvolle Zweck-Mittel-Kombination die Zielerreichung optimal möglich wird.

Kontrolle

Der Plan hat der späteren **Kontrolle** Maßstäbe (Sollgrößen) zu geben. Sie muss in zweierlei Hinsicht geschehen und von folgenden Fragen ausgehen:
- Werden die Planvorschriften eingehalten?
- Waren die Planungsprämissen richtig und führten sie zur Zielerreichung?

Der Vergleich von Soll- und Ist-Zustand eines Sachverhaltes wird als **Kontrolle** bezeichnet.

5.2 Zweck der Planung

Planungszweck: Ausrichtung auf Unternehmensziele

Eine gute Planung richtet **alle Unternehmensteile** auf die Erreichung der Unternehmensziele aus.

Diese zusammenfassende Schau für das ganze Unternehmen – auch bei der Durchführung von Einzelaktionen – macht das formale Planen letztlich effektvoll. Allerdings ist sie auch sehr schwierig zu erstellen, weil eines der größten Probleme der Unternehmensführung darin besteht, dass man eine Übersicht über das Ganze bekommt.

Aktionsmöglichkeiten untersuchen

Ein weiterer Planungszweck muss darin gesehen werden, **alle Aktionsmöglichkeiten systematisch zu untersuchen,** damit man aus den verschiedenen Handlungsalternativen die beste auswählen kann.

Eine Planung erfüllt also nicht schon dann ihren Zweck, wenn sie einen gangbaren Weg zur Zielerreichung zeigt, sondern erst dann, wenn sie den besten Weg zeigt. Das bedeutet nicht weniger, als dass die Planungsarbeit vielschichtig ist und dass der Planungsvorgang für den gleichen Planungszeitraum oftmals wiederholt werden muss.

Teilziele geben

Ein dritter Planungszweck liegt in der Forderung, jedem Aktionsträger ein vom Gesamtziel abgeleitetes klar definiertes **Teilziel** zu geben.

Damit ist die Frage der Zuständigkeiten, der Verantwortlichkeiten und der Befugnisse angesprochen, ohne deren eindeutige Klarstellung keine von Menschen getragene Organisation wirklich aktionsfähig ist.

5.3 Grundlagen der Planung

5.3.1 Analyse der Vergangenheit

Die **Vergangenheitsanalyse** dient dazu, uns für die Zukunft klüger zu machen, d. h. also, dass unsere dritte Planungsgrundlage (Prognosen externer Gegebenheiten für die Zukunft zu treffen) direkt aus der Vergangenheitsanalyse und letztlich nur aus dieser abgeleitet werden kann. Man darf das nicht so einfach sehen, als ginge es nur darum, die Vergangenheit trendmäßig in die Zukunft zu verlängern. Das wäre nur dann möglich, wenn keine neuen Ideen den alten hinzugefügt würden. Vielmehr muss man so sagen: „Kenntnis der Vergangenheit plus unternehmerische Idee schaffen die Zukunft."

Planungsgrundlagen: Vergangenheitsanalyse

5.3.2 Die vorhandenen bzw. zu schaffenden Kapazitäten

Alles Planen zielt darauf, Menschen und Mittel einzusetzen, um Ziele zu erreichen. Diese **Menschen und Mittel** sind unsere Kapazitäten. Sie sind die Basis der Strukturplanung. Die Kapazitäten sind in der Planung deshalb von so eminenter Bedeutung, weil hauptsächlich hier unsere Planungsengpässe liegen. Unsere Planungen werden also durch die Kapazitäten begrenzt. Strukturplanung ist langfristige Planung. Die Kapazitäten binden den größten Teil unserer Mittel und können an Gegebenheiten, die sich ändern, nicht kurzfristig angepasst werden. Darin liegt die Problematik.

Kapazitäten

5.3.3 Prognosen externer Gegebenheiten für die Zukunft

Während aber die Vergangenheitsanalyse und die Kapazitätsstruktur für uns ein festes Wissen darstellen – Vergangenheitsanalyse als die Summe unserer Erfahrungen, die Kapazitätsstruktur als die Beschreibung dessen, was uns zur Verfügung steht –, ist die dritte Planungsgrundlage in weitem Maße unsicher. Hier sind **Prognosen** in eine weitgehend unbekannte Zukunft zu stellen. Gerade aber in die Zukunft und in den für uns am wenigsten beschreibbaren Raum, den Absatzmarkt, richten sich unsere unternehmerischen Ziele. Wir ersehen daraus, in welch entscheidendem Maße wir von guten Voraussagen über die unsichere Zukunft abhängig sind. Die gesamte unternehmerische Problematik konzentriert sich also letztlich auf die Qualität dieser dritten Planungsgrundlage.

Prognosen stellen

5.3.4 Zielfindung und Zielsetzung

Vor der Planung steht die Idee, das schöpferische unternehmerische Wollen. Dieses schöpferische Wollen setzt die **Ziele** für die Zukunft. Die **Grundrichtung für die Unternehmensentscheidung** ist jeweils durch die Zielfunktion festgelegt, d.h. durch die Gesamtheit aller Ziele, die die Unternehmung verfolgt. Als Existenzbedingung ist für die Unternehmung eine angemessene **Rentabilität** auf lange Sicht erforderlich. Daneben können aber weitere, sich ergänzende oder miteinander konkurrierende **Teilziele,** gegebenenfalls auch nichtwirtschaftlicher Art, verfolgt werden. Diese dürfen nur nicht die Rentabilität der Unternehmung in der langen Sicht in Frage stellen.

Zielsetzung

5.4 Planhierarchie

Planhierarchie — Bei dem Versuch einer hierarchischen Ordnung der im Gesamtplanungsrahmen aufzustellenden Einzelpläne muss logischerweise derjenige Plan den höchsten hierarchischen Rang einnehmen, der dem Unternehmensziel am nächsten steht. Dies ist in einer normal funktionierenden Marktwirtschaft der Absatzplan. Somit ist der Absatzplan Ausgang aller Planungsarbeiten und bestimmend für die Planungsrichtung.

Absatzplan bestimmend

Die erste Planungsfrage (im Rahmen der Zielsetzung) ist also: „Was kann auf dem Markt zu welchen Bedingungen abgesetzt werden?" (**Absatzplan**)

Bereitstellung — Die zweite Frage lautet: „Können diese Waren oder Leistungen zu den jeweiligen Marktbedingungen bereitgestellt werden?" (**Bereitstellungsplan**)

Produktion — Dritte Frage: „Können diese Waren bzw. Leistungen erstellt werden?" (**Produktionsplan**)

Investition — Vierte Frage: „Was muss an Kapazitäten für die Leistungserstellung geschaffen werden?" (**Investitionsplan**)

Personal — Fünfte Frage: „Welche personellen Voraussetzungen müssen gegeben sein?" (**Personalplan**)

Beschaffung — Sechste Frage: „Welche Leistungen müssen für die eigene Leistungserstellung beschafft werden?" (**Beschaffungsplan**)

Kosten — Siebte Frage: „Was kosten Beschaffung, Investition, eigene Leistungserstellung?" (**Kostenplan**)

Finanzen — Achte Frage: „Woher kommen die finanziellen Mittel?" (**Finanzplan**)

Eine solche Planungsfolge wäre für jedes Unternehmen ideal, wenn nicht aus Engpassproblemen heraus die Planungsrichtung laufend verändert werden müsste. Infolge dieses Zwanges verschiebt sich oft die Einsicht in die Stufenleiter der Planungsfolge. Hier kommt das **Ausgleichsgesetz der Planung** zum Tragen, das besagt, dass jede Planung sich kurz- bzw. langfristig auf den „schwächsten" Bereich, den strukturellen Engpass der Unternehmung, einpendelt.

Ausgleichsgesetz der Planung

5.5 Planungsgrundsätze

Planungsanforderungen — Aus den bisherigen Betrachtungen lassen sich als **Anforderungen** an eine erfolgreiche bzw. erfolgsorientierte **Planung** im Klein- und Mittelbetrieb u.a. folgende Merkmale oder „Grundsätze" ableiten:

Systematisch — 1. Die Planung in kleinen und mittleren Unternehmungen sollte als eine **koordinierte Vielzahl** von sachlichen und zeitlich abgestimmten Teil-(Bereichs-)Planungen aufgebaut und durchgeführt werden (**Planungssystem**).

Konstant — 2. Die Planung bzw. die Planungen als Verfahren und Ergebnis des Treffens zukunftsbezogener Entscheidungen können nicht willkürlich angewandt werden (z. B. erst bei konjunkturellen oder saisonalen Schwierigkeiten), sondern bedürfen des **fortlaufenden Einsatzes**, um den Erfolg der Unternehmung auf lange Sicht zu sichern (**Planungskonstanz**).

Schwerpunkte setzen — 3. Die Planung sollte **alle Bereiche** erfassen, wobei jedoch Unterschiede hinsichtlich Umfang und Genauigkeit bei der Planwertermittlung in einzelnen Bereichen möglich sind (**Planungsschwerpunkte**).

4. Die kurz- und mittelfristigen Teilpläne sind unter Berücksichtigung der jeweils vorliegenden oder erwarteten Markt-, Umwelt- und Unternehmensbedingungen aus den langfristigen (Ziel-)Planungen zu entwickeln, wobei die **Wechselbeziehungen** nicht übersehen werden dürfen **(Planungsinterdependenz)**. *— Wechselbeziehungen berücksichtigen*

5. Die Planung soll so aufgebaut sein (z. B. durch Einbau von Planungs- oder Abweichungstoleranzen), dass begrenzte, kurzfristig erforderliche **Planänderungen** und deren Auswirkungen auf andere Teilpläne möglichst rasch und reibungslos durchgeführt werden, ohne das gesamte System der Planwerte zu beeinflussen **(Planungselastizität)**. *— Elastisch*

6. Die Ausgestaltung als **elastische** und nicht als starre Planung gibt dem mit der Planungsführung beauftragten Mitarbeiter einen gewissen Handlungs- oder Entscheidungsspielraum, was Voraussetzung für die Anwendung fortschrittlicher Führungsstile und Führungsmethoden ist **(Motivationsfunktion)**. *— Motivierend*

7. In das Planungssystem muss – auch bei der Ausgestaltung als elastische Planung – ein sachlich und zeitlich **entsprechendes Kontrollsystem** eingebaut sein. Erst durch eine fortlaufende, in mehr oder weniger großen Zeitabständen durchgeführte **Überprüfung der Noch-Gültigkeit** der Plansätze bzw. der Feststellung von **Soll-Ist-Abweichungen und der Ursachenanalyse** sind weitere „Zusatzinformationen" für eine evtl. erforderliche Anpassung der Planungen an die veränderten Bedingungen und/oder Erwartungen in Unternehmung und Umwelt zu erhalten **(Planungskontrolle)**. *— Kontrollierbar*

In welchem Umfang und mit welchem Gewicht diese hier beispielhaft und in keiner Weise erschöpfend dargestellten Planungsgrundsätze in der einzelnen Unternehmung angewandt werden, ist insbesondere abhängig von Art und Größe der Unternehmung, der inneren Einstellung (Überzeugung) und der Qualifikation des Unternehmers und seiner Mitarbeiter.

5.6 Thesen zum Aufbau eines Planungssystems

- Die Mitwirkung des **oberen Managements** an der Planung sichert letztlich erst ihren Erfolg. *— Aufbau eines Planungssystems*
- Die Unternehmensleitung muss versuchen, eine **Identifikation der Mitarbeiter** mit den Plänen zu erreichen.
- **Alle Führungskräfte** müssen einheitlich und aktiv an der Planung teilnehmen.
- Wer einen wesentlichen **Sachbeitrag zur Problemlösung** liefern kann, sollte an der Planung mitwirken.
- Eine **Klausurtagung** in anderer Umgebung erhöht die Identifikation mit dem Problem und die Innovation der Problemlösung.
- Differenzierte **Gruppenarbeits- und Diskussionstechniken** unterstützen den Planungserfolg. Wesentliche Sach- und Diskussionsbeiträge dürfen nicht verloren gehen und sind deshalb bildlich insbesondere mit den Moderations-Techniken festzuhalten.

- Das Konzept der **Teamplanung** ist generell auf alle komplexen und innovativen Probleme anwendbar. Die Teamplanung leistet die Grobplanung und fördert die Feinplanung.
- Das Planungssystem muss **schrittweise** eingeführt werden. Psychologische Barrieren und Widerstände aus mangelndem Wissen können nur langsam überwunden werden.
- Das **Berichtswesen** muss dem Fortschritt beim Aufbau des Planungssystems angepasst werden.
- Die Organisationsstruktur sollte möglichst klare **Verantwortungsbereiche** zeigen und ebenfalls anpassungsfähig sein.
- Das **Planungs- und Kostendenken** und das **Planungswissen** müssen entwickelt werden.
- Planung erfordert einen **Lernprozess.** Rückschläge sind unvermeidlich. Besondere Gefahren drohen dann, wenn Planung als „Prophetie" verstanden wird. Prognosen sind ein Teil der Planung; neben dem „Zukunftswissen" ist vor allem das Wissen über die Zusammenhänge (Interdependenzwissen) wichtig.
- Je weiter der Planungshorizont in der Zukunft liegt, umso
  - wichtiger wird die **Analyse (Prognose) der Umwelt** – aber auch umso schwieriger,
  - weniger kann eine **formale Konsistenz des Planungssystems** durchgehalten werden (Tendenz zur Projektplanung).

5.7 Thesen zum Aufbau eines Kontrollsystems

Aufbau eines Kontrollsystems

- Ein **Kontrollsystem muss enthalten:**
  - Ist-Ist-Vergleiche,
  - Plan-Ist-Vergleiche,
  - Plan-Plan-Vergleiche,
  - Kontinuität des Inhalts über mehrere Zeiträume (aber anpassungsfähig),
  - zeitliche Zerlegung der Zahlen.
- **Nicht quantifizierbare Größen** müssen eingebaut sein und sollen behandelt werden. Beispiel: „Haben wir die richtigen Mitarbeiter im Bereich X …?"
- **Kontrollverfahren** sorgen für:
  - einheitliche Formate,
  - rechtzeitige Bekanntgabe der Kontrollinhalte an die Betroffenen (Ziele),
  - Wegfall unwichtiger Informationen,
  - regelmäßige Berichterstattung über Soll-Ist-Vergleiche,
  - die richtigen (betroffenen) Teilnehmer am Kontroll-Meeting.
- **Abweichungsanalysen** müssen automatisch vom System erzeugt werden, wenn Ziel und Wirklichkeit bei wichtigen Ergebnissen voneinander abweichen.
- **Maßnahmen** werden im Anschluss an die Abweichungsanalysen vorgeschlagen.

- Ausblick auf **neue Ziele** soll gegeben werden, wenn alte Ziele wirklich überholt sind.
- **Ergebnis und Zielerreichung** sind Gegenstand der Kontrolle, nicht die Person.
- **Schwer messbare Ergebnisse** müssen auch kontrolliert werden.
  Beispiel: Das Unternehmens-Image ist nur schwer messbar, aber doch so wichtig, dass es beobachtet (= kontrolliert) werden muss.
- **Wirtschaftlichkeit des Kontrollsystems:** Nicht viele und vollständige Informationen, sondern richtige Informationen sind anzustreben.
- **Wichtige Gegebenheiten und Schlüsselaufgaben** werden kontrolliert. Kontrolle ist nicht erforderlich, nur weil Ergebnisse leicht gemessen werden können oder weil Informationen zur Verfügung stehen.
- **Rechtzeitige Kontrollen:** Häufige Messungen sind keine Garantie für eine gute Kontrolle. Zeitabstände lassen sich nicht allgemein festlegen und hängen vom zu messenden Ergebnis ab.
- Es ist wichtiger, weniger genaue Daten schnell als genaue Daten später zu haben – **Geschwindigkeit geht vor Genauigkeit**.
- **Einfache Kontrollen:** Nur wer versteht, woran er gemessen wird, leistet das Gewünschte. Klare und einfache Angaben über die geforderte Leistung und die zulässigen Abweichungen beschleunigen den Kontrollvorgang.
- **Operationale Kontrollergebnisse:** Kontrollergebnisse sind Informationen, die nur dann sinnvoll sind, wenn sie zur Aktion auffordern.

5.8 Ausgewählte Formulare zur Planung

5.8.1 Finanzplanung

Bei der Finanzplanung geht es darum, der unternehmerischen Finanzpolitik ein bestimmtes Ordnungsgefüge zu geben. Die Finanzplanung ist grundsätzlich zukunftsorientiert und kann nur im Rahmen des Gesamtzusammenhanges aller Planungsbereiche gesehen werden. Das Postulat der „gegenseitigen Planabstimmung" bzw. das „Ausgleichsgesetz der Planung" zeigt, wie wichtig die Koordinierung aller betrieblichen Planungen ist. Daneben gelten für die Finanzplanung, genauso wie für jede andere Planung, die Postulate der Vollständigkeit, der ausreichenden Information, der Beweglichkeit und der hinreichenden Genauigkeit.

Finanzplanung

Der Finanzplan, als Ergebnis der Finanzplanung, hat im Wesentlichen zwei Aufgaben:
- Aufrechterhaltung des finanziellen Gleichgewichts in langer und mittlerer Sicht, d.h. **Schaffung einer optimalen Kapitalstruktur,**
- Aufrechterhaltung des finanziellen Gleichgewichts in kurzer Sicht, d.h. **Sicherung der Liquidität.**

Aufgaben

Der Rangordnung nach steht das Streben nach einer optimalen Kapitalstruktur an erster Stelle; erst dann folgt die Aufrechterhaltung der Zahlungsbereitschaft als eine Forderung, die unbedingt aufrechtzuerhalten ist. Die Stellung

5. Planung und Kontrolle

der Finanzplanung in der Gesamtplanung der Unternehmung ist dadurch gekennzeichnet, dass sehr viele Vorgänge finanzwirksam werden. Bei der Aufstellung von Finanzplänen gilt es nun, die finanzwirksamen Vorgänge der Planperiode zu erkennen, sie zu quantifizieren und abzustimmen. Dabei nimmt im Allgemeinen die Genauigkeit der Daten mit zunehmender zeitlicher Entfernung vom Betrachtungszeitpunkt ab. Diese Abnahme der Genauigkeit der Daten lässt es theoretisch sinnvoll erscheinen, eine Aufteilung in eine lang-, mittel- und kurzfristige Finanzplanung vorzunehmen.

Kurzfristiger Finanzplan

Mittelfristiger Finanzplan

Langfristiger Finanzplan

Die kurzfristigen Finanzpläne haben die Aufrechterhaltung der Liquidität zum Ziel. Sie werden meistens täglich, wöchentlich, monatlich und vierteljährlich aufgestellt. Die im **kurzfristigen Finanzplan** zu betrachtende Periode geht über einen Produktionszyklus (Geschäftsjahr, Saison) nicht hinaus. Die **mittelfristige Finanzplanung** erstreckt sich meistens über einen Zeitraum von zwei bis drei Jahren, während ein Planungshorizont von mehr als drei Jahren als langfristige Planung fixiert wird. Im **langfristigen Finanzplan** werden Entscheidungen behandelt, die die Struktur des Unternehmens betreffen (z. B. Einführung neuer Produkte, Bearbeitung neuer Märkte). Zielsetzung des lang- und mittelfristigen Finanzplanes ist das Streben nach der optimalen Kapitalstruktur.

Im Folgenden werden eine Reihe von Planungsblättern im Finanzbereich vorgestellt. Diese betreffen zunächst einmal die **Liquiditätsplanung.**

Liquiditätsplanung

Um genauere Aussagen über die Liquiditätsentwicklung in einer Unternehmung machen zu können, muss man in erster Linie die Entwicklung der zukünftigen Einnahmen und Ausgaben kennen. Hierbei ist die Planung der Einnahmen wesentlich schwieriger als die Planung der Ausgaben, da sich bei den Einnahmen im Allgemeinen der Zahlungstermin nicht genau vorhersagen lässt, während bei den Ausgaben das Unternehmen sein Zahlungsverhalten selbst bestimmen kann.

Das Planungsblatt „Liquiditätsplanung" (Abbildung 23) enthält die wesentlichen Einflussgrößen. Die Inhalte des Formulares sind selbsterklärend.

Einnahmen

Die **Einnahmen** resultieren im Wesentlichen aus dem Umsatzprozess und aus Sondergeschäften (z. B. Anlagenverkauf).

Ausgaben

Als **Ausgaben** fallen hauptsächlich an:
– fixe Ausgaben (z. B. Mieten und Gehälter),
– variable Ausgaben (variieren mit der Geschäftstätigkeit),
– budgetierte Ausgaben (Ausgaben, die der Disposition der Unternehmensleitung unterliegen; z. B. Werbung und Entnahmen bzw. Ausschüttungen).

Das Formular „Das Ergebnis der Finanzplanung" (Abbildung 24) zeigt die Möglichkeiten beim Auftreten von Unterdeckung und Überdeckung auf.

Die in den Plan eingesetzten Daten (Höhe und Anfalldatum der jeweiligen Einnahmen und Ausgaben) können in der Regel – bis auf die fixen und budgetierten Ausgaben – lediglich geschätzt werden. Je kürzer befristet der Finanzplan ist, desto besser wird es gelingen, relativ genaue Vorausschätzungen zu machen. Im langfristigen Finanzplan werden Entscheidungen behandelt, die die Struktur des Unternehmens betreffen (z. B. Investitionen, Einführung neuer Produkte, Bearbeitung neuer Märkte).

Mit dem **langfristigen Finanzplan** wird das **Ziel der optimalen Kapitalstruktur** verfolgt. Unter Kapitalstruktur verstehen wir hierbei den Umfang und die Zusammensetzung des der Unternehmung zur Verfügung stehenden Kapitals nach Kriterien wie zeitlicher Bindung, Kosten, Herrschaftsansprüchen und Risiken. Optimal ist die Kapitalstruktur dann, wenn eine Änderung dieser quantitativen und qualitativen Merkmale das Ergebnis der Unternehmung verschlechtern, d.h. die Erfolgschancen der Unternehmung in der langen Sicht nachteilig beeinträchtigen würde. Die wesentliche Zielkomponente ist dabei die Rentabilität des Eigenkapitals.

_{Ziel optimaler Kapitalstruktur}

Die Erfolgsrechnung hat zum Ziel, den Periodenerfolg einer Unternehmung darzustellen und zu analysieren. Das Planungsschema geht aus dem „Formular zur Planung des Ergebnisses" (Abbildung 25) hervor.

Liquiditätsplanung

	Monat 1		Monat 2		Monat 3	
	Soll	Ist	Soll	Ist	Soll	Ist
1. Bestand an flüssigen Mitteln (Zu Beginn des Monats vorhanden): Kasse + Bank, Postscheck + freie Kredite (+ Überschuss Vormonat)						
= Summe flüssige Mittel						
2. Zahlungseingänge Einnahmen (Während des Monats erwartete Eingänge): aus Forderungen + Barverkäufe + Kundenanzahlungen + sonstige Einnahmen						
= Summe Einnahmen						
3. Zahlungsverpflichtungen/Ausgaben (Voraussichtliche Ausgaben während des Monats): Lohn, Gehalt, soz. Aufwendungen + Zahlung an Lieferanten + Bareinkäufe + Anzahlung an Lieferanten + Einlösung Wechsel + Tilgung von Krediten + Zinsen + Miete, Nebenkosten + Versicherungen + Steuern + sonstige Ausgaben + Privatentnahmen (+ Fehlbetrag Vormonat)						
= Summe Ausgaben						
4. Ergebnis						
Flüssige Mittel + Einnahmen ./. Ausgaben						
= Überschuss (+) Fehlbetrag (./.)						

Abb. 23: Liquiditätsplanung

5.8 Ausgewählte Formulare zur Planung

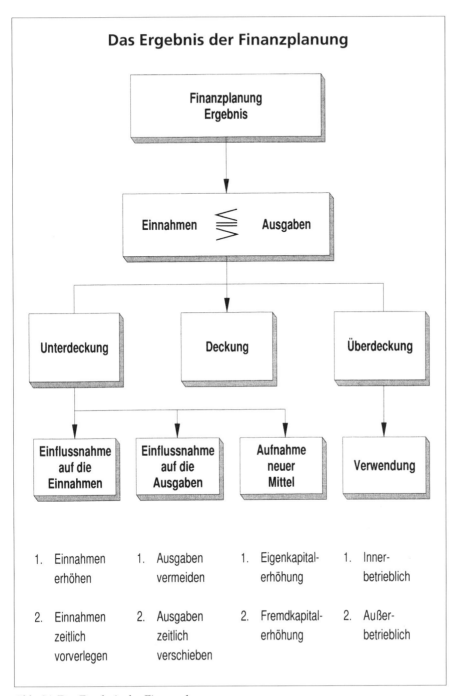

Abb. 24: Das Ergebnis der Finanzplanung

Formular zur Planung des Ergebnisses

1. Umsatzerlöse + ...
2. Erhöhung oder Verminderung des Bestands an fertigen und unfertigen Erzeugnissen +/- ....
3. andere aktivierte Eigenleistungen + ...
4. sonstige betriebliche Erträge + ...
5. Materialaufwand
   a) Aufwendungen für Roh-, Hilfs- und Betriebsstoffe und für bezogene Waren - ....
   b) Aufwendungen für bezogene Leistungen - ....
6. Personalaufwand
   a) Löhne und Gehälter - ....
   b) soziale Abgaben und Aufwendungen für Altersversorgung und für Unterstützung - ....
7. Abschreibungen
   a) auf das Anlagevermögen - ....
   b) auf das Umlaufvermögen - ....
8. sonstige betriebliche Aufwendungen - ....
9. Erträge aus Beteiligungen + ...
10. Erträge aus anderen Wertpapieren und Ausleihungen des Finanzanlagevermögens + ...
11. sonstige Zinsen und ähnliche Erträge + ...
12. Abschreibungen auf Finanzanlagen und auf Wertpapiere des Umlaufvermögens - ....
13. Zinsen und ähnliche Aufwendungen - ....
14. Ergebnis der gewöhnlichen Geschäftstätigkeit +/- ....
15. außerordentliche Erträge + ...
16. außerordentliche Aufwendungen - ....
17. außerordentliches Ergebnis +/- ....
18. Steuern vom Einkommen und vom Ertrag - ....
19. sonstige Steuern - ....
20. Jahresüberschuss/Jahresfehlbetrag +/- ....

Abb. 25: Formular zur Planung des Ergebnisses

5.8.2 Vertriebsplanung

Im Rahmen der Vertriebsplanung haben die Planung des Jahresumsatzes und die Vertriebsergebnisplanung in den meisten Unternehmen einen hohen Stellenwert. Daher wird im Rahmen dieser Ausarbeitung ein Vorschlag zur „Planung des Jahresumsatzes" (Abbildung 26) gemacht. Es soll aber gerade bei der Vertriebsplanung noch darauf hingewiesen werden, welchen Stellenwert die Primärdaten für eine gute Planung haben.

Vertriebsplanung

Beim Vertrieb, der das privatwirtschaftliche Betreiben eines Unternehmens erst sinnvoll macht, verdienen die Daten

Wichtige Daten

- über die vorliegenden Bedürfnisse (auch die durch aktives Marketing weckbaren),
- über die aktiven Kunden,
- über die möglichen Kunden und
- über die Konkurrenz

besondere Aufmerksamkeit.

In den meisten bisherigen Informationssystemen sind aber gerade diese Daten hinsichtlich systematischer Erfassung, Verarbeitung und Auswertung für Entscheidungen ausgesprochen stiefmütterlich behandelt worden.

Sie rangieren deutlich hinter informatorischen Aussagen über

- Umsatzvergleiche zwischen verschiedenen Perioden,
- Gewinnvergleiche der einzelnen Produkte in verschiedenen Zeiträumen,
- Umsatztendenzen,
- Gewinntendenzen usw.

Es herrschen also Informationen vor, die globale Aussagen über die Vergangenheit machen. Was wir aber notwendig brauchen, sind **Daten und Informationen** über die Umweltsituation.

Die Informationsverbesserung in dieser Hinsicht erlaubt es uns, Unternehmenspolitik für die Zukunft zu machen. Die Ansatzpunkte sind durch die bestehenden Umweltkontakte, die wir in weit stärkerem Maße als bisher informatorisch auswerten müssen, klar gegeben. Ein Kundenauftrag, eine Auftragsfolge, eine Reklamation und deren Erledigung, Auftragsausfälle, Auftragsänderungen, Terminstellungen usw. sagen informatorisch viel aus; wir müssen diese Tatbestände aber erkennen, benennen, erfassen und analysieren.

Nutzbare Informationen

Je besser die der Planung zugrunde liegenden Daten sind, umso leichter hat man es bezüglich der Fixierung der einzelnen Planwerte. Die **langfristige Vertriebsplanung** muss, wie in den beiden ersten Kapiteln dargestellt wurde, an die Zielfunktion angepasst werden. In der langfristigen Planung werden die Weichen für die Entwicklung des Unternehmens gestellt. Je weiter der Planungshorizont hinausgerückt wird, desto größer ist auch die Unsicherheit der Erwartung. Daher wirft die langfristige Planung die schwierigsten Planungsprobleme auf. Hier werden Entscheidungen getroffen (z. B. Investitionen für das langfristige Wachstum; Entwicklung und Einführung neuer Produkte), die das Überleben des Unternehmens bestimmen. Es handelt sich um „Einmalentscheidungen", die sich nicht routinemäßig wiederholen. Die beiden Formulare „Marktplan für die nächsten 5 Jahre" (Abbildung 27) und „Vertriebsplanung nach Produktgruppen und Märkten" (Abbildung 28) können für die praktische Anwendung Hilfestellung geben.

Langfristige Vertriebsplanung

5. Planung und Kontrolle

Planung des Jahresumsatzes

Umsatzgruppen Pl- + Ko-Zeiträume	Umsatzgruppe 1		Umsatzgruppe 2		Umsatz insgesamt	
Monate	Rest-SOLL	IST	Rest-SOLL	IST	Rest-SOLL	IST
(1) Januar	2.500.000,-	200.000,-	3.000.000,-	150.000,-	5.500.000,-	350.000,-
(2) Februar	2.300.000,-	100.000,-	2.850.000,-	200.000,-	5.150.000,-	300.000,-
(3) März	2.200.000,-	200.000,-	2.650.000,-	200.000,-	4.850.000,-	400.000,-
I. QUARTAL	2.000.000,-	500.000,-	2.450.000,-	550.000,-	4.450.000,-	1.050.000,-
(4) April	2.000.000,-		2.450.000,-		4.450.000,-	
(5) Mai						
(6) Juni						
II. QUARTAL						
(7) Juli						
(8) August						
(9) September						
III. QUARTAL						
(10) Oktober						
(11) November						
(12) Dezember						
IV. QUARTAL						
insgesamt 20..						
Über-, Unterdeckg. in % vom SOLL		±...%		±...%		±...%

Abb. 26: Planung des Jahresumsatzes

Das Informationssystem soll dem Management die für diese Entscheidungen notwendigen Informationen zur Verfügung stellen. Dazu müssen in der Datenbank die erforderlichen Daten gespeichert werden. Mit Hilfe der in der Methodenbank vorhandenen Hilfsmittel (z. B. statistischen Trendberechnungen, Simulationsmodellen) kann die Qualität dieser langfristigen Planung sehr verbessert werden.

Mittel- und kurzfristige Vertriebspläne sind auf den langfristigen Plan abzustellen. Während die langfristige Planung im Allgemeinen der Unternehmensführung selbst vorbehalten bleibt (echte Führungsentscheidungen), wird die mittel- und kurzfristige Planung an das mittlere und untere Management delegiert, da bei diesen Planungen der Grad der Unsicherheit nicht mehr so hoch ist.

Mittel- und kurzfristige Planung

Das Informationssystem soll den Führungskräften hier zunächst zu genaueren Planvorgaben verhelfen. Diese Plandaten können durch mathematisch-statistische Prognose-Verfahren und/oder Simulationen gewonnen werden. Das **Speichern von Vertriebsplandaten in der Datenbank** ist eine wesentliche Voraussetzung für ein zukunftsorientiertes Informationssystem. Eine wirksame Steuerung und Kontrolle im Rahmen des Entscheidungsprozesses ist nur mit Hilfe besonderer Maßgrößen möglich, die den Charakter von Soll-Werten haben. In einem nur vergangenheitsorientierten Informationssystem, in dem die Ist-Daten einer früheren mit den Ist-Daten einer aktuellen Periode verglichen werden, sind eine vernünftige Steuerung und Kontrolle kaum möglich. Das Management wird durch das Speichern der Soll-Daten auf die Planabweichungen aufmerksam gemacht, und es kann somit die Planerfüllung steuern oder den Plan korrigieren. Die Formulare „Marktplan für die nächsten 5 Jahre" (Abbildung 27) und „Vertriebsplanung nach Produktgruppen und Märkten" (Abbildung 28) lassen sich auch für die mittel- und kurzfristige Vertriebsplanung einsetzen. In diesem Falle sind die adäquaten Planungszeiträume zu bestimmen.

Zukunftsgerichtetes Informationssystem

5.9 Wesentliche Vorteile einer Planung

Die wesentlichen Vorteile einer Planung sind:
- Bewusste Gestaltung der Unternehmenszukunft, Durchdenken der Möglichkeiten des Unternehmens, Erkennen seiner Stärken und Schwächen
- Erfassung und Verdichtung der wirtschaftlichen Daten des Unternehmens
- Frühzeitige Feststellung von Datenänderungen und deren Folgen und damit Verminderung des unternehmerischen Risikos
- Rechtzeitige Auswahl geeigneter Maßnahmen zur Verwirklichung gesetzter Ziele und weitgehende Vermeidung von unter Zeitnot und unter Druck zu treffenden Entscheidungen, deren Konsequenzen nicht voll zu übersehen sind
- Durchrechnen verschiedener möglicher Problemlösungen
- Entlastung von Routinearbeiten, bessere und leichtere Lenkung und Überwachung des Geschäftsablaufs.

Vorteile einer Planung

5. Planung und Kontrolle

Marktplan für die nächsten 5 Jahre

Produkte/ Produktgruppen		n-1	n	n+1	n+2	n+3	n+4
❶	Umsatz						
	Mengen						
❷	Umsatz						
	Mengen						
❸	Umsatz						
	Mengen						
❹	Umsatz						
	Mengen						
❺	Umsatz						
	Mengen						
❻	Umsatz						
	Mengen						
❼	Umsatz						
	Mengen						
Summe	Umsatz						
	Mengen						

Abb. 27: Marktplan für die nächsten 5 Jahre

5.9 Wesentliche Vorteile einer Planung

Vertriebsplanung nach Produktgruppen und Märkten

Heutige Produktgruppen	Jetzige Märkte				Neue Märkte				Summe	Summe
	Plan Umsatz	Ist Umsatz	Plan Umsatz	Ist Umsatz	Plan Umsatz	Ist Umsatz	Plan Umsatz	Ist Umsatz	Plan Umsatz	Ist Umsatz

Neue Produktgruppen	Jetzige Märkte				Neue Märkte				Summe	Summe
	Plan Umsatz	Ist Umsatz	Plan Umsatz	Ist Umsatz	Plan Umsatz	Ist Umsatz	Plan Umsatz	Ist Umsatz	Plan Umsatz	Ist Umsatz

Abb. 28: Vertriebsplanung nach Produktgruppen und Märkten

Wiederholungsfragen zum 5. Kapitel

1. Was versteht man unter Planung? (Seite 60)
2. Nennen Sie die wesentlichen Zwecke der Planung! (Seite 60)
3. Skizzieren Sie die Hierarchie der Pläne. (Seite 62)
4. Nennen Sie wesentliche Planungsgrundsätze! (Seite 62–63)
5. Versuchen Sie den Aufbau der Liquiditätsplanung zu beschreiben. (Seite 68)
6. Welche wesentlichen Vorteile hat die Planung? (Seite 73)

6. Organisation und Information

6.1 Eigenschaften von Organisationen

Wenn im Folgenden von Organisationen gesprochen wird, dann verstehen wir darunter soziale Gebilde, die

- dauerhaft ein Ziel verfolgen und
- eine formale Struktur aufweisen, mit deren Hilfe Aktivitäten der Mitglieder auf das verfolgte Ziel ausgerichtet werden sollen.

Definition „Organisation"

Hierzu müssen folgende Begriffe näher erklärt werden:
1. Ziel
2. dauerhaft
3. Mitglieder
4. formale Struktur.

1. Ziel:

Fast alle Definitionen von „Organisation" heben die Eigenschaft der Zielgerichtetheit oder Zweckbezogenheit hervor. Das Ziel wird als Hauptgrund für die Bildung von Organisationen gesehen. Oft ist es der einzige gemeinsame Bezugspunkt zwischen allen Beteiligten. Wesentlich ist jedoch, dass die Beteiligten

Bedeutung der Ziele

- nicht nur ein **gemeinsames Ziel** verfolgen, sondern
- auch zur Erreichung dieses Ziels **aufeinander angewiesen** sind.

Beispiel:

Die Passagiere in einem Flugzeug sind normalerweise keine Organisation. Sie haben zwar alle dasselbe Ziel (bestimmter Flughafen); sie sind aber nicht aufeinander angewiesen.

Individuen können aber nicht nur die Ziele der Organisation verfolgen, sondern auch ihre persönlichen Ziele. Diese Überlegung von den **doppelten Zielvorstellungen** der Organisationsmitglieder führt uns weiter zu der Frage nach dem Verhältnis dieser beiden Zielvorstellungen untereinander.

Doppelte Zielvorstellung

2. dauerhaft:

In der Literatur werden kurzfristige Zusammenschlüsse von Menschen im Hinblick auf ein bestimmtes Ziel (Beispiel: Deichbruch) nicht als „Organisationen" bezeichnet.

Dauerhaftigkeit

Gründe: Es ist anzunehmen, dass kurzfristige Zusammenschlüsse
- andere Eigenschaften und
- andere Probleme aufweisen als auf Dauer angelegte Zusammenschlüsse.

„Dauerhafte" Zusammenschlüsse bedeuten aber nicht, dass sich Organisationen nicht verändern. Wichtig im Rahmen dieses Punktes ist, dass der zielgerichtete Zusammenschluss von Personen **nicht von vornherein auf eine relativ kurze Dauer fixiert ist**.

3. Mitglieder:

Die Bestimmung von Organisationsmitgliedern ist relativ schwierig. Je nach dem verwendeten Kriterium (Arbeitsstunden, Bezahlung, Einfluss auf Ent-

Mitglieder

scheidungen) kommt man zu unterschiedlichen Ergebnissen. Als Folge dieser Definitionsschwierigkeiten gibt es in der Literatur **unterschiedliche Abgrenzungen**. So rechnen z. B. einige Autoren Kunden und Lieferanten zu den Organisationsmitgliedern einer Unternehmung, andere dagegen nicht.

4. formale Struktur:

Formale Struktur

Die formale Struktur umfasst **alle Regelungen** für die Aktivitäten der Organisationsmitglieder. In den Unternehmungen soll die Struktur „bestmöglich" sein, d.h., ein optimales Verhältnis von Kosten und Nutzen soll für die Handlungen, die sich in dem organisatorischen Rahmen vollziehen, angestrebt werden.

6.2 Anforderungen an Organisationssysteme

Voraussetzungen zum Aufbau von Organisationssystemen

Beim Aufbau von Informations- und Organisationssystemen sind vor allem folgende Problemkreise zu bewältigen:

1. Das Vollständigkeitsproblem

Vollständigkeit relevanter Daten

Ein Informationssystem muss die Komplexität und Varietät des realen Systems in genügender Übereinstimmung wiedergeben. Gerade die **vollständige Erfassung aller relevanten Daten** ist für die Informationsgewinnung von großer Bedeutung. Man muss sich einfach darüber im Klaren sein, dass die aus dem Informationssystem fließenden Informationen – auch unter Einsatz aller mathematischen und technischen Hilfsmittel – nur so gut sein können, wie die erfassten Daten es zulassen. Im Rahmen der Vollständigkeit muss dabei besonders Wert auf die Fixierung von Plandaten gelegt werden. Nur dadurch lassen sich Steuerungs- und Regelungssysteme aufbauen.

2. Das Wahrheitsproblem

Logische Übereinstimmung Modell-Realität

Wahrheit besagt, dass das Modellsystem in logischer Übereinstimmung mit den abgebildeten Realitäten ist. Bei der Beurteilung dieser Grundproblematik im Rechnungswesen ist davon auszugehen, dass eine richtige Abbildung nur möglich ist, wenn

- die **Begriffe** klar definiert und genügend klassifiziert sind,
- die **Tatbestände** richtig bewertet werden und
- die **Struktur** der rechnerischen Modelle die Struktur der betrachteten realen Begebenheiten möglichst wirklichkeitsgetreu (isomorph) abbildet.

3. Das Zeitproblem

Jederzeitige Überprüfung der Tatbestände

Hinsichtlich dieses Problems muss es das Ziel sein, dass das Datenmaterial die **Tatbestände** des Unternehmens **zu jedem Zeitpunkt** widerspiegelt. Wird im Organisationssystem das Geschehen erst mit erheblichem zeitlichem Abstand erfasst und verarbeitet, dann gleicht es einer überholten Datenaufbewahrungsinstitution. Derartige Datenbestände sind zu Steuerungsmaßnahmen weitgehend ungeeignet. Sie besagen bestenfalls hinterher, was man vorher hätte tun müssen, wenn man rechtzeitig informiert gewesen wäre.

4. Das Zuordnungsproblem

Jederzeitige Zuordnung der Informationen

Hier wird die Forderung nach der optimalen Informationsmenge sowohl in quantitativer als auch in qualitativer Hinsicht gestellt. Das Informationssystem hat zu jedem Zeitpunkt alle relevanten Informationen **an die Stellen und**

Personen zu leiten, die sie zur optimalen Steuereinwirkung auf das System benötigen. Hier muss festgestellt werden, dass es um das Aufgaben- und Informationsbewusstsein des Managements nicht sonderlich gut bestellt ist. Bei aller Fähigkeit, ihre Aufgaben zu begreifen und sich schnell zu informieren, sind sie meist nicht in der Lage, ihr Aufgabenprofil und ihren Informationsbedarf für einen Dritten verständlich zu formulieren.

6.3 Maximen für die Aufbau- und Ablauforganisation

6.3.1 Aufbauorganisation

Die **Aufbauorganisation** geht von der Gesamtaufgabe aus und gliedert diese in Einzelaufgaben, die von den Aufgabenträgern zu übernehmen sind. Es handelt sich bei der Aufbauorganisation zwar um eine statische Strukturierung, dennoch sollte auch hier eine gewisse Flexibilität von vornherein mitorganisiert werden. <!-- Aufbauorganisation -->

Wesentliche Maximen für die **Aufbauorganisation** sind: <!-- Wesentliche Elemente -->
- Möglichst **einfache Organisation** (zum Beispiel keine zu starke Detaillierung der Aufgabengliederung),
- möglichst **flexible Organisation** (zum Beispiel durch Austauschbarkeit der Personen, verstärktes Arbeiten mit kleinen Arbeitsgruppen),
- Grundsatz des **kürzesten Befehlsweges** (zum Beispiel wenig hierarchische Ebenen).
- **arbeitsgerechte Kontrollspanne** (der Führungskraft sind entsprechend der Art der Tätigkeit, der Notwendigkeit von Führung, Planung, Koordinierung und Kontrolle die angemessene Anzahl von Mitarbeitern zu unterstellen),
- Förderung von **Delegation und Kommunikation** (jeder Mitarbeiter sollte ein „Subunternehmer" sein),
- eindeutige fachliche und disziplinarische **Weisungsbefugnisse** (zum Beispiel durch Handbücher, Richtlinien und Führungsprinzipien).

Besondere Bedeutung kommt in der Aufbauorganisation der **Aufgabengliederung** zu. Wenn mehrere Menschen an einer gemeinsamen Aufgabe arbeiten, wird es zu einer irgendwie gearteten Arbeitsteilung kommen. Je mehr Menschen zusammenarbeiten, desto differenzierter ist in der Regel die praktizierte Aufgabengliederung. Die dabei **möglichen Gliederungskriterien** sind die folgenden (Kosiol): <!-- Aufgabengliederung -->

1. Verrichtung
Aufgaben können nach Verrichtung, d. h. nach Tätigkeiten oder Arbeitsarten, gegliedert werden, zum Beispiel nach Einkauf, Produktion, Verkauf oder – differenzierter – nach Anfragen, Bestellen, Überwachen etc. <!-- – nach Verrichtung -->

2. Objekt
Ein zweites, wichtiges Gliederungskriterium ist der Gegenstand, an dem sich die geforderte Tätigkeit vollziehen soll. Objekte können sein: Rohstoffe, Erzeugnisse, Personen, Märkte etc. <!-- – nach Objekt -->

3. Rang

– nach Rang

Dieser Gliederungsaspekt beruht auf der Erkenntnis, dass die verschiedenen Teilaufgaben innerhalb der Gesamtaufgabe einen unterschiedlichen Rang besitzen und koordiniert werden müssen. Das führt zu einer Trennung von entscheidenden und ausführenden Tätigkeiten.

4. Phase

– nach Phase

Die Untergliederung in Planungs-, Durchführungs- und Kontrollvorgänge (Phasengliederung) ist ein weiteres Gliederungsprinzip. Seine Anwendung kommt den Forderungen der Systemtheorie besonders entgegen.

5. Zweck

– nach Zweck

Die unmittelbar den Sachzielen der Organisationseinheit dienenden Primäraufgaben werden von Sekundäraufgaben überlagert, die der fortlaufenden Erfüllung der Primäraufgaben zugute kommen: Verwaltung, Wartung, Pflege. Ihre Ausgliederung aus den Primäraufgaben ist ein weiteres Gliederungsprinzip.

Diese fünf Möglichkeiten der Aufgabengliederung stehen gleichwertig und unabhängig nebeneinander. Sie lassen sich miteinander kombinieren und erlauben eine beliebig feine Untergliederung der Aufgaben einer Organisationseinheit.

6.3.2 Ablauforganisation

Ablauforganisaton

Die Ablauforganisation ist die Ordnung von Arbeitsprozessen.

Wesentliche Elemente

Wesentliche Maximen für die **Ablauforganisation** sind:

- Die Organisation sollte **nach Regelfällen** ausgerichtet sein (zum Beispiel konkrete Festlegung des Wochenablaufes, eindeutiger Produktionsplan, Bearbeitung nach „Standards"),
- die Zahl der **Arbeitsstationen** ist zu minimieren (zum Beispiel sinnvolle Stellung der Maschinen entsprechend dem Ablaufprozess),
- ablaufmäßig **zusammengehörende Tätigkeiten** sollten von einer Person wahrgenommen werden (zum Beispiel Tendenz zur Gesamtbearbeitung eines Falles),
- die **Arbeitsmittel** müssen optimal eingesetzt sein (zum Beispiel Maschinen effizient nutzen, Fuhrpark wirtschaftlich einsetzen),
- die richtige **Information** gehört zur rechten Zeit an die richtige Stelle (zum Beispiel durch verstärkten Einsatz der modernen Informations- und Kommunikationstechniken).

6.4 Erhebungstechniken

Feststellung der Ist-Tatbestände

Es gibt im Wesentlichen fünf Techniken zur Ermittlung der Ist-Tatbestände. Diese werden im Folgenden kurz beschrieben und anschließend in einer Synopse dargestellt (Abbildung 29).

1. Fragebogen

Fragebogen

An die Mitarbeiter der zu untersuchenden Abteilungen werden Formulare mit standardisierten Fragen verteilt. Die Beantwortung erfolgt als verbale Kurzinformation oder in Form quantitativer Aussagen.

Vorteile:
- führt schnell zu schriftlich fixierten Ergebnissen,
- relativ geringer Kostenaufwand,
- relativ geringer Personalaufwand,
- Erfassbarkeit großer Untersuchungseinheiten.

Nachteile:
- Unschärfen durch Abwesenheit von Mitarbeitern,
- es treten leicht Missverständnisse auf,
- Gefahren in der Manipulation der Antworten.

2. Interview

Interviews bieten den sichersten Weg, den Ist-Zustand richtig zu ermitteln. *Interview*

Vorteile:
- Informationen werden schneller erfasst,
- Zusammenhänge können in kurzer Zeit aufgedeckt werden,
- Zusatzfragen tragen zur Verdeutlichung bei,
- persönlicher Kontakt und persönlicher Eindruck.

Nachteile:
- gute Vorbereitung beider Interview-Partner,
- Interview-Technik muss erlernt werden.

Zur Ergänzung der durch das Interview gewonnenen Informationen dienen weitere Methoden.

3. Beobachtung

Es werden planmäßige Beobachtungen zum Überprüfen von Tatbeständen *Beobachtung* und zum Erkennen von Engpassfaktoren durchgeführt.

Vorteile:
- Grundlage zur Analyse von außergewöhnlichen Tatbeständen,
- Wahrheitsgehalt von Aussagen kann stichprobenartig überprüft werden.

Nachteile:
- Verdacht der Kontrolle entsteht,
- die Ursachen von Vorgängen werden nicht deutlich,
- Beschränkung auf räumlich begrenzte Bereiche,
- personalintensiv.

4. Berichtsmethode (Selbstaufschreibung)

Die Fachabteilungen führen eine ausführliche Beschreibung ihrer Arbeitsge- *Bericht* biete durch.

Vorteile:
- aktive Mitarbeit der Fachabteilungen an der Organisationsentwicklung,
- Verantwortung für Ausführlichkeit und Vollständigkeit liegt bei den Fachabteilungen,
- Möglichkeit, Bemerkungen und Begründungen für Aktivitäten beizufügen.

Nachteile:
- Auswertung der Berichte ist erschwert, da sie weitgehend formfrei und individuell gestaltet sind,
- Übergänge von einem Arbeitsgebiet zu anderen sind schwierig abzugrenzen.

Multimoment-
aufnahme

5. Multimomentaufnahme

Multimomentaufnahmen gehören zu den Untersuchungsmethoden der analytischen Statistik und ermöglichen auf der Basis stichprobenartig erfaßter Werte Rückschlüsse auf die Gesamtsituation. Anwendungsgebiete sind zum Beispiel:

- Transport- und Lagerwesen: Analyse von Auftragsdurchlaufzeiten zur Feststellung unbegründeter Liegezeiten,
- Fertigstellung: Analyse des Auslastungsgrades und der Stillstandszeiten von Maschinen,
- Arbeitsstudium: Analyse von Belastungs- und Tätigkeitsprofilen einzelner Mitarbeitergruppen.

Kriterien	Methodik (Konzept)	Methodenziel	Zeitaufwand	Kosten	Effizienz	Einwirkung auf Betriebsablauf („Bremskosten")
1. Fragebogen	standardisierte, formulierte Fragen	Erfassung großer Untersuchungseinheiten	schnelle, schriftlich fixierte Ergebnisse; gute Auswertungsmöglichkeit	relativ gering	Unschärfen möglich (Manipulation, Abwesenheit)	einmalige Unterbrechung, kann in ablaufbedingten Pausen erledigt werden
2. Interview	– Direktbefragung – individuellere Fragen	– Erfassung von Zusammenhängen in rel. kurzer Zeit – schnelle Erfassung gezielter Informationen	zeitaufwendig; Probleme bei der Auswertung	höherer Personalaufwand Dialog sehr aufwendig	Subjektivität möglich	einmalige Unterbrechung durch Interview
3. Beobachtung	planmäßige Beobachtung zur Überprüfung von Tatbeständen und Erkennen von Engpassfaktoren	Überprüfung von Tatbeständen, Erkennen von Engpassfaktoren	über längeren Zeitraum nötig, daher zeitaufwendig	personalintensiv	Wahrheitsgehalt kann stichprobenartig überprüft werden	geringe Störung, Beobachtung durch Dritte
4. Berichtsmethode	planmäßige, zielgerichtete Beobachtung durch Fachabteilung selbst	individuelle Problemerfassung durch die Betroffenen	aufwendige Erfassung, außerdem erschwerte Auswertung (nicht EDV-gerecht)	wenn eine klare Form für die Analyse und Erfassung fixiert wird, ist der Kostenaufwand erträglich	umfassende Informationsgewinnung durch eigene Ideen; persönliche Über- bzw. Unterzeichnung der Probleme möglich	Aufnahme in den Betriebsablauf nötig
5. Multimomentaufnahme	stichprobenartige Erfassung ermöglicht Rückschlüsse auf Gesamtsituation	Analyse von Durchlaufzeiten und Auslastungsgrad; wird vorwiegend im Produktionsbereich verwendet	Beobachtung eines „Moments", im Allgemeinen geringer Zeitaufwand	abhängig von Stichprobenumfang	hohe Aussagekraft durch statist. Signifikanz	keine Störung, Aufzeichnung durch Dritte

Abb. 29: Erhebungstechniken

6.5 Phasenkonzepte in der Organisationsgestaltung

6.5.1 Vorteile von Phasenkonzepten

Es besteht über die Notwendigkeit, Organisationsvorhaben in Phasen zu untergliedern, einhellige Zustimmung, sind doch die Vorteile offenkundig:

Phasenuntergliederung von Organisationsvorhaben

1. **Phasenkonzepte verdeutlichen die Vorgehensweise.**
Die einzelnen Projektschritte werden
   - transparent,
   - objektiviert (auf das Ziel) und
   - nachvollziehbar.

Vorgehensweise verdeutlicht

2. **Phasenkonzepte grenzen das Risiko ein.**
Dies gilt insbesondere für die
   - zeitlichen,
   - systemtechnisch und
   - finanziell bedingten Risiken.

Risikobegrenzung

3. **Phasenkonzepte tragen zu einer Verbesserung der Wissens-Kompetenz bei.**
Allen Beteiligten an einem Projekt wird deutlich gemacht, welche Anforderungen an das Wissen und Können der Entscheidungsträger und Mitarbeiter zu stellen sind. Aus den einzelnen Aktivitäten lassen sich konkrete Anforderungen an die Fähigkeiten der Team-Mitglieder ableiten.

Wissenskompetenz verbessert

4. **Phasenkonzepte tragen zu einer Verbesserung der sozialen Kompetenz bei.**
Phasenkonzepte basieren auf einer optimalen Zusammenarbeit aller. Wenn die in jüngster Zeit häufig strapazierte Aussage „Betroffene zu Beteiligten" zu machen ihre Berechtigung wirklich verdient, dann gilt dies im Projekt-Management. Ein Projekt auf der Basis eines niedrigen Reifegrades der sozialen Kompetenz ist von vornherein zum Scheitern verurteilt. Spielregeln der Zusammenarbeit sind hier unabdingbar. Neben der Sachebene hat die Beziehungsebene einen hohen Stellenwert (siehe Abbildung 30 „4 Phasen des Organisierens"). Es gilt, die Beteiligten mit dem Projekt zu identifizieren, sie „aufzutauen", wenn erforderlich, Ansichten ändern und in der Einführung das System zu stabilisieren.

Soziale Kompetenz verbessert

5. **Phasenkonzepte tragen zu einer Verbesserung der unternehmerischen Kompetenz bei.**
Alle Mitarbeiter eines Projektes haben sich als Mit-Unternehmer zu sehen. Nur wenn jeder einzelne Beitrag den qualitativen, zeitlichen und finanziellen Anforderungen gerecht wird, zeigt sich der Projekt-Erfolg. Phasenkonzepte verdeutlichen das Bewusstsein um die unternehmerischen Qualifikationen wie Initiative, Verantwortungsübernahme und bestmögliche Finalisierung der Aufgaben. Es gibt in der Wissenschaft und Praxis eine Vielzahl von individuellen Vorschlägen zur Phasengliederung. Sie unterscheiden sich insbesondere durch
   - den Grad der Untergliederung,
   - unterschiedliche Begriffe für ein und denselben Tatbestand und
   - die mehr oder weniger starke Ausprägung auf eine spezifische Anwendung.

Unternehmerische Kompetenz verbessert

Vier Organisationsphasen

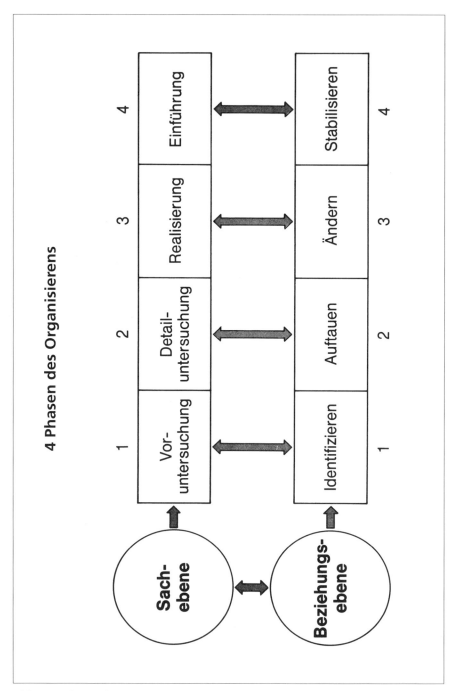

Abb. 30: 4 Phasen des Organisierens

6.5.2 Einzelne Phasen der Organisation

Üblicherweise werden Organisationsvorhaben in die folgenden Phasen unterteilt:
1. Voruntersuchung (Vorstudie),
2. Detailuntersuchung und Systemkonzeption,
3. Systemrealisation,
4. Einführung des Organisationssystems.

Organisationssystem: Einzelphasen bei Einführung

Sicherlich kann eine solche generelle Untergliederung nicht überraschen, ist sie doch letztlich die einzig stringente Vorgehensweise beim Abwickeln von Projekten. Innerhalb der vier Phasen gilt es jedoch, die wesentlichen Aktivitäten besonders zu beachten. So muss z.B. bei der Phase der Voruntersuchung der Frage nach dem Erkennen von wichtigen Projekten ein hoher Stellenwert beigemessen werden. Wer das Initiieren von Projekten nur dem Zufall überlässt, macht als Entscheidungsträger keinen guten Job. Das systematische Gewinnen von lebenswichtigen Projekten ist daher schon eine wesentliche Aufgabe im Rahmen der Voruntersuchung.

Die Unterteilung in die vier genannten Phasen ist der Praxis häufig zu grobkörnig. In einer Reihe von Organisationen wird eine stärkere Unterteilung vorgenommen.

1. Voruntersuchung

Ausgangspunkt der Voruntersuchung ist die Erfassung des Ist-Zustandes. Neben der Erfassung der gegenwärtigen vorhandenen **Daten- und Informationsstrukturen** ist auch der **zukünftige Informationsbedarf** zu ermitteln. Für die Erstellung der Rahmenkonzeption (Soll-Vorschlag) ist außer der Ermittlung des Ist-Zustandes und des Informationsbedarfs die Erfassung der zukünftigen Entwicklung besonders wichtig.

Voruntersuchung

2. Detailuntersuchung und Systemkonzeption

In der Phase der Detailuntersuchung und Systemkonzeption sind im Wesentlichen folgende Tätigkeiten auszuüben:
- detaillierte Aufbauanalyse,
- detaillierte Arbeitsablaufanalyse,
- genaue Ermittlung des Informationsbedarfs,
- Fixieren der maschinellen Hilfsmittel,
- Zeit- und Kostenberechnungen,
- Nutzenanalysen,
- Personal- und Schulungsplanung.

Detailuntersuchung, Systemkonzeption

3. Systemrealisation

In der Phase der Systemrealisation wird das geplante System realisiert. Es muss unter anderem über folgende Punkte Klarheit bestehen:
- detaillierte Arbeitsablaufpläne,
- Verpflichtung der Einzelaufgaben im gesamten Arbeitsablauf,
- optimale Abwicklung der Prozesse,
- Aufgaben der einzelnen Mitarbeiter.

Systemrealisation

4. Einführung des Organisationssystems

Die Einführung eines Organisationssystems bedarf einer guten Umstellungsplanung. Dabei muss vor allem entschieden werden, wie die **Umstellung sachlich und zeitlich** erfolgen sollte.

Einführung Organisationssystem

Hinsichtlich der Sachfrage stellen sich die Alternativen:
- Totalumstellung (also Umstellung in einem Zuge) oder
- Partialumstellung (Umstellung in den einzelnen Teilbereichen nacheinander).

Die schlagartige Gesamtumstellung wäre zwar ideal, lässt sich aber in den meisten Fällen organisatorisch nur mit einer exzellenten Planung und Vorbereitung durchführen. Hinsichtlich der zeitlichen Umstellung ergibt sich die Frage der Direkt- oder Parallelumstellung.

Im Rahmen der Ablauforganisation hat die Planung und Überwachung von Projekten häufig eine große Bedeutung. Hier ist es notwendig, auf die folgenden Fragen eine Antwort zu geben:
- Wie lange dauert das gesamte Projekt?
- Wann müssen die einzelnen Tätigkeiten begonnen werden, damit der Abschluss des Projektes nicht verzögert wird?
- Welche Abhängigkeiten gibt es unter den einzelnen Tätigkeiten?
- Was passiert bei einer Veränderung der Dauer oder Reihenfolge von Tätigkeiten?
- Welche Maßnahmen gibt es, um das Projekt noch rechtzeitig zu beenden?

Es gibt mehrere Verfahren, die verstärkt zur Steuerung von Projekten eingesetzt werden. Zu erwähnen sei auch hier insbesondere die **Netzplantechnik**, die ein bewährtes Instrument zur Planung von Aktivitäten darstellt.

Zu beachten ist neben der Sachebene mehr und mehr die **Beziehungsebene.** Diesbezüglich ist insbesondere wichtig:
- das Identifizieren mit dem Vorhaben,
- das Auftauen alter Gewohnheiten,
- das Ändern von Ansichten und
- das Stabilisieren des Systems.

6.6 Projektmanagement

Geeignete Vorhaben für Projektform

Schon immer gab es in allen Organisationen die Notwendigkeit, bestimmte Vorhaben in Projektform abzuwickeln. Für die Durchführung als Projekt bieten sich alle Aktivitäten an, die in zahlreiche Arbeitspakete zerlegbar sind und an denen mehrere Mitarbeiter, Teams, Stellen, Abteilungen, Bereiche oder Firmen beteiligt sind. In der Gegenwart gewinnt das Projektmanagement in Wirtschaft und Verwaltung mehr und mehr an Bedeutung. Die Gründe gehen aus der Übersicht „Was spricht für das Projektmanagement" (Abbildung 31) hervor.

Die Realisierung des Projektmanagements lässt unterschiedliche Auspolsterungen zu. Diese werden vorwiegend durch die Kriterien für den Projekterfolg bestimmt.

Projektmanagement: Erfolgskriterien

Die **Erfolgskriterien für das Projektmanagement** selbst sind:
- Sachziele,
- Terminziele,
- Kostenziele.

6.6 Projektmanagement

Die **Erfolgskriterien für das zu realisierende Objekt** können sein:
- Akzeptanz durch die Betroffenen,
- Verbesserung der Kosten-/Nutzensituation,
- Gewinnen von strategischen Vorteilen.

Zu realisierendes Objekt: Erfolgskriterien

Diese Überlegungen machen deutlich, dass der Projektleiter andere Schwerpunkte als ein Funktionsleiter setzt. Aus der Abbildung 32 „Synoptische Darstellung – Projektleiter versus Funktionsleiter" gehen die wichtigsten Unterschiede hervor.

Vorteile von Projektmanagement

Was spricht für das Projektmanagement?

- ☐ Rasches Agieren auf neue Markt- und Kundenanforderungen
- ☐ Die Organisationsform für praktizierte Schnelligkeit
- ☐ Ganzheitliche Betrachtung von Aufgaben
- ☐ Ganzheitliche Lösungen
- ☐ Statt isolierten und linearen Betrachtungen vernetztes Denken
- ☐ Kreativität hat außerhalb der Hierarchie größere Chancen
- ☐ Mitarbeiter und Führungskräfte werden intellektuell stärker gefordert
- ☐ Jeder Projektbeteiligte lernt den „Schrecken der Eigenverantwortung" kennen
- ☐ Zwang zur Verbesserung der Kommunikation
- ☐ Die formale Autorität wird ersetzt durch neue Erfolgskriterien:
  - Persönlichkeitskompetenz
  - Fachliche Kompetenz
  - Soziale Kompetenz
  - Unternehmerische Kompetenz
- ☐ Die Mitarbeiter werden als Mitunternehmer gefordert
- ☐ Konflikte beleben die Organisation
- ☐ Die funktionale Organisation verbindet sich mit der Prozess-Organisation

Abb. 31: Was spricht für das Projektmanagement?

Unterschiede Projektleiter – Funktionsleiter

Synoptische Darstellung – Projektleiter versus Funktionsleiter	
Projektleiter	**Funktionsleiter**
Coach, Moderator	Manager
Generalist	Spezialist
Wechselnde Aufgaben	Routinisierte Aufgaben
Stellt in Frage	Vertritt das Bestehende
Vernetztes Denken	Lineares Denken
Ganzheitliche Lösungen	Abteilungsorientierte Lösungen
Innovative Verfahren	Klassische Methoden
Ideen verpflichten	Regeln dominieren
Ziel-/Ergebnis-orientiert	Bestmögliche Funktionserfüllung

Abb. 32: Synoptische Darstellung – Projektleiter versus Funktionsleiter

Definition „Projekt"

Die **Definitionen des Begriffes „Projekt"** sind recht vielfältig. In der Literatur und Praxis finden sich bei den einzelnen Beschreibungen eines Projektes meist die nachstehenden Anforderungen:
- Einmaligkeit des Vorhabens,
- klare Zielvorgaben,
- Abgrenzung zu anderen Vorhaben,
- zeitliche Begrenzungen,
- finanzielle Begrenzungen,
- spezifische Organisation des Projektes,
- team-, abteilungs- und bereichsübergreifend.

Nach **DIN 69901** wird ein Projekt wie folgt definiert:
Ein Vorhaben, das im Wesentlichen durch die Einmaligkeit der Bedingungen gekennzeichnet ist, z. B.

- Zielvorgabe,
- zeitliche und finanzielle Begrenzungen,
- Abgrenzung gegenüber anderen Vorhaben,
- projektspezifische Organisation.

Projekt nach DIN 69901

Im Folgenden verstehen wir unter einem Projekt eine Aufgabe mit

- einmaligem Charakter,
- präzisen Zielvereinbarungen,
- konkreten Begrenzungen in zeitlicher und finanzieller Hinsicht,
- spezifischer Organisation und
- der Teilnahme von Mitarbeitern aus verschiedenen Organisationseinheiten (siehe hierzu die Abbildung 33 „Projektmanagement und Standardisierte Organisation").

Verwendete Projektdefinition

Um Projekte gut steuern und abwickeln zu können, sind die Entscheidungs-, Planungs-, Durchführungs- und Kontrollprozesse zu formalisieren. Hierzu ist es notwendig, in konkreten Richtlinien Aussagen zu formulieren über

- Entscheidungskompetenzen,
- Ziele von Auftraggebern, Projektleitung, Projektteam und Beteiligten aus den Fachbereichen,
- Kosten-/Nutzen-Analysen,
- Phasen der Organisationsabwicklung,
- Techniken und Werkzeuge,
- Kontrollpunkte,
- Verantwortlichkeiten.

Voraussetzungen erfolgreicher Projektabwicklung

Im Rahmen der Ablauforganisation hat die **Planung und Überwachung von Projekten** häufig eine große Bedeutung. Hier ist es notwendig, auf die folgenden Fragen eine Antwort zu geben:

- Wie lange dauert das gesamte Projekt?
- Wann müssen die einzelnen Tätigkeiten begonnen werden, damit der Abschluss des Projektes nicht verzögert wird?
- Welche Abhängigkeiten gibt es unter den einzelnen Tätigkeiten?
- Was passiert bei einer Veränderung der Dauer oder Reihenfolge von Tätigkeiten?
- Welche Maßnahmen gibt es, um das Projekt noch rechtzeitig zu beenden?

Projektplanung und -überwachung

Zwei Verfahren, die im mittelständischen Betrieb verstärkt zur Steuerung von Projekten eingesetzt werden, sind Balkendiagramme und Netzplantechnik.

Balkendiagramme sind die wohl älteste Darstellungstechnik von Arbeitsabläufen. Es sind rechtwinklige Koordinatensysteme, auf denen normalerweise auf der Abszisse (horizontale Achse) ein Zeitmaßstab eingetragen wird. Auf der Ordinate (vertikale Achse) können entweder Bearbeitungsstellen (Maschinen, Stellen, Abteilungen) oder (Teil-)Aufgaben aufgetragen werden.

Balkendiagramm zur Darstellung

Projektmanagement und Standardisierte Organisation		
Ausprägung wesentlicher Beurteilungskriterien		
Kriterien \ Organisationsform	Liniensystem	Projektmanagement
Ziele	Oft unklar	Konkret
Zeitvorgabe	Auf Dauer	Zeitlich begrenzt
Zeitschätzung	Kalkulierbar	Schwer kalkulierbar
Abwicklung	Tagesarbeit	Sonderaufgaben
Art der Aufgabe	Sich wiederholend	Einmalig
Kosten	Bekannt	Nur schätzbar
Finanz. Vorgaben	Nur begrenzt	Konkret fixiert
Kontrolle	Systemimmanent	Durch Vorgaben
Messgröße	Funktionale Effizienz	Endergebnis
Ganzheitl. Lösung	Bedingt	Wesentliches Ziel
Agieren	Oft schwerfällig	Rasche Aktionen
Mitwirken	Mitarbeiter einer Funktion	Gemischte Teams
Delegation von Verantwortung	Wünschenswert	Unabdingbar

Abb. 33: Projektmanagement und Standardisierte Organisation

Sind auf der Ordinate Aufgaben eingetragen, spricht man von **Auftragsfortschrittsplan**, sind Maschinen eingetragen, spricht man von **Stellenbelegungsplan oder Kapazitätsauslastungsplan**.

Mit Hilfe von Balkendiagrammen (siehe Abbildung 34 „Generelles Balkendiagramm: Darstellung eines Bau-Ablaufes") lassen sich im Allgemeinen folgende Fragen beantworten:
- Wann beginnt oder endet ein bestimmter Vorgang?
- Wie lange dauert das ganze Projekt?

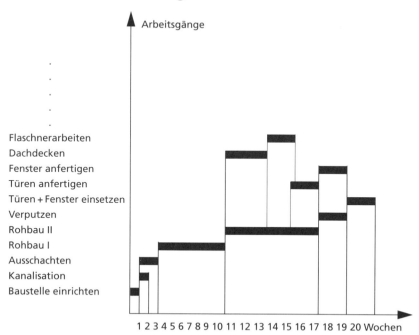

Abb. 34: Generelles Balkendiagramm: Darstellung eines Bau-Ablaufes

Die **Nachteile** der Balkendiagramme sind üblicherweise: Nachteile
- Für die Planung:
  - Die Zusammenhänge zwischen den Arbeitsgängen sind nicht immer eindeutig erkennbar. Ist z. B. der Abschluss des Ausschachtens alleinige Voraussetzung für den Beginn von Rohbau I, oder muss auch die Kanalisation auf alle Fälle fertig sein?
  - Das Balkendiagramm zeigt nur eine von mehreren Möglichkeiten, wie das Projekt durchgeführt werden kann. Es sind keine Alternativen ablesbar. Dadurch werden keine Hinweise gegeben, wie die Planung zu verbessern ist, sei es im Hinblick auf den Fertigstellungstermin, den Einsatz von Arbeitskräften oder die Kosten.
- Für die Überwachung:
  - Da die Zusammenhänge zwischen den Arbeitsgängen nicht eindeutig erkennbar sind, lässt sich nicht verfolgen, wie sich die Verzögerung eines Arbeitsganges auf die folgenden auswirken wird.
  - Insbesondere hat man keinen Überblick darüber, wieweit der Gesamt-Fertigstellungstermin des Projektes gefährdet wird.

Bei Projekten jeglicher Art ist die **Netzplantechnik** (s. auch Kapitel 6.5.2) ein sehr gutes Instrument zur Planung und Überwachung von Netzplantechnik zur Darstellung
- Terminen,
- Kosten und
- Kapazitäten.

Netzplan mit den Ergebnissen der Vor- und Rückwärtsrechnung – Bau eines Brückenfundaments

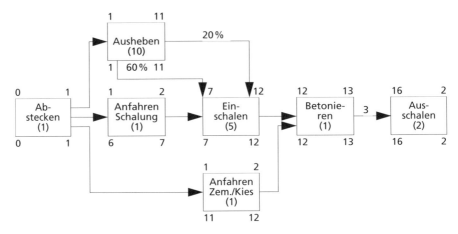

Abb. 35: Netzplan mit den Ergebnissen der Vor- und Rückwärtsrechnung – Bau eines Brückenfundaments

An diesem Beispiel werden die Vorteile der Technik deutlich:
- Das Projekt wird klar gegliedert,
- die Abhängigkeiten der einzelnen Vorgänge sind gut erkennbar,
- Planabweichungen und Engpässe lassen sich früh erkennen,
- Gegenmaßnahmen können rechtzeitig eingeplant werden.

Bei diesem Beispiel (Abbildung 35) ergeben sich je Vorgang 4 Termine:
- frühest möglicher Start (oben links angegebene Zahl)
- frühest mögliches Ende (oben rechts angegebene Zahl)
- spätest zulässiger Start (unten links angegebene Zahl)
- spätest zulässiges Ende (unten rechts angegebene Zahl).

Betrachtet man diese Termine etwas näher, so fällt auf, dass es Vorgänge gibt, bei denen frühest mögliche und spätest zulässige Termine übereinstimmen. Diese Übereinstimmung besagt Folgendes: Der Vorgang kann zeitlich nicht verschoben werden, ohne die Gesamtdauer zu vergrößern. Diese Vorgänge haben keinen zeitlichen Puffer, weshalb sie auch als **kritisch** bezeichnet werden; sie bedürfen der besonderen Beachtung der Projektleitung. Die Aneinanderreihung der kritischen Vorgänge bezeichnet man als **kritischen Weg**.

Kritischer Weg

6.7 Erfolgreiches Organisationsverhalten

Elemente erfolgreichen Organisationsverhaltens

Auf die Organisation wirken die sechs im Folgenden fixierten Faktoren ein.

1. Strategien
- beeinflussen die Aufbau- und Ablauforganisation
- sorgen für eine dynamische Organisation
- richten die Organisationsmitglieder gemeinsam aus
- implizieren Ziel- und Kontrollsysteme

Strategien

2. Informationssysteme
- verändern die Durchführungs- und Führungsaufgaben
- bauen Hierarchiestufen und Stäbe ab
- lassen die materiellen Prozesse nachrangig erscheinen
- bedingen den Übergang isolierter zu integrierter „Fall-Bearbeitung"

Informationssysteme

3. Mitarbeiter
- verlangen in der Rolle des Sub-Unternehmers nach mehr Verantwortung
- werden das klassische Funktionsmanagement durch das Innovationsmanagement ablösen
- sind verstärkt an hierarchieübergreifenden Gruppen beteiligt

Mitarbeiter

4. Führungssysteme
- machen aus Betroffenen Beteiligte
- sorgen für die geistige Nutzung des Potenzials
- lassen ein Chancenmanagement zu
- generieren ein Denken in Netzwerken

Führungssysteme

5. Kunden
- beeinflussen durch ihr Denken und ihre Wünsche die Organisation
- erwarten kürzere Reaktionszeiten
- wollen höchste Flexibilität
- erkennen das Gewinner-Gewinner-Spiel.

Kunden

6.8 Wesentliche Methoden zum Aufspüren von Kosteneinsparungen

6.8.1 Gemeinkosten-Wertanalyse

Die Gemeinkosten-Wertanalyse (GWA) ist die europäische Variante der „Overhead Value Analysis", die von der Beratungsgesellschaft McKinsey vorgestellt wurde. Die GWA geht davon aus, dass die Leistungen der indirekten Bereiche in Organisationen in Frage gestellt werden. Dabei handelt es sich um indirekt-produktive Unternehmensbereiche, in denen die Mitarbeiter mit Tätigkeiten beschäftigt sind, die nicht direkt an absatzbestimmten Produkten erfolgen. Da in diesen Bereichen fast nur Gemeinkosten anfallen, spricht man auch von „Gemeinkostenbereichen". Die Analyse der Gemeinkosten hat eine große Bedeutung, da ihr Anteil an den Gesamtkosten oft bis zu 50 Prozent und mehr beträgt.

Gemeinkosten-Wertanalyse

Die Realisierung der Gemeinkosten-Wertanlayse sieht folgende drei Schritte vor:

Die Vorbereitungsphase

Vorbereitung

Von der Geschäftsleitung wird ein Lenkungsausschuss, der Entscheidungsträger aus den wesentlichen Funktionsbereichen umfasst, eingesetzt. Das GWA-Projektteam, das aus hauptamtlich tätigen Linienführungskräften besteht, ist Ansprechpartner für die Leiter der Untersuchungseinheiten, die für ihre Analyseeinheiten verantwortlich sind.

Das GWA-Projektteam fixiert in dieser Phase den zeitlichen Ablauf und gibt den Betroffenen und nicht direkt betroffenen Führungskräften die erforderlichen Informationen.

Die Analysephase

Analyse

Die Analysephase kann in den folgenden Vier-Wochen-Takt unterteilt werden:

Woche	Inhalt	Wesentliche Aktivitäten
1	Ist-Aufnahme	– Zusammenstellen aller in einer Untersuchungseinheit erstellten Leistungen – Kosten (Schätzungen) für jede Leistung ermitteln, – Personalaufwand in Mannjahren, – Sachkosten in €, – Abnehmer der Leistungen zuordnen.
2	Ideensuche	– Die Leiter der Untersuchungseinheiten haben Einsparungsvorschläge zu erarbeiten, mit denen eine Kostenreduktion von 40 Prozent erreicht wird. – Auch die Leistungsnutzer sind in Kreativitätsgruppen aufgerufen, ihre Ideen bei der Suche nach Einsparungsvorschlägen einzubringen.
3	Maßnahmen-planung	– Der Leiter jeder Untersuchungseinheit legt zusammen mit dem Projektteam auf der Basis der Wirtschaftlichkeit und des Risikos Einsparungsvorschläge in den drei Kategorien A, B und C vor. **A-Ideen** müssen sofort oder spätestens innerhalb von zwei Jahren nach Ende des Projektes abgeschlossen sein. **B-Ideen** bedeuten, dass über ihre Verwirklichung noch nicht entschieden werden konnte. **C-Ideen** kommen für eine Realisierung nicht in Frage. – Die B-Ideen sind noch einmal zu überprüfen und entweder der Kategorie A oder C zuzuführen.
4	Maßnahmen-planung	– Für A-Ideen werden detaillierte Aktionsprogramme aufgestellt. – Die Maßnahmenpläne werden dem Lenkungsausschuss und dem Betriebsrat zur Genehmigung/Zustimmung vorgelegt.

Die Realisierungsphase

In dieser Phase geht es darum, die Kosteneinsparungsvorschläge möglichst rasch umzusetzen. Eine neue Strukturierung der Aufbauorganisation, eine Neukonzeption der Abläufe, eine Neuverteilung der Aufgaben sowie personelle Umbesetzungen sind häufig notwendig. Der so genannte Realisierungsverantwortliche, ein Mitarbeiter des Projektteams, hat für jeweils acht bis zehn Untersuchungseinheiten die Umsetzung der Kosteneinsparungsvorschläge sicherzustellen.

Realisierung

Verfahren der Wertanalyse

Der Inhalt und die Vorgehensweise bei der Anwendung dieser Methoden wird im Folgenden an einzelnen Schritten verdeutlicht:

Wertanalyse

Schritt 1:

Es wird ein Wertanalyse-Team gebildet. Dieses sollte aus Mitarbeitern der unterschiedlichen Organisationsbereiche bestehen.

Schritt 2:

Den einzelnen Produkten, Unternehmensprozessen und allem, was Kosten verursacht, werden A-, B- oder C-Werte zugeordnet. A macht dabei die Produkte oder Prozesse deutlich, bei denen die höchsten Kosten entstehen. C ist am wenigsten kostenintensiv.

Schritt 3:

In diesem Schritt werden für alle Systeme mit „A-Werten" die einzelnen Elemente (z. B. für ein Einzelteil oder für einzelne Teilprozesse) bezüglich ihrer Kosten bewertet. Man kann dann erkennen, bei welchen Produktteilen bzw. Prozessen es sich besonders lohnt, die Kosten zu senken.

Schritt 4:

Die einzelnen Funktionen werden analysiert und die dafür anfallenden Kosten (nur die variablen) ermittelt. Es lässt sich dann feststellen, wie teuer die einzelnen Funktionen sind.

Schritt 5:

Hier geht es um das Finden von innovativen Lösungsansätzen. Mit Hilfe der wesentlichen Kreativitäts-Methoden (z. B. Brainstorming, Brainwriting) versucht man, neue Lösungsalternativen zu finden.

Schritt 6:

Die Alternativen werden auf ihre Realisierung sowie auf Kosten und Nutzen hin untersucht. Effiziente Lösungsansätze werden dann realisiert.

6.8.2 ABC-Analyse

Um in der Praxis einen Überblick zu gewinnen, ist es häufig hilfreich, zunächst eine ABC-Analyse durchzuführen. Das Prinzip der ABC-Analyse besteht in diesem Falle darin, die Produkte nach Klassen einzuteilen, um z. B. sichtbar zu machen, mit welchen Produkten welche Umsätze erzielt werden. Die Abbildung 36 „ABC-Analyse" zeigt ein in der Praxis nicht selten anzutreffendes Verhältnis. Mit wenigen Produkten werden 50 bis 70 Prozent des Umsatzes erzielt bzw. mit nahezu 50 Prozent der Produkte nur 10 Prozent des Umsatzes realisiert.

ABC-Analyse

ABC-Analyse

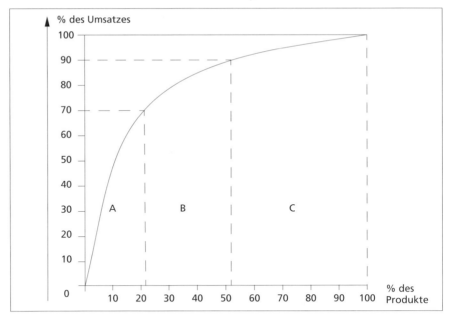

Abb. 36: ABC-Analyse

6.8.3 Die Pareto-Analyse

Pareto-Analyse

Das von Vilfredo Pareto, einem italienischen Sozialwissenschaftler, entwickelte Prinzip, wonach ein großer Teil der Probleme auf einen relativ kleinen Teil der Ursachen zurückzuführen ist, wurde in der Praxis vereinfachend auch als 80:20-Regel bekannt, d.h. 80 Prozent der Probleme kommen von 20 Prozent der Ursachen.

Bei der Anwendung der Pareto-Analyse im Bereich des Auftretens von Fehlern lassen sich folgende Schritte unterscheiden:

Dokumentation der Fehler

Es werden für jede Fehlerart die absolute und relative Häufigkeit festgehalten. Die Auflistung könnte nach einem Beispiel von Haist/Fromm folgendes Aussehen haben:

Fehlerart	Absolute Häufigkeit	Relative Häufigkeit
F1	15	1,9 %
F2	7	0,9 %
F3	34	4,4 %
.		
F10	327	42,0 %
F11	8	1,0 %
F12	12	1,5 %
Summe:	778	100,0 %

Ordnen der Daten

Nach der Erfassung der Fehler werden diese in der gewünschten Reihenfolge geordnet. Im vorliegenden Beispiel werden die Fehler sortiert nach der Häufigkeit des Auftretens (siehe Abbildung 37 „Häufigkeit des Auftretens von Fehlern").

Pareto-Analyse
Häufigkeit des Auftretens von Fehlern

Fehlerart	Absolute Häufigkeit	Relative Häufigkeit	Kumulierte Summe
F 10	327	42,0 %	42,0 %
F 6	158	20,3 %	62,3 %
F 5	122	15,7 %	78,0 %
F 9	73	9,4 %	87,4 %
F 3	34	4,4 %	91,8 %
F 1	15	1,9 %	93,7 %
F 12	12	1,5 %	95,2 %
F 4	9	1,2 %	96,4 %
F 11	8	1,0 %	97,4 %
F 2	7	0,9 %	98,3 %
F 7	7	0,9 %	99,2 %
F 8	6	0,8 %	100,0 %

Abb. 37: Häufigkeit des Auftretens von Fehlern

Zeichnerische Darstellung des Pareto-Diagramms

Die horizontale Achse enthält die zu analysierenden Kriterien in der Reihenfolge ihrer Wichtigkeit für das Gesamtproblem. Auf der vertikalen Achse wird üblicherweise die Prozentskala aufgetragen. Trägt man die prozentualen Anteile pro Gegenstand als treppenartig aneinander gefügte Balken auf, dann entsteht meistens ein ähnliches Diagramm, wie es z. B. die Abbildung 38 „Pareto-Analyse: Beispiel für ein Pareto-Diagramm" wiedergibt. In diesem Falle enthalten die Achsen die Fehlerarten und die Fehleranteile in Prozent. Aus dem Diagramm geht hervor, dass die drei wichtigsten Fehlerarten (F10, F6, F5) ca. 80 Prozent aller Fehler ausmachen.

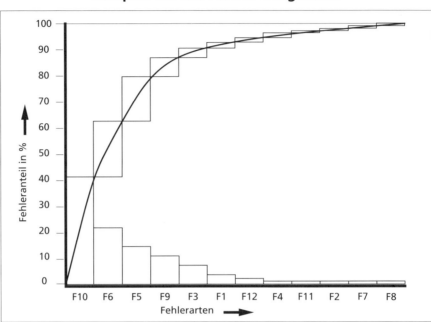

Abb. 38: Pareto-Analyse: Beispiel für ein Pareto-Diagramm

Auswertung des Diagramms

Das Diagramm legt zunächst für alle Beteiligten klar, welche Fehlerursachen sich in welchem Umfang auf das Problem auswirken. Hat man die wichtigsten Ursachen erkannt, dann gilt es Fragen zu beantworten wie:
- Welche Fehler werden wie und von wem beeinflusst?
- Welche Kosten entstehen für die Beseitigung der Fehler?
- Welcher Zeitaufwand ist notwendig, um die einzelnen Fehlerarten zu beseitigen?

6.8.4 Lean Management

6.8.4.1 Stellenwert und Begriffsklärung

Lean Management

Die Welle des Lean Management wurde ausgelöst durch die bekannte MIT-Studie über die Produktivitätsunterschiede der internationalen Pkw-Hersteller. Das erfolgreiche Abschneiden japanischer Unternehmen fand seine Hauptbegründung in deren schlanken Organisationen.
In einigen Fällen begann man das Erfolgssystem der Japaner zu analysieren und – sicherlich etwas zu vorschnell – zu kopieren. Gerd Gerken weist mit Recht darauf hin, dass man jedes System nur im Kontext mit geistigen Grund-

lagen und der jeweiligen Kultur verstehen kann. Basis der japanischen Lean-Konzepte sind:
1. Die „fließenden" Anpassungen im täglichen Geschäft.
2. Das „Wir – Ich" im Hinterkopf eines jeden Japaners.

Die Japaner sind in der Lage, jederzeit das Alte, Bewährte in Frage zu stellen. Sie können schneller, früher und ohne Zwänge alte Strukturen auflösen. Wenn zu diesen Fähigkeiten hinzukommt, dass auch im Kopf keine geistigen Barrieren bestehen und die Wir-Kultur das gemeinsame Umsetzen beschleunigt, dann ist man einfach für „lean" prädestiniert.

Allein bei diesen beiden Faktoren wird klar, dass man „Lean-Konzepte" nicht einfach 1:1 übertragen kann. Die deutschen Mitarbeiter und insbesondere die Führungskräfte sind z. B. stärker geprägt durch Erfolgsfaktoren wie Präzision und Ordnung. Es gilt, vor dem Hintergrund der jeweiligen Stärken Fragen nach „Lean Management" zu stellen.

Die Definitionen zum „Lean Management" sind inzwischen sehr zahlreich. Wie eine Münze, die man von Hand zu Hand reicht, kursiert dieser Begriff in Wirtschaft und Verwaltung, ohne dass jemand sich die Prägung genauer anschaut. Eine Gleichsetzung mit dem Begriff „schlank" wäre zu einfach.

Bevor ich zu einem eigenen Definitionsversuch komme, seien Aussagen von namhaften Praktikern und Wissenschaftlern vorangestellt.

Dr. Heinrich von Pierer, Vorstandsvorsitzender der Siemens AG, Berlin/München:

„Wir müssen bereit sein, von den besonders erfolgreichen Unternehmen zu lernen. Eine wirklich erfolgreiche Umsetzung erfordert aber eine sehr geschäftsspezifische Anwendung der mittlerweile vielfach erprobten Methoden, frei nach der Devise: Kapieren und besser machen – nicht kopieren. Auch für unser Unternehmen haben wir eine breit angelegte Kampagne in Gang gesetzt, mit der wir unsere Produktivität über die gesamte Wertschöpfungskette hinweg einer kritischen Prüfung unterziehen und mit geeigneten Maßnahmen deutlich erhöhen. Dabei steht die Kundenorientierung im Vordergrund. Das heißt: alles, was dem Kunden nicht unmittelbar nützt, ist Verschwendung und muss aus unserem Aktivitätenkatalog verschwinden. Der zweite Kernbegriff ist die Prozessorientierung. Dabei geht es darum, die Prozesse durchgängig zu machen, qualitativ zu verbessern und vor allem zeitlich zu verkürzen. Dies darf keine Einmalaktion bleiben, sondern muss eine kontinuierliche Aufgabe werden."

Dr. Gerd Bachmann, Vorstand Technik, Flachglas AG, Gelsenkirchen:

„Lean bedeutet nicht nur Abbau von Hierarchien, sondern einen Brückenschlag über alle Funktionsinseln. Konsequent durchgeführt bedeutet das eine Verlagerung von ‚Macht'.

Abbau und Abschaffung von Personal, Funktionen, Strukturen, Tradition ist die eine – oft leichtere Seite; Aufbau und Bewusstmachung neuer Bilder und Handeln im neuen Geiste bewirken erst den wahren Erfolg. Umfassende Kommunikation ist der Schlüssel dazu."

Prof. Dr.-Ing. Hermann Krallmann, Lehrstuhl für Systemanalyse und Datenverarbeitung an der TU Berlin:

„Ziel der Lean-Philosophie ist die Bildung neuer Organisations- und Leistungseinheiten mit deutlicher Verantwortungsdelegation in Teams. Wesentlicher Erfolgsfaktor für diese nur langfristig durchsetzbaren Konzepte sind die Motivation und Qualifikation der Mitarbeiter. Denn eine erfolgreiche Umsetzung des Lean-Gedankens verlangt eine höhere Identifikation der Mitarbeiter mit dem Unternehmen, die Gruppenarbeit eine höhere fachliche und soziale Kompetenz."

Prof. Dr. Marcell Schweitzer, Wirtschaftswissenschaftliches Seminar der Universität Tübingen:

„Seit einigen Jahren findet die Frage nach einem systematischen, integrativen und zielorientierten Konzept der Anpassung bzw. Verbesserung von Potenzialen, Programmen und Prozessen in der Industrie eine teilweise Beantwortung durch das ‚Lean Production System'. Die wenig überraschende Grundidee dieses Ansatzes ist, dass ein System, das in Zeiten des Wohlstandes ‚Speck angesetzt' hat, ‚abspecken' muss, um in seiner Leistungserstellung wieder effizient, in seiner Leistungskraft produktiv und, daraus folgernd, in seiner gesamten Ergiebigkeit wieder zielorientiert zu werden. Es ist leicht einzusehen, dass eine auf diese Weise ‚verschlankte' Produktion gegenüber Marktwettbewerbern Vorteile hat und selbst einen strategischen Erfolgsfaktor darstellt."

„Aus dem Bereich der Produktion ist dieser Begriff bereits allgemein auf den gesamten Unternehmungsprozess übertragen worden und findet sich im Begriff ‚Lean Management' wieder. Diese erweiterte Begriffsinterpretation ist nahe liegend, da sich die Frage nach einer effizienten, produktivitäts- und zielorientierten Leistungserstellung nicht nur im Produktionsbereich stellt."

Dipl.-Ing. Dirk Bösenberg und Dr. Heinz Metzen, Autoren des Bestsellers „Lean Management – Vorsprung durch schlanke Konzepte":

„Leane Unternehmen kennzeichnet zusätzlich zur schlanken Produktion ein besonderes Verhältnis zu den Kunden, den Lieferanten, den Mitarbeiterinnen und Mitarbeitern sowie eine ungewöhnliche Finanzstrategie. Der Begriff ‚Lean Management' umfasst alle diese Aspekte und ist die logische Erweiterung von ‚Lean Production' ".

„Lean Management ist ein komplexes System, welches das gesamte Unternehmen umfasst. Es stellt den Menschen in den Mittelpunkt des unternehmerischen Geschehens. Seine Elemente sind fundierte geistige Leitlinien, Arbeitsprinzipien mit neuen Organisationsüberlegungen, integrierende Strategien zur Lösung der zentralen Unternehmensaufgaben, wissenschaftlich-ingenieurmäßige Methoden sowie eine Reihe pragmatischer Arbeitswerkzeuge für Mitarbeiter."

6.8.4.2 Arbeitsprinzipien von Lean Management

Arbeits-
prinzipien

Die beiden Autoren Bösenberg und Metzen umschreiben die Arbeitsprinzipien von Lean Management recht treffend in zehn Punkten.

1. Gruppe, Team
Die Aufgaben werden in der Gruppe oder im Team erledigt. Der Konsensgedanke ist bei der Lösung der Aufgabe dominant, interner Wettbewerb wird vermieden.

2. **Eigenverantwortung**
Jede Tätigkeit wird in Eigenverantwortung durchgeführt. Den Rahmen dazu bilden die Standards, die für jede Tätigkeit erstellt werden. Kann die geforderte Qualität nicht eingehalten werden, wird der Arbeitsfluss unterbrochen und Hilfe angefordert.
3. **Feedback**
Alle Aktivitäten, vom einzelnen bis zum kompletten Funktionsbereich, werden von einem außergewöhnlich intensiven Feedback begleitet. Die Reaktionen von Außenwelt, System oder Anlagen dienen zur Steuerung des eigenen Handelns.
4. **Kundenorientierung**
Alle Aktivitäten sind streng auf den Kunden orientiert. Die Wünsche des Kunden haben oberste Priorität im Unternehmen.
5. **Wertschöpfung hat Priorität**
Die wertschöpfenden Tätigkeiten haben oberste Priorität im Unternehmen. Das gilt für alle verfügbaren Ressourcen.
6. **Standardisierung**
Formalisierung und Standardisierung der Arbeitsgänge durch einfache schriftliche und bildliche Darstellungen.
7. **Ständige Verbesserung**
Die ständige Verbesserung aller Leistungsprozesse bestimmt das tägliche Denken. Es gibt keine endgültigen Ziele, sondern nur Schritte in die richtige Richtung.
8. **Sofortige Fehlerabstellung an der Wurzel**
Jeder Fehler wird als Störung des Prozesses angesehen, dem bis auf die eigentliche Ursache nachzugehen ist.
9. **Vorausdenken, Vorausplanen**
Nicht die erfolgreiche Reaktion, sondern die Vermeidung künftiger Probleme gilt als Ideal. Das Denken erfolgt wie bei einem Schachspieler über mehrere Züge im Voraus.
10. **Kleine, beherrschte Schritte**
Die Entwicklung erfolgt in kleinen, beherrschten Schritten. Das Feedback auf jeden Schritt steuert den nächsten. Die Geschwindigkeit wird durch die schnelle Folge der Schritte erhöht.

6.9 Qualität und ISO-Normen

6.9.1 Qualität und Qualitätsmanagement

6.9.1.1 Die wesentlichen Gründe für den heutigen Stellenwert

Die Themen Qualität und Qualitätsmanagement werden derzeit in vielen Unternehmen heiß diskutiert. Warum ist das so?
Haben nicht unsere Unternehmen, zumindest im technischen Bereich schon seit vielen Jahrzehnten eine traditionell positive Einstellung zu guter Qualität

Qualitätsmanagement

entwickelt? Wurden nicht schon im Mittelalter durch die Handwerkszünfte Standards gesetzt bezüglich Ausbildung und Qualität? Und dann ist da noch unser „Made in Germany" als weltweit anerkanntes Gütesiegel!

Warum reden wir dann heute von einer Erneuerung des Qualitätsgedankens und fordern Maßnahmen und Initiativen zur Verbesserung und Weiterentwicklung der Qualität?

Die Gründe dafür sind vielgestaltig. Beispielhaft sollen hier drei wichtige Gründe aufgeführt werden:

Zunehmender Wettbewerb

- Der Wettbewerb ist in den letzten Jahren wesentlich intensiver geworden. Japan hat Europa/Amerika ganze Industriezweige abgejagt, wie z. B. Uhren, Kameras, Unterhaltungselektronik, Schiffsbau, elektronische Bauteile etc.
- Die so genannten Tigerländer (Südkorea, Taiwan, Malaysia und Singapur) treten verstärkt als Wettbewerber auf.
- Jetzt kommen noch die offenen Grenzen innerhalb der EU hinzu. Damit werden schützende geographische Vorteile hinfällig.

Steigende Kundenerwartungen

- Die steigenden Erwartungen der Kunden im Blick auf die Qualität von Produkten und Dienstleistungen stellen heute besondere Anforderungen an Leistungsmerkmale wie: Zuverlässigkeit, Verfügbarkeit, Pünktlichkeit, Haltbarkeit, Wartungsfreiheit.
- Weiterhin erwartet der Kunde umfassende, komplette Lösungen für sein Problem, einfache Bedienbarkeit und leichte Handhabung für Produkte, verständliche Gebrauchsanweisungen, kompetente Beratung und Betreuung.

Kosten

- In der Diskussion um das Thema Qualität rückt die Betrachtung von Kostenaspekten zunehmend in den Blickpunkt. Was kostet Qualität?
- Können wir es uns – als Hochpreisland – noch leisten, Spitzenqualität in unsere Produkte „hineinzuprüfen"? Dabei fallen für Prüfungen und vor allem für interne und externe Fehlerkosten erhebliche Aufwendungen an, die nicht selten 20 bis 40 Prozent der gesamten Betriebskosten ausmachen. Eine Untersuchung des Bundesministeriums für Forschung und Technologie ergab, dass im deutschen Maschinenbau ca. 50 Prozent der jährlichen qualitätsbezogenen Ausgaben für die Korrektur von Fehlern und Fehlerfolgen ausgegeben werden, aber nur ca. 10 Prozent der Ausgaben fließen in präventive Maßnahmen. Beispiele zeigen, dass durch vorbeugende Qualitätslenkungsmaßnahmen Fehlerkosten wirkungsvoll gesenkt werden können, sodass mit einer Steigerung der Qualität eine Verringerung der Gesamtkosten einhergeht.

6.9.1.2 Der Begriff „Qualität"

„Qualität"   Der Begriff „Qualität" hat sich in den letzten Jahren stark gewandelt. Ursprünglich war er eng verknüpft mit der Funktionalität und Zuverlässigkeit eines gelieferten Erzeugnisses. Dies kommt auch in der klassischen Formulierung von J. M. Juran: „Fitness for use" oder zu deutsch „Gebrauchseignung" zum Ausdruck.

Die Definition für Qualität in der DIN ISO 8402 lautet:

„Die Gesamtheit von Eigenschaften und Merkmalen eines Produktes oder einer Dienstleistung, die sich auf deren Eignung zur Erfüllung festgelegter oder vorausgesetzter Erfordernisse beziehen."

Haist und Fromm definieren Qualität als:

„Übereinstimmung mit den Anforderungen des Kunden bezüglich: Funktion, Preis, Lieferzeit, Sicherheit, Zuverlässigkeit, Umweltverträglichkeit, Wartbarkeit, Kosten, Beratung usw."

Weitere Definitionen und Aphorismen zu „Qualität" sollen zeigen, welch umfassende, ganzheitliche Inhalte mit diesem Begriff heute verknüpft werden:

„Qualität ist das Anständige." (T. Heuss)

„Qualität ist Voraussetzung unseres Lebens. Ihre Abwesenheit macht unzufrieden." (Bläsing)

„Qualität ist, wenn wir die Erwartungen unserer Kunden treffen!"

„Qualität ist, wenn der Kunde und nicht die Ware zurückkommt!"

„Qualität ist eine gelungene Arbeit, ein vernünftig gelöstes Problem!"

„Qualität ist die Erfüllung von Anforderungen an Produkte und Dienstleistungen ‚externer' sowie ‚interner' Kunden!"

„Qualität ist eine unverwechselbare persönliche Handschrift!"

„Qualität ist ein wichtiger Faktor für den Erfolg!"

6.9.1.3 Der Begriff „Qualitätsmanagement"

Der schärfer werdende Wettbewerb, die steigenden Kundenforderungen und nicht zuletzt der Kostendruck hat viele Unternehmen veranlasst, ihre Qualitätskonzeption zu überdenken. Viele Organisationen sind nun auf dem Wege, ihre bestehende, im Lauf der Jahre gewachsene **Qualitätskontrolle** in Richtung eines aktiven Managements der Qualität weiterzuentwickeln und damit auf einen zeitgemäßen Stand zu bringen. Der Schwerpunkt liegt dabei auf Zielsetzungen, Tätigkeiten und Maßnahmen, die *vorbeugend* darauf hinwirken, dass Qualität gleich erzeugt wird und nicht erst im Nachhinein „hineinkontrolliert" wird.

Qualitätsmanagement

Dabei wird nicht nur die Produktion, sondern es werden alle Bereiche/Arbeitsabläufe im Unternehmen in Betracht gezogen. Diese gezielte, systematische Vorgehensweise wird unter dem Begriff **„Qualitätsmanagement"** zusammengefasst.

Für den Aufbau eines Qualitätsmanagementsystems hat in den letzten Jahren das internationale Normenwerk ISO 9000 eine entscheidende Bedeutung erlangt.

Nutzen eines QM-Systems nach DIN EN ISO 9000

Externe Nutzenkategorien:

- Verbesserung der Wettbewerbssituation und des Images des Unternehmens
- Marketinginstrument (Zertifikat/QMH)
- Berücksichtigung bei Auftragsvergabe
- Bessere Marktposition in der EG und international
- Wirkt „Audittourismus" von Auftraggebern entgegen
- Erleichtert Nachweis der Sorgfaltspflicht hinsichtlich Produkthaftung
- Reduzierung des Risikos von Qualitätseinbrüchen
- Erhöhung der Kundenzufriedenheit

Interne Nutzenkategorien:

- Saubere Dokumentation der Prozesse
- Klare Definition der Zuständigkeiten
- Identifikation von Schwachstellen
- Anstoß zu Verbesserungen
- Verstärkung der Mitarbeitereinbindung in die Qualitätsbemühungen
- Förderung der Mitarbeiterqualifikation
- Erhöhung der „internen" Kundenzufriedenheit
- Wirkt vorbeugend
- Reduzierung der Qualitätskosten und damit Verbesserung der Produktivität
- Basis für die Implementation weiterführender Qualitätsmanagementkonzeptionen (TQM)

Abb. 39: Nutzen eines QM-Systems nach DIN EN ISO 9000

6.9.2 Die 4 P's des Qualitätssystems

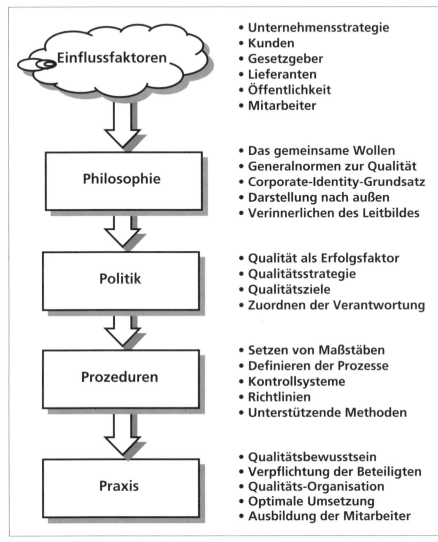

Abb. 40: Die 4 P's

Persönlicher Reifegrad der Qualität

1.0 Qualitätsphilosphie
1.1 Kenne ich die unterschiedlichen Leitsätze (Aussagen) zur Qualität?
1.2 Habe ich diese Leitsätze auf mein Aufgabenfeld hin präzisiert?
1.3 Versuche ich, diese Leitsätze ständig gegenüber internen und externen Kunden zu leben?
1.4 Motiviere ich andere, die unternehmerischen Qualitätsgrundsätze zu leben?
1.5 Bin ich mir ständig bewusst, dass meine Handlungsweisen als Qualitäts-Lieferant denselben Stellenwert wie die Produkte und DL unseres Hauses haben?

2.0 Qualitätspolitik
2.1 Trage ich auch dazu bei, dass in meinem betrieblichen Umfeld (Team, Abteilung, Bereich) eindeutige Qualitätsziele fixiert sind?
2.2 Stelle ich sicher, dass es in meinem Umfeld konkrete Maßzahlen zum Messen der Zielerreichung gibt?
2.3 Sind mir die Bedürfnisse meiner internen und externen Kunden voll bekannt?
2.4 Bemühe ich mich, die Kundenanforderungen fehlerfrei zu erreichen?
2.5 Lerne ich aus Fehlern der Vergangenheit und versuche ich laufend, Problemursachen zu eleminieren?

3.0 Qualitätsprozeduren
3.1 Kann ich behaupten, dass die Durchführung meiner Arbeiten auf bewährten Regeln mit den adäquaten Qualitätsstandards basiert?
3.2 Trage ich in meinem Umfeld dazu bei, dass Pannen / Reklamationen sehr schnell und kundenorientiert behandelt werden?
3.3 Kenne und nutze ich die Methoden, die zu einer Qualitätsverbesserung beitragen?
3.4 Bin ich im besten Sinne für meine Partner (Kunden, Lieferanten) ein Vordenker in Qualitätsverbesserung?
3.5 Versuche ich, mein Wissen bzgl. Qualitätssicherung und Qualitätsverbesserung auf dem neuesten Stand zu halten?

4.0 Qualitätspraxis
4.1 Entwickle ich genügend Eigeninitiative, wenn es um die Durchsetzung von Qualität geht?
4.2 Kann ich mich als Vorbild in Bezug auf „Qualität" bezeichnen?
4.3 Denke ich bei allen Maßnahmen zur Qualitätsverbesserung auch an die Kostenauswirkungen?
4.4 Versuche ich, die Qualitätsprozesse mit Kunden und Lieferanten im Sinnen, eines Gewinner-Gewinner-Spieles aufzubauen und durchzuführen?
4.5 Berücksichtige ich beim Einsatz aller Ressourcen, Prozesse und Methoden die Umweltverträglichkeit?

Unternehmerischer Reifegrad der Qualität

1.0 Qualitätsphilosphie

1.1 Ist das Streben nach Qualität als Geschäftsgrundsatz verankert?

1.2 Gibt es Leitsätze zur Qualität, die die Verantwortung gegenüber den Kunden und der Öffentlichkeit dokumentieren?

1.3 Wird verdeutlicht, dass „Qualität" nicht nur für die Produktion gilt, sondern für alle Funktionsbereiche?

1.4 Werden die Lieferanten voll in das Qualitätssystem eingebunden?

1.5 Sind die Leitsätze zur Qualität allen Führungskräften und Mitarbeitern bekannt und wird die Umsetzung verdeutlicht?

2.0 Qualitätspolitik

2.1 Existieren eindeutige Ziele zur Verbesserung der Qualität?

2.2 Gibt es konkrete Maßzahlen zum Messen der Zielerreichung?

2.3 Werden die Kundenbedürfnisse und Erwartungen regelmäßig ermittelt?

2.4 Führt eine intensive Analyse der Ergebnisse der Kundenmeinungen zur Verbesserung der Kundenzufriedenheit?

2.5 Werden Manager und Mitarbeiter über konkrete Ziele und Vorgaben in das Qualitätsthema eingebunden?

3.0 Qualitätsprozeduren

3.1 Existieren die zur Verbesserung der Qualität notwendigen Richtlinien?

3.2 Erstrecken sich die Prozeduren/Programme auf alle Funktionsbereiche/Prozesse des Unternehmens?

3.3 Werden die zur Verbesserung der Qualität in Frage kommenden Methoden (z.B. Null-Fehler-Standard, Ursachen-Wirkungs-Diagramm) eingesetzt?

3.4 Werden Ausbildungsprogramme eingeleitet, die die Nähe zum Kunden weiter fördern und die Qualität verbessern?

3.5 Existieren Mitbewerbervergleiche und Leistungsvergleichsbetrachtungen?

4.0 Qualitätspraxis

4.1 Wird sichergestellt, dass Qualitätsverbesserung ein langfristiger, kontinuierlicher Prozess ist?

4.2 Weiß jeder Mitabeiter, dass die Qualität seiner Leistung Nutzen sowohl für den internen als auch den externen Kunden stiftet?

4.3 Fördern Sie Vorschläge und Initiativen zur Verbesserung der Qualität?

4.4 Existieren entbürokratisierte und kundenorientierte Strukturen für ein effektives Qualitäts-Management?

4.5 Werden die Kunden maximal an das Unternehmen gebunden?

6.9.3 Vorgehensweise bei der Einführung eines Qualitätsmanagement-Systems nach DIN EN ISO 9001

Einführung eines QM-Systems

Die Vorgehensweise bei der Einführung eines Qualitätsmanagement-Systems nach DIN EN ISO 9001 hängt u. a. von der Größe, dem Umfang und der Komplexität der Produkte/Dienstleistungen, der Anzahl der Standorte usw. ab. Für ein Unternehmen oder eine Organisation mittlerer Größe könnte die Einführung eines Qualitätsmanagement-Systems nach DIN EN ISO 9001 in folgenden Schritten ablaufen:

Schritte	Kurzbeschreibung der Maßnahme
01*	Einführungsveranstaltung für das Management durchführen
02	Qualitätspolitik/-ziele für das Unternehmen festlegen
03	QM-Beauftragten/Q-Kreis benennen
04	Ggf. Aufbauorganisation entsprechend QM-Forderungen ergänzen
05*	QM-Schulungsplan erstellen
06*	Schulung des QM-Personals durchführen
07*	Ist-Aufnahme QM-relevanter Prozesse und Beschreibungen durchführen
08*	Struktur des QM-Systems festlegen
09*	ISO 9001 Projektplan erstellen
10*	„Zuständigkeitsmatrix" erstellen, d. h. Prozessschritte für jedes Normelement beschreiben und Zuständigkeiten für die einzelnen Prozessschritte festlegen
11*	Rahmenplan für QM-Dokumentation erarbeiten
12	Verantwortlichkeiten für die Erstellung des QM-Handbuchs festlegen
13*	QM-Handbuch, Verfahrens- und Arbeitsanweisungen erstellen
14	QM-Dokumentation in Kraft setzen
15*	Auditoren auswählen und schulen*
16*	Auditplan/Auditfragenliste erstellen
17*	Führungskräfte und Mitarbeiter informieren und schulen
18*	Interne Systemaudits durchführen
19	Korrekturen durchführen/ggf. QM-Dokumentation revidieren
20	QM-System anwenden

* Bei diesen Schritten kann eine kompetente externe Begleitung und Beratung aus fachlichen und wirtschaftlichen Gesichtspunkten empfehlenswert sein. Grundsätzlich gilt jedoch, dass das QM-System so weit als möglich selbst entwickelt werden sollte. Nur so kann ein unternehmensspezifisches System entstehen, das vom Management und von den Mitarbeitern getragen und gelebt wird.

Wiederholungsfragen zum 6. Kapitel

1. Was versteht man unter dem Organisations-Begriff? (Seite 77)
2. Nennen Sie wesentliche Maximen für die Aufbauorganisation. (Seite 79)
3. Machen Sie Beispiele für die Gliederung einer Organisation nach Verrichtung und nach Objekten. (Seite 79)
4. Beschreiben Sie wesentliche Anforderungen an die Ablauforganisation. (Seite 80)
5. Skizzieren Sie die wichtigsten Erhebungstechniken und schildern Sie kurz deren Vor- und Nachteile. (Seite 80 ff.)
6. Was versteht man unter Phasenkonzepten? (Seite 83 ff.)
7. Was spricht für das Projektmanagement? (Seite 87)
8. Was sind Balkendiagramme? (Seite 91)
9. Welche Ziele verfolgt man mit Netzplänen? (Seite 92)

7. Entscheidungstechniken

7.1 Bedeutung einer systematischen Entscheidungsfindung

Es liegt im Wesen der Unternehmeraufgabe, dass ständig Entscheidungen – oft unter beträchtlichen Risiken – zu treffen sind. Von der Qualität dieser Entscheidungen hängt auch häufig der Erfolg eines kleinen oder mittleren Betriebes ab. Eine einzige Fehlentscheidung in einer wichtigen Sachlage kann zum Untergang eines Betriebes führen. Ruinös kann es sich aber auch auswirken, wenn ein beträchtlicher Teil „weniger wichtiger" Entscheidungen falsch getroffen wird. Die Inhaber von Klein- und Mittelbetrieben müssen daher viel mehr als bisher wissen, wie man rationale Entscheidungen trifft. Das Ziel des systematischen Entscheidungsprozesses ist es, die Wahrscheinlichkeit von Fehlentscheidungen zu verringern.

Bedeutung systematischer Entscheidungsprozesse

Zahlreiche Inhaber von kleinen und mittleren Betrieben haben Schwierigkeiten bei der richtigen Entscheidungsfindung.

Schwierigkeiten

Als Gründe kommen z. B. in Frage:
- Das wahre Problem wird oft nicht erkannt.
- Der Mensch trifft Entscheidungen aus seinem gewohnheitsmäßigen Verhalten heraus.
- Die Ziele und Entscheidungskriterien sind nicht bekannt.
- Die Informationen sind nicht ausreichend.
- Im Allgemeinen werden nur wenige Alternativen betrachtet.
- Entscheidungen müssen unter Zeitdruck gefällt werden.

7.2 Die Nutzwertanalyse – eine Technik zur Entscheidungsfindung

Eine Technik zur besseren Entscheidungsfindung ist die Nutzwertanalyse. Sie erlaubt es, anhand mehrerer Kriterien und aufgrund subjektiver Wertvorstellungen eine Wahl unter verschiedenen komplexen Handlungsalternativen zu treffen. Gewählt wird die Alternative mit dem höchsten Nutzwert.

Entscheidungsfindung durch Nutzwertanalyse

Die **wesentlichsten Schritte** bei der Durchführung der Nutzwertanalyse sind:

Ziel definieren

1. Ziel der Entscheidung definieren

Beispiele:

Kauf eines Betriebes, Standortwahl für eine Filiale, Auswahl einer Maschine, Kauf eines Pkws.

Forderungen festlegen

2. Festlegen der Forderungen, welche die Entscheidung unbedingt erfüllen muss

Hierunter fallen alle diejenigen Forderungen, die die Alternativen unbedingt erfüllen müssen, um zur Auswahl zugelassen zu werden.

Beispiel:

Preis eines Transporters nicht über 30.000,– €.

3. Aufstellen der Auswahlkriterien

Die Auswahlkriterien stellen die eigentliche Grundlage zur Auswahl der Alternativen dar. Dabei sollte von Oberbegriffen ausgegangen werden. Diese sind dann schrittweise zu zergliedern.

Beispiel:

Oberbegriff beim Autokauf: Wirtschaftlichkeit.

Auswahlkriterien daraus: Preis, Benzinverbrauch, Steuer, Versicherung.

4. Gewichten der Auswahlkriterien

Beispiel:

Die Oberbegriffe werden nach der relativen Wichtigkeit für das Entscheidungsziel gewichtet. So kann man z. B. für die Oberbegriffe insgesamt 100 % vergeben. Für die aus den Oberbegriffen abgeleiteten Auswahlkriterien wird dann eine weitere Unterteilung der Prozentsätze vorgenommen, wie aus der nachstehenden Gewichtung, den Kriterien beim Kauf eines Hauses, hervorgeht:

					Gesamtanteil
Flächenangebot	20 %	davon Wohnfläche	50 %	=	10 %
		Abstellfläche einschl. Garagen	30 %	=	6 %
		Gartenflächen	20 %	=	4 %
Lage	20 %	davon Verkehrslage	70 %	=	14 %
		Umgebung	30 %	=	6 %
Baueigenschaften	30 %	davon Baualter	20 %	=	6 %
		Bauweise	10 %	=	3 %
		Bauausstattung	50 %	=	15 %
		Bauzustand	20 %	=	6 %
Kosten	30 %			=	30 %
					100 %

5. Erarbeiten der Alternativen

6. Bewerten der Alternativen

Für die praktische Durchführung können Punktbewertungsverfahren in Frage kommen. So kann man z. B. für die Erfüllung eines Auswahlkriteriums Wertzahlen von 1 bis 10 (1 = geringfügige Erfüllung, 10 = Wunsch wird am besten erfüllt) vergeben. Nach der Fixierung der Wertzahlen kann man die in Schritt 4 durchgeführte Gewichtung der Auswahlkriterien mit den Wertzahlen der Alternativen multiplizieren (G × W). Anschließend addiert man die G × W-Spalten (siehe Beispiel „Nutzwertanalyse bei Auswahl eines Wurst-Abfüll- und Dosierautomaten" Abbildung 42).

Aus-wahl-kriterien	Ge-wich-tung (G)	Alternativen					
		1		2		3	
		Wertig-keit(W)	(G)×(W)	(W)	(G)×(W)	(W)	(G)×(W)
A	10	10	100	4	40		
B	15	8	120	6	90	6	90
C	30	4	120	7	210	5	150
D	35	5	175	6	210	4	140
E	5	10	50	4	20	6	30
F	5	10	50	6	30	4	20
Punktzahl			615		600		430
Stichwahl (Kriterien C+D)			295		420		290

Auswahl bester Alternativen

7. Auswahl der besten Alternativen als Entscheidung

Man wird die Alternative auswählen, die die beste Anpassung an die Auswahlkriterien zeigt und die geringsten Nachteile hat. Dieser Idealfall ist jedoch meist nicht gegeben. In der Praxis könnte z. B. die zweitbeste Alternative die bessere Entscheidung sein, wenn sie weniger Nachteile als die beste hätte. Bei Alternativen mit fast gleicher Punktzahl kann man z. B. auch zur Auswahl eine Stichwahl mit den wichtigsten Kriterien durchführen (siehe die oben dargestellte Tabelle). Zur Durchführung aller 7 Schritte kann das „Formular zur Entscheidungsfindung bei Anwendung der Nutzwertanalyse" (Abbildung 41) verwendet werden.

Vor- und Nachteile:

Wo liegen nun die Vor- und Nachteile eines solchen Verfahrens? Sicherlich wird mancher Unternehmer allein durch den Zwang zur schriftlichen Fixierung der Entscheidungskriterien und die Berechnung der Alternativen dies als eine zu zeitaufwendige Angelegenheit ablehnen. Hinsichtlich dieses Arguments sollte man jedoch berücksichtigen, dass sich das Bewertungsverfahren auch vereinfachen lässt. So kann man z. B. bestimmen, dass diejenige Alternative gewählt wird, die die drei oder vier wichtigsten Kriterien am besten erfüllt. Im Grundsatz sollte jedoch Klarheit darüber bestehen, dass nun einmal mehrere Entscheidungskriterien eine Entscheidung beeinflussen und dass die in Frage kommenden Alternativen die Kriterien unterschiedlich abdecken. Die Anwender der Nutzwertanalyse befürworten diese Technik vor allem wegen der **Objektivierung und Nachvollziehbarkeit der Entscheidungen**. Es gibt zahlreiche mittlere und größere Unternehmungen, in denen Führungskräfte gehalten sind, Entscheidungen ab einem bestimmten Wertgefüge auf der Basis dieser Methode zu treffen. Und was für die „Großen" gut ist, muss für die „Kleinen" nicht unbedingt schlecht sein!

7.2 Die Nutzwertanalyse – eine Technik zur Entscheidungsfindung

Formular zur Entscheidungsfindung bei Anwendung der Nutzwertanalyse

1. Ziel der Entscheidung									
2. Unbedingte Forderungen									
		5. Alternativen							
3. Auswahlkriterien	4. G	6. W	G×W	6. W	G×W	6. W	G×W	6. W	G×W
Ergebnisse									
7. Entscheidung									

Abb. 41: Formular zur Entscheidungsfindung bei Anwendung der Nutzwertanalyse

Beispiel zur Nutzwertanalyse

Am Beispiel der Auswahl eines Wurst-Abfüll- und Dosierautomaten soll die Anwendung der Nutzwertanalyse im Fleischerhandwerk gezeigt werden (Abbildung 42).

Beispiel:
Nutzwertanalyse bei Auswahl eines Wurst-Abfüll- und -Dosierautomaten

1. Ziel der Entscheidung		Kauf eines Wurst-Abfüll- und -Dosierautomatens					
2. Unbedingte Forderung		1. Preis nicht über € .... 2. Hohe Portionier- und Abdrehgeschwindigkeit					
3. Auswahlkriterien	4. Gewichtungen (G)	5. Alternativen					
		6. Automat 1		6. Automat 2		6. Automat 3	
		(W)	(G×W)	(W)	(G×W)	(W)	(G×W)
Preis, Rabatt	25	6	150	10	250	8	200
Maschinen-Leistung							
– hohe nutzbare automatische Portionier- und Abdrehgeschwindigkeit	10	8	80	7	70	8	80
– Portioniergenauigkeit	5	8	40	8	40	10	50
– Füllleistung pro Stunde	5	6	30	6	30	8	40
– Beschaffenheit des Portionier- und Fördersystems	5	7	35	4	20	7	35
– Füllgutbehandlung durch die Maschine	5	10	50	6	30	8	40
– schonendes Fördern, auch empfindlicher Massen	6	10	60	5	30	10	60
– universelle Einsetzbarkeit für verschiedene Füllprodukte	10	6	60	4	40	10	100
– Baukastenmögliche Ausbaufähigkeit der Maschine mit Zusatzgeräten	4	5	20	5	20	10	40
Ergonomieberücksichtigung für das Bedienungspersonal	3	8	24	8	24	8	24
Bedienbarkeit der Maschine einfach, schnell	3	8	24	6	18	10	30
Reinigungsfreundlichkeit, Hygiene	4	10	40	6	24	10	40
Design	2	10	20	5	10	8	16
Kundendienst	6	8	48	8	48	6	36
Firmenimage zur Maschinenhaltbarkeit	3	10	30	5	15	10	30
Wiederverkaufswert	4	8	32	10	40	10	40
Ergebnisse	100		743		709		861
Entscheidung							×

Abb. 42: Nutzwertanalyse bei Auswahl eines Wurst-Abfüll- und Dosierautomaten

7.3 Der Einsatz von Checklisten als Entscheidungshilfe – dargestellt am Beispiel Projektmanagement

Die folgende Checkliste zum Projektmanagement ist unterteilt nach vier Adressaten-Gruppen:

- **Der Steuerungsverantwortliche (Auftraggeber)** (Abbildung 43)
- **Projekt-Leiter** (Abbildung 44)
- **Team-Mitglied** (Abbildung 45)
- **Team insgesamt** (Abbildung 46).

Checkliste zu Projektmanagement

Jede Frage kann in einer Ausprägung von 5 – 0 beantwortet werden, wobei die einzelnen Zahlen stehen für:

5 = Ja; Immer
4 = Sehr überwiegend; Meistens
3 = Im Durchschnitt; Häufig
2 = Bedingt; Selten
1 = Sehr bedingt; Sehr selten
0 = Nein; Nie

Es wäre wünschenswert, wenn

- der Steuerungsverantwortliche seine Checkliste (Abbildung 43),
- der Projekt-Leiter seine Checkliste (Abbildung 44) und
- jeder Projekt-Mitarbeiter die Checkliste für das Team-Mitglied ausfüllen würde (Abbildung 45).

Die Summen sind in das folgende Fadenkreuz (Abbildung 47 „Die Realisierung des Projektmanagements") zu übernehmen. Hierbei wird für die Auswertung der dritten Gruppe mit einem Durchschnittswert operiert.

Der Auswertungsbogen „Team insgesamt" (Abbildung 46) wird von allen am Projekt Beteiligten ausgefüllt. Auch hier geht der Durchschnittswert in das Fadenkreuz ein.

Die Analyse lässt eine Reihe von Rückschlüssen auf Fragen zu wie:

- Welche Punktzahl gibt sich der Steuerungsverantwortliche?
- Wie sieht sich der Projektleiter?
- Wie beurteilen sich die Mitarbeiter?
- Wie sieht sich das Team insgesamt?

Da alle zwölf Fragen nach der gleichen Struktur aufgebaut sind, ergibt sich eine gute Überprüfung nach Selbstbild und Fremdbild. Eine Detaillierung der Antworten ist über den zweiten Auswertungsbogen möglich (Abbildung 48 „Detaillierte Auswertung der Checkliste ‚Projektmanagement'"). Hier werden für jede einzelne Frage die erreichten Werte sichtbar gemacht. Die Analyse dieser Zahlen sollte sehr sorgfältig vorgenommen werden. Zum Schluss tragen Sie bitte die Werte in das Auswertungsdiagramm (Abbildung 47) und die Auswertungstabelle (Abbildung 48) ein.

Der Steuerungsverantwortliche

	5	4	3	2	1	0
1. Habe ich dafür Sorge getragen, dass die Ziele eindeutig definiert sind?						
2. Sind die Rahmenbedingungen klar beschrieben?						
3. Ist mir bewusst, dass ich für die erfolgreiche Durchführung des Projektes die Gesamtverantwortung trage?						
4. Ich trage dafür Sorge, den richtigen Projektleiter auszuwählen und mit klaren Kompetenzen auszustatten.						
5. Durch mich wird sichergestellt, was ich vom Projektleiter und vom Team erwarte.						
6. Ich wirke darauf ein, dass das Team über die notwendigen Kompetenzen verfügt (Persönlichkeits-, Wissens-, soziale und unternehmerische Kompetenz).						
7. Mir ist es wichtig, dass sich das Projektteam als Team versteht. Ich versuche, meinen Beitrag dazu zu leisten.						
8. Die Kommunikation nach innen und außen wird von mir bestmöglich vorgelebt.						
9. Für die Lösung von Konflikten setze ich mich ein. Ich versuche durch mein Verhalten und fixierte Regeln die Voraussetzungen für ein gutes Konfliktmanagement zu schaffen.						
10. Die Motivation des Teams wird von mir in vielfältiger Weise unterstützt.						
11. Das Abhalten regelmäßiger Status-Besprechungen ist für mich selbstverständlich.						
12. Es wird aus meiner Sicht alles versucht, den Projekt-Erfolg herbeizuführen.						

Abb. 43: Der Steuerungsverantwortliche

7.3 Der Einsatz von Checklisten als Entscheidungshilfe – dargestellt am Beispiel Projektmanagement

Der Projektleiter	5	4	3	2	1	0
1. Die Ziele werden durch mich präsiziert und den Team-Mitgliedern bekannt gegeben.						
2. Die Beachtung der Rahmenbedingungen ist für mich ein wichtiger Erfolgsfaktor meiner Arbeit.						
3. Ich bin mir bewusst, dass ich für die erfolgreiche Durchführung des Projektes entscheidend verantwortlich bin.						
4. Ich trage dafür Sorge, die richtigen Mitarbeiter auszuwählen, um erfolgreich zu sein.						
5. Ich transferiere die Erwartungshaltung der Geschäftsleitung und versuche, alle Beteiligten in die Ziele einzubinden.						
6. Bei der Auswahl der Team-Mitglieder achte ich auf die richtige Mischung von Persönlichkeits-, Wissens-, sozialer und unternehmerischer Kompetenz.						
7. Ich versuche, eine Atmosphäre von Unterstützung und Vertrauen innerhalb des Teams zu fördern.						
8. Mit meinem Team, den Vorgesetzten und den beteiligten Fachbereichen kommuniziere ich bestmöglich.						
9. Konflikte versuche ich offen auszutragen und zur Teamentwicklung zu nutzen.						
10. Ich bemühe mich, das Team im Rahmen meiner Möglichkeiten zu motivieren.						
11. Ich gebe laufend Informationen an das Team und stimme mich mit den Verantwortlichen regelmäßig ab.						
12. Ich gebe alle meine Kraft, mein Wissen und Können, um das Projekt erfolgreich abzuschließen.						

Abb. 44: Der Projektleiter

7. Entscheidungstechniken

Das Team-Mitglied						
	5	4	3	2	1	0
1. Ich kenne meine Ziele und weiß, was von mir erwartet wird.						
2. In meiner Rolle als Team-Mitglied handle ich wie ein Mitunternehmer und beachte die Rahmenbedingungen.						
3. Für die mir zugewiesenen Arbeiten bin ich voll verantwortlich.						
4. Ich versuche sicherzustellen, dass mein Beitrag für das Team effizient ist.						
5. Bei der Zielvereinbarung mit dem Projektleiter leiste ich einen aktiven Beitrag und versuche, meine Ziele bestmöglich zu erreichen.						
6. Ich versuche, die von mir erwarteten Kompetenzen zu erfüllen.						
7. Die Zusammenarbeit mit dem Projektleiter und den Teammitgliedern unterstütze ich in konstruktiver Weise.						
8. Ich kommuniziere gut mit meinen Teamkollegen und den Entscheidungsträgern.						
9. Ich unterdrücke Konflikte nicht, sondern spreche sie offen an.						
10. Die Motivation ist in meinem Innern verankert und wird durch externe Faktoren gut unterstützt.						
11. Ich gebe die notwendigen Informationen an meine Teammitglieder rechtzeitig und vollständig weiter.						
12. Meinen Beitrag zum Projekt-Erfolg versuche ich bestmöglich zu leisten.						

Abb. 45: Das Team-Mitglied

7.3 Der Einsatz von Checklisten als Entscheidungshilfe – dargestellt am Beispiel Projektmanagement

Das Team insgesamt

	5	4	3	2	1	0
1. Die Ziele des Projektes und unsere Ziele sind uns bekannt.						
2. Über die Rahmenbedingungen unseres Projektes herrscht Klarheit.						
3. Aufgaben, Verantwortung und Befugnisse sind für alle Beteiligten klar definiert.						
4. Das Team hat die richtigen Fähigkeiten, um erfolgreich zu agieren.						
5. Wir sind überzeugt, dass die Geschäftsleitung, der Projekt-Leiter und jedes Team-Mitglied wissen, was von ihnen erwartet wird.						
6. Die für den Projekt-Erfolg erforderlichen Kompetenzen werden von uns gut abgedeckt (Persönlichkeits-, Wissens-, soziale und unternehmerische Kompetenz).						
7. Wir bekennen uns zum Team und leben den Teamgedanken bestmöglich.						
8. Die Kommunikation nach innen (im Team) und nach außen (Entscheidungsträger, Fachbereiche) ist gut.						
9. Konflikte werden nicht unter den Teppich gekehrt, sondern offen ausgetragen und zur Teamentwicklung genutzt.						
10. Die Motivation ist hoch; es macht Spaß, im Team zu arbeiten.						
11. In unserem Team wird die Informationsfunktion nach innen und außen gut wahrgenommen.						
12. Die Erfolgsorientierung aller am Projekt Beteiligten ist sehr hoch.						

Abb. 46: Das Team insgesamt

7. Entscheidungstechniken

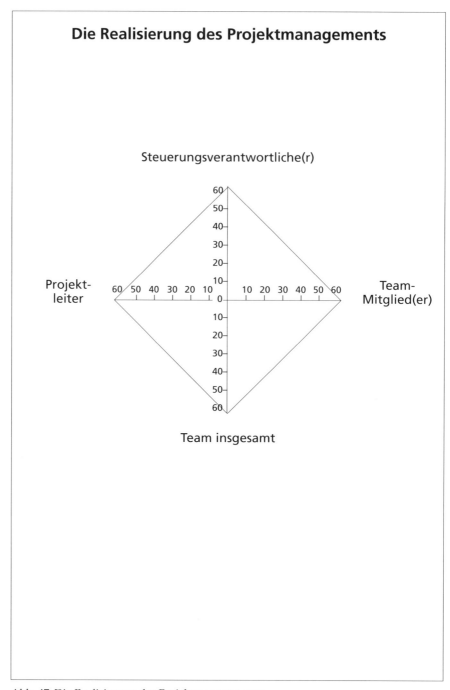

Abb. 47: Die Realisierung des Projektmanagements

Detaillierte Auswertung der Checkliste „Projektmanagement"

Fragen	1. Steuerungs-verantwortlicher	2. Projektleiter	3. Team-Mitglied	4. Team insgesamt	Kommentare
1. Zieldefinition					
2. Rahmenbedingungen					
3. Verantwortung					
4. Auswahl / Eignung					
5. Erwartungshaltung					
6. Kompetenz-Profilierung					
7. Team-Fähigkeit					
8. Kommunikation					
9. Konflikte					
10. Motivation					
11. Information					
12. Erfolgsorientierung					
Gesamt-Punktzahl					

Abb. 48: Detaillierte Auswertung der Checkliste „Projektmanagement"

Wiederholungsfragen zum 7. Kapitel

1. Sie haben ein Kopiergerät zu kaufen. Wie gehen Sie mit Hilfe der Nutzwertanalyse vor? (Seite 110 ff.)
2. Was spricht für eine systematische Entscheidungsfindung? (Seite 110)
3. Worin sehen Sie die Vorteile des Einsatzes von Checklisten? (Seite 115)
4. Welche Schlüsse lassen sich aus dem dargestellten Beispiel „Checkliste Projektmanagement" ziehen? (Seite 115 ff.)

Teil II: Marketing (Heinz Stark)

8. Marketing – kritischer Erfolgsfaktor der Unternehmensführung

8.1 Zur Notwendigkeit von Marketing

Bezeichnet man mit **Marketing** jene Denkweise **(Unternehmensphilosophie)**, dass der dauerhafte Erfolg einer Unternehmung erzielt und gesichert wird durch die Entscheidung von Nachfragern für die Leistungen der jeweiligen Unternehmung, dann sind folgende Aktivitäten Grundvoraussetzung:

Marketing als Unternehmensphilosophie

– Gewinnung von **Informationen** über die gegenwärtigen und sich ändernden Gewohnheiten, Einstellungen und Wünsche (Problemstellungen) der tatsächlichen und möglichen Kunden des Unternehmens. Diese Informationen sind Grundlage zur Ermittlung und Festlegung der zu erwartenden Nachfrage nach bestimmten Sach- und Dienstleistungen, die das Unternehmen anbieten könnte.

– Die kontinuierlichen technischen, wirtschaftlichen und sozialen Entwicklungen und deren Auswirkungen auf die Einstellungen, Wünsche und Verhaltensweisen der Kunden zwingen das Unternehmen, sein Leistungsprogramm laufend zu überprüfen. Erst diese **Leistungsanalysen** verdeutlichen, ob das Angebot noch kundengerecht ist oder entsprechend angepasst werden muss, oder neuartige (innovative) Problemlösungen zu entwickeln und anzubieten sind.

– Das Unternehmen muss planvoll kundenspezifische **Problemlösungen** erarbeiten und anbieten, wobei es sich um Strategien zur Markterhaltung (alte und neue Kunden für bekannte Leistungen) oder um Strategien zur Marktgewinnung (neue Leistungen für alte und neue Kunden) handeln kann.

– Der Kunde muss davon überzeugt werden, dass die vom Unternehmen angebotenen Sach- und Dienstleistungen für den Kunden am vorteilhaftesten sind. Es muss in den Augen des Kunden das beste „Preis-Leistungs-Verhältnis" vorliegen. Erst die subjektiv empfundene Übereinstimmung der für einen bestimmten Preis erwarteten und erhaltenen Leistung ergibt „zufriedene" Kunden.

Kundenzufriedenheit ist Voraussetzung für längerfristige Kundenbeziehungen, für Kundenbindung und für eine positive Imagebildung durch Mund-zu-Mund-Werbung.

Kundenzufriedenheit

Marketing-Denken bedeutet insoweit nicht „besseres" und ertragreicheres Verkaufen von irgendwelchen Sach- oder Dienstleistungen. Es gilt vielmehr Wunsch- und Problemfelder möglicher Kunden zu suchen, diese in ihrer Eignung als Marktchance für das Unternehmen zu erkennen und zu bewerten. Solche Marktchancen gilt es dann durch planmäßiges Entwickeln und Erstellen kundengerechter Problemlösungen gewinnorientiert zu nutzen. Unter diesen Gesichtspunkten kann Marketing auch mit „marktorientierter Unternehmungsführung" umschrieben werden.

Marketing-Denken

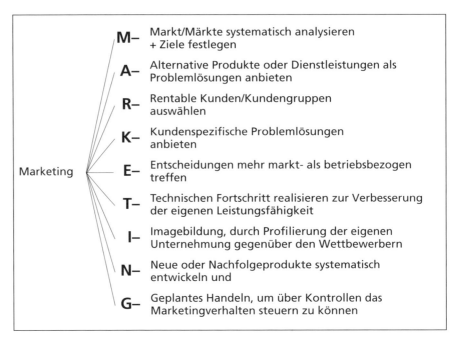

Abb. 49: Marketing

Marketing-Definition

> Marketing bedeutet: bewusste, geplante Ausrichtung von Kapazität, Personal, Kapital, Organisation und Leistungsangebot auf jene Kundengruppen und Kundenwünsche, mit denen die Unternehmensziele, speziell das Gewinnziel, am besten zu verwirklichen sind.

Angewandt auf die Marketing-Praxis bedeutet dies, dass jedes Unternehmen – und hier ganz besonders die kleinen und mittelgroßen – sich Klarheit verschaffen und Entscheidungen treffen muss über:

Grundsatzentscheidungen

> – Geschäftsfelder: **Worin** will das Unternehmen aktiv werden?
> – Marketingziele: **Was** will das Unternehmen in diesen Geschäftsfeldern erreichen?
> – Marketingstrategie: **Wie** will das Unternehmen im Markt vorgehen?
> – Marketing-Konzeption: **Womit** will das Unternehmen sich im Wettbewerb um Kunden profilieren und seine (Marketing-)Ziele realisieren?

Werden Überlegungen für diese vier zentralen Grundsatzentscheidungen im Marketing nicht angestellt, oder nicht zielstrebig umgesetzt, dann stellen sich in der Regel – mehr oder weniger rasch – existenzbedrohende Absatz-, Personal-, Kosten- und Strukturprobleme ein. Dies zeigt sich deutlich bei den vielen Existenzneugründungen, die über die Startphase nicht hinauskommen. Meist liegen gravierende Mängel im Marketing vor.

8.2 Aufgaben und Ziele im Marketing

8.2.1 Bestimmung der Geschäftsfelder

Unter **Geschäftsfeldwahl** wird die Ermittlung und Festlegung jener Bedarfe oder Bedarfsbündel verstanden, für die das Unternehmen Leistungen anbieten möchte. Mit der Wahl eines oder mehrerer wirtschaftlich interessanter Geschäftsfelder bestimmt das Unternehmen den Markt bzw. die Märkte, die Bezugspunkt für seine Geschäftstätigkeit sind oder sein sollen. Die Geschäftsfelder müssen voneinander unabhängig sein, z. B. Leistungsangebote für die Industrie-, Bank- oder Handelsunternehmen. <small>Geschäftsfeldwahl</small>

Eine weite oder enge Umschreibung der **Bedarfe,** die als künftige Geschäftsfelder des Unternehmens zu sehen sind, bestimmen das künftige Leistungsangebot. Hier wird festgelegt, ob das Unternehmen mehr als „Generalist" oder mehr als „Spezialist" im Markt in Erscheinung tritt. <small>Bedarfe als künftige Geschäftsfelder</small>

Die Bestimmung von Geschäftsfeldern (GF), beispielhaft dargestellt für Klimatechnik, kann z. B. nach folgenden Kriterien erfolgen:
- mögliche Bedarfe:
  - Klimatisierung von Gebäuden jeglicher Art (= generelles GF)
  - Klimatisierung von Bürogebäuden (= spezielles GF)
- mögliche Kunden:
  - Klimatechnik für alle Verwendergruppen (= generelles GF)
  - Klimatechnik für Privatkunden oder Gewerbebetriebe oder öffentliche Hand (= spezielles GF)
- mögliche Gebiete:
  - keine geographische Marktabgrenzung (= generelles GF)
  - mit geographischer Marktabgrenzung, z. B. Beschränkung auf ausgewählte regionale oder lokale Märkte (= spezielles GF).

Durch Kombination der verschiedenen Ausprägungen bei den Unterscheidungskriterien und unter Berücksichtigung von Kosten- und Ertragswirkungen lassen sich für das einzelne Unternehmen wirtschaftlich interessante „**Strategische Geschäftsfelder**" (Teilmärkte) erkennen und festlegen. <small>Strategische Geschäftsfelder</small>

Beispiel:

„Klimatechnik für gewerbliche Bürogebäude in Baden-Württemberg" als spezielles Geschäftsfeld anstelle des generellen Geschäftsfeldes „Klimatechnik für Gewerbebetriebe".

Zur Einschätzung der Chancen und Risiken auf ausgewählten „Strategischen Geschäftsfeldern" eignet sich eine Analyse der vorgesehenen bzw. vorliegenden Leistungsangebote („Produkte") nach den Beurteilungskriterien „Marktwachstum" (hoch oder niedrig) und „Relativer Marktanteil" (hoch oder niedrig). Zur Darstellung eignet sich die sog. **Portfolio-Matrix,** die das Chancen- und Risikopotential des unternehmungsspezifischen Leistungsprogramms durch Klassifikation und Zuordnung der einzelnen Leistungspakete („Produkte") deutlich werden lässt. Abbildung 50 zeigt auch, welche Marktstrategien im Einzelfall sinnvoll sind. <small>Portfolio Matrix</small>

	Relativer Marktanteil Marktwachstums-Matrix (4-Felder-Matrix)	
	Niedrig	Hoch
Marktwachstum Hoch	**I. „Nachwuchs"-Produkt** Merkmale: Strategische Geschäftsfelder in der Einführungs- und frühen Wachstumsphase des Marktlebenszyklus mit hohem Finanzmittelbedarf; Netto-Cash-flow (Finanzmittelüberschuss) deutlich negativ. Normstrategie: a) Marktanteil deutlich steigern, falls gegenüber Konkurrenz aussichtsreich (Offensivstrategie). b) Marktanteil senken bzw. Verkauf, falls a) aussichtslos.	**II. „Star"-Produkt** Merkmale: Strategische Geschäftsfelder in der Wachstumsphase, die aufgrund ihrer starken Marktstellung ihren Finanzmittelbedarf selbst erwirtschaften; Netto-Cash-flow etwa ausgeglichen. Normstrategie: Marktanteil halten bzw. leicht ausbauen (Wachstumsstrategie).
Marktwachstum Niedrig	**IV. Problemfall** Merkmale: Strategische Geschäftsfelder mit geringem Marktwachstum (z. B. späte Reifephase, Abstiegsphase) mit relativ schwacher Marktstellung; Netto-Cash-flow negativ bis ausgeglichen. Normstrategie: Marktanteil stark senken bzw. Verkauf (Desinvestitionsstrategie).	**III. „Goldesel"-Produkt (cash cow)** Merkmale: Strategische Geschäftsfelder in der späten Wachstums- und Reifephase mit starker Marktstellung; deutliche Finanzmittelüberschüsse. Normstrategie: Marktanteil halten bzw. leicht senken (Gewinnstrategie).
	Relativer Marktanteil = $\dfrac{\text{Marktanteil der Unternehmung}}{\text{Marktanteil des stärksten Konkurrenten}}$	

Abb. 50: Marktanteils-/Marktwachstums-Matrix (Heinen)

Marketing-Konzeption

Zur Bearbeitung der vom Unternehmen ausgewählten und als Geschäftsgegenstand bestimmten „Strategischen Geschäftsfelder" sind geschäftsfeldspezifische **Marketingkonzeptionen** mit unterschiedlichen Basis- und Aktionszielen mit geeigneten, zielführenden Marketingstrategien (siehe Kapitel 8.3) zu entwickeln.

8.2.2 Marketing-Basisziele

Ziel-Begriff

Erklärt man den Begriff Ziel mit „zu erreichender Zustand", dann wird deutlich, dass das marktbezogene Verhalten des Unternehmens geprägt ist durch das Bearbeiten meist mehrerer strategischer Geschäftsfelder und eine Vielzahl von Marketing-Zielen. Diese stehen in unterschiedlicher Beziehung zueinander, worauf später noch näher eingegangen wird. Gemeinsam haben diese marktbezogenen Ziele, dass sie sich pro Geschäftsfeld auf einige wenige Marketing-Basisziele zurückführen lassen.

Mit dem Begriff **Marketing-Basisziel** soll zum Ausdruck kommen, dass das Unternehmen von bestimmten Grundrichtungen für sein späteres Marktverhalten ausgehen muss. Dabei lassen sich geschäftsfeldbezogen folgende vier Marketing-Basisziele unterscheiden, die sich aus den Phasen des Produktlebenszyklus (in Klammern) ergeben:
- Markterschließung (Einführungsphase)
- Marktausweitung (Wachstumsphase)
- Marktsicherung (Sättigungsphase)
- Marktverzicht (Verfallphase).

Marketing-Basisziele

Folgende Abbildung 51 „Idealtypischer Verlauf der Entstehungs- und Lebensphasen von Produkten und Dienstleistungen" zeigt den typischen Verlauf der Lebenskurve eines Produktes bzw. einer Leistung (Haupt- oder Serviceleistung) über die Zeitachse. Die Dauer der einzelnen Phasen ist geschäftsfeld- und leistungsbezogen sehr unterschiedlich und wird durch die Vorgabe zeitlich begrenzter Marketing- und Umsatzziele einerseits und die reale Wirkung der Marketingaktivitäten in Bezug auf die Zielerreichung andererseits beeinflusst. Die einzelnen Phasen sind zeitlich nicht exakt abgrenzbar, als Maßstab für die **Positionsbestimmung im Lebenszyklus** kann das Umsatzwachstum pro Zeiteinheit herangezogen werden.

Produktlebenskurve

Die Marketingziele und Verhaltensweisen des Unternehmens zur Verwirklichung der Basis-Ziele sind dabei in den ersten beiden Fällen dynamisch-expansiv und im dritten und vierten Fall dynamisch-defensiv ausgerichtet.

- Bei **Markterschließung und Marktausweitung** geht es um bewusstes Aufbauen und Ausnutzen von Märkten (reale Geschäftsfelder), wobei
  - Art der Kunden,
  - Art der Leistungen,
  - Art der Absatzgebiete oder
  - Kombinationen dieser Merkmale

  das künftige Marktverhalten bestimmen.

Markterschließung, Marktausweitung

- Das Ziel **Marktsicherung** ist Daueraufgabe eines jeden Unternehmens, denn hier gilt es in den einzelnen Geschäftsfeldern, z. B. bei den bisherigen Kundengruppen und Absatzgebieten,
  - einerseits Umsätze zu halten und
  - andererseits Maßnahmen zur Konkurrenzabwehr zu ergreifen.

Marktsicherung

- Der **Marktverzicht** als bewusster Rückzug aus bisherigen Geschäftsfeldern, sei es durch vollkommene oder teilweise Aufgabe von Leistungen, Kundengruppen oder Absatzgebieten ist oftmals nicht ganz problemlos. Dies gilt insbesondere, wenn Fragen der Gewährleistung, der Ersatzteilversorgung oder des technischen Kundendienstes einen sofortigen Rückzug verhindern. Hier sind gezielt „Auslauf-Strategien" zu entwickeln.

Marktverzicht

Produktlebenskurve

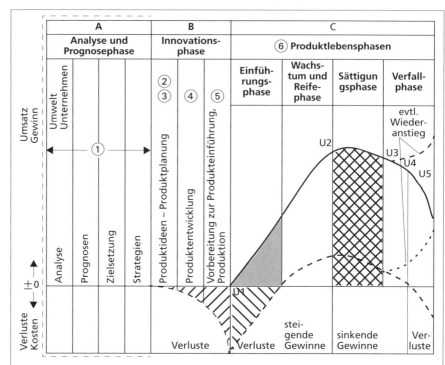

Erläuterungen:

① Analyse- und Prognosephase
- Unternehmenspolitik (Leitbild)
- Unternehmensziele
- Umwelt- und Marktprognosen
- Unternehmenspotenziale
- Geschäftsfeldwahl
- Unternehmensstrategien

② Systematische Suche nach zukunftsträchtigen Produktideen
- Suchwege, Ideenquellen, Kundenprobleme
- Bewerten und Auswählen
- Bewertungskriterien
- Bewertungssysteme
- Ideenspeicher
- Ausfallkurve

③ Produktplanung
- Produktvorschläge
- Produktauswahl
- Definition des Produktes
- Entwicklungsauftrag
- Konstruktionsauftrag

④ Produktentwicklung, Konstruktion und Kalkulation
- Aufgabenstellung
- Konzeption, Entwurf, Ausarbeitung
- Bewertung der verschiedenen Alternativen

- Versuche (Funktion, Prinzip)
- Prototyp, Muster, Wertanalyse
- Betriebsmittelkonstruktion
- Nullserie
- Produktkalkulation
- Grenzstückzahl bestimmen
- Rentabilitätsberechnung (ROI)

⑤ Vorbereitung zur Produkteinführung, Produktion
- Fertigungsplanung
- Marketingplanung
- Zeitplan
- organisatorische Probleme
- Lagerbildung/Vorratsbildung
- Kontrolle
- vorbeugende Maßnahmen
- Eventualmaßnahmen

⑥ Produktlebensphasen
U1: Zeitpunkt der Produkteinführung
U2: Zeitpunkt der Sättigungsphase: Der Umsatz beginnt abzufallen
U3: erneuter Wiederanstieg des Produktumsatzes, z. B. durch Mode oder neu aufkommende Bedürfnisse
U4: Umsatzpunkt, bei dem keine Gewinne mehr erzielt werden
U5: Zeitpunkt des Ausscheidens aus dem Markt

Abb. 51: Idealtypischer Verlauf der Entstehungs- und Lebensphasen von Produkten und Dienstleistungen (ähnlich Bruhn)

8.2 Aufgaben und Ziele im Marketing

Diese **Marketing-Basisziele** (Marktziele) sind der Bezugspunkt für das spätere Vorgehen im jeweiligen Geschäftsfeld (Markt). Hier wird festgelegt „was", d.h. welche Wirkung im einzelnen Markt erreicht werden soll. Ausgehend von den erforderlichen oder gewünschten Marketing-Basiszielen werden dann die in den nächsten Perioden (Jahr, Quartal, Monat) zu verwirklichenden **Marketing-Aktionsziele** (Absatzziele) des Unternehmens bestimmt.

Marketing-Basisziele, Marketing-Aktionsziele

Für das auf mehreren Märkten (Kundengruppen oder Absatzgebieten) tätige Unternehmen ergibt sich dabei die Notwendigkeit und Schwierigkeit, dass unterschiedliche Marktsituationen und Marktentwicklungen (z. B. Geschmackswandlungen bei bestimmten Kundengruppen allgemein oder in einzelnen Absatzgebieten) häufig die gleichzeitige Verfolgung verschiedener Marketing-Basisziele und verschiedener Marketing-Aktionsziele erfordert. Dies lässt sich auch aus Abbildung 52 erkennen.

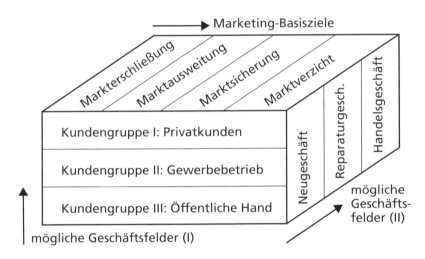

Abb. 52: Marketing-Basisziele für verschiedene Geschäftsfelder

Diese Darstellung verdeutlicht, dass z. B. bei der Kundengruppe I bezüglich des Neugeschäfts eine Marktausweitung und beim Handelsgeschäft gleichzeitig eine Marktsicherung angestrebt werden kann, während bei der Kundengruppe II z. B. hinsichtlich des Reparaturgeschäfts eine Marktausweitung erreicht werden sollte. Berücksichtigt man die in aller Regel begrenzten Finanz-, Personal- und Sachkapazitäten des Unternehmens, dann muss für die Bearbeitung der Geschäftsfelder (Märkte) und der dort angestrebten Marketing-Basisziele eine Rangfolge festgelegt werden. Erst diese Ordnung der Marketing-Basisziele ermöglicht dem Unternehmen, seinen Möglichkeiten und Fähigkeiten entsprechend, ein Bündel von Marketing-Aktionszielen und ein wirtschaftlich sinnvolles Verhalten im Markt zur Erreichung dieser Ziele festzulegen.

8.2.3 Marketing-Aktionsziele

Marketing-Aktionsziele

Die Umsetzung der Marketing-Basisziele führt zur Formulierung von Marketing-Aktionszielen. Bei diesen Marketing-Aktionszielen wird festgelegt, was das Unternehmen nach Inhalt, Ausmaß und Zeitbezug (lang- und kurzfristig) in den einzelnen Geschäftsfeldern tun und erreichen will.

Marketing-Aktionsziele sind kontrollierbare Handlungsziele.

Handlungsziele

Als wichtigste Marketing-Aktionsziele, die als Soll-Vorgaben (Absatzziele) für bestimmte Zeiträume (z. B. Jahr, Halbjahr, Quartal o. Ä.) das Handeln des Unternehmens im Markt bestimmen, sind z. B. zu nennen:

- **Umsatzziele:**

Umsatzziele

wertmäßige Ziele als Soll-Vorgaben bezüglich Erreichen, Sichern oder Erhöhen des Umsatzes insgesamt, bei speziellen Sach- oder Dienstleistungen, bestimmten Kundengruppen oder bestimmten Absatzgebieten;

- **Marktanteilsziele:**

Marktanteilsziele

mengenmäßige Ziele, als Soll-Vorgaben bezüglich Erreichen, Sichern oder Erhöhen des Mengenabsatzes an Sach- oder Dienstleistungen insgesamt, bei bestimmten Kundengruppen oder in bestimmten Absatzgebieten;

- **Imageziele:**

Imageziele

psychologische Ziele zum Erreichen, Pflegen und Verbessern von Präferenzen des Unternehmens gegenüber seinen Konkurrenten, z. B. durch gezielte Öffentlichkeitsarbeit, verbesserte Produkte, qualitätsbezogene Werbung, zuverlässigen Service u.a.m.

Zielhierarchie

Die Vielzahl der Zielbestimmungen (z. B. pro Leistung, pro Kundengruppe, pro Absatzgebiet), ihre Vorgabe als kurz-, mittel- oder langfristig zu erreichende Soll-Größen sowie unterschiedliche Wechselbeziehungen zwischen verschiedenen Marketing-Aktionszielen, erfordern auch hier die Festlegung einer Ziel-Ordnung (**Zielhierarchie**). Damit werden die zwischen den verschiedenen Absatzzielen bestehenden vorteilhaften Beziehungen gestärkt bzw. nachteilige oder Neutralisierungseffekte vermieden. So liefert z. B. eine Umsatzsteigerung in der Regel einen Beitrag zur Gewinnsteigerung. Dies muss jedoch nicht sein, wenn die Umsatzsteigerung etwa durch einen überhöhten Einsatz an Werbung oder überproportionale Zusatzleistungen (Service) erkämpft wird. Dieser Aufwand könnte aber das Image des Unternehmens wesentlich verbessern, was ebenfalls ein Marketing-Aktionsziel des Unternehmens darstellt. Dieser Zielkonflikt ist nur durch eindeutige Rangordnung der Marketing-Aktionsziele im Hinblick auf die Unternehmungsziele zu lösen. Es ist daher im Voraus möglichst genau festzulegen, welches Absatzziel (z. B. Imageverbesserung oder Umsatzsteigerung) dominieren soll und welche „Nebenbedingungen" (z. B. keine Preissenkungen oder bei einem Werbeetat von …xy €) zu beachten sind (siehe auch Kapitel 10).

Zielkonflikte

8.3 Marketing als Managementaufgabe

Die bisherigen Ausführungen lassen erkennen, dass Marketing mehr bedeutet als Verkaufen. Marketing heißt für das Unternehmen nicht willkürlich möglichst viel Umsatz oder Gewinn zu machen.

> **Marketing** bedeutet systematisches, planvolles Vorgehen im Markt, um Unternehmungsziele zu erreichen.

8.3.1 Marketing und Geschäftserfolg

Marketing ist ein **methodisches Vorgehen,** um Marktchancen zu nutzen und Marktrisiken zu vermeiden oder zu verringern. Insoweit ist Marketing für das Unternehmen Voraussetzung für eine rationelle, kostengünstige Gestaltung seiner Leistungserstellung (Produktion) und seines Verhaltens beim Absatz der Leistungen. Dabei ist die Reihenfolge Leistungserstellung vor oder nach dem Absatz ohne grundsätzliche Bedeutung; in jedem Fall muss der Kunde mit der erbrachten Sach- oder Dienstleistung nach Abschluss der Arbeiten ein zufriedener Kunde sein.

Methodisches Vorgehen

Welche Aufgaben ein Unternehmen beim Umsetzen von Marketing-Vorstellungen zu lösen hat, lässt sich z. B. anhand einer in Abbildung 54 dargestellten Checkliste aufzeigen.

Hier wird deutlich, dass eine Vielzahl marktbezogener Entscheidungen koordiniert zu treffen sind, um die Ziele zu erreichen. Je exakter das Unternehmen seine Vorstellungen bezüglich der einzelnen Marketing-Ziele und Fragestellungen entwickelt und formuliert, desto gezielter kann es gegenüber Kunden und Konkurrenten vorgehen. Diese Überlegungen und Entscheidungen werden dabei wesentlich mitbestimmt von der Grundsatzentscheidung wie das Unternehmen zu seinem Leistungsangebot kommt, mit dem es sich im Wettbewerb profilieren möchte. Da diese Grundsatzentscheidungen sich auf das gesamte Marketing-Verhalten des Unternehmens auswirken, werden sie auch unter dem Begriff **Marketingkonzeption** zusammengefasst.

Marketingkonzeption

8.3.2 Marketing und E-Business

Im Wettbewerb um Kunden und Aufträge setzen immer mehr Unternehmen ergänzend elektronische Medien ein, speziell das Internet. Man spricht vom anbrechenden Zeitalter des sog. E-Business, denn immer mehr gewerbliche als auch private Anbieter und Nachfrager werden heute im Internet online aktiv.

So hatten bereits im Jahre 2000 nach einer Untersuchung der Unternehmungsberatung Plaut Deutschland GmbH 97% der befragten Unternehmen einen eigenen Internet-Auftritt; doch meist ist es eine schlicht gestaltete Homepage. Von ausgereiften E-Business-Strategien und/oder Marketing-Konzepten sind Klein- und Mittelbetriebe noch weit entfernt; aber es setzt sich die Erkenntnis durch: „E-Business ist nicht mehr länger eine Frage des Ob, sondern eine Frage des Wie!", so die Aussage eines mittelständischen Marketingpraktikers. E-Business hat jede Menge handfester Vorteile: Die Unternehmen können ihre Produktion besser auf die Nachfrage abstimmen, ihre Lagerbestände verringern und die Auftragsbearbeitung beschleunigen. So binden sie weniger

Kapital, sparen Kosten und steigern die Produktivität. Zudem lassen sich neue Märkte erschließen.

Die von Plaut befragten Unternehmen sehen diese Vorteile deutlich (siehe Abbildung 53): Größte Motivation für ein stärkeres Netz-Engagement sehen sie im Ausbau der Marktposition (81%), in der besseren Kommunikation mit Kunden und Partnern (75%) und in einem besseren Kundenservice (72%). Vorteile erwarten sie vor allem durch eine internet-gestützte Zusammenarbeit mit Partnern sowie durch online-basierten Einkauf.

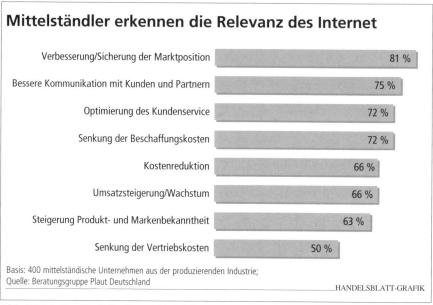

Abb. 53: Motive für E-Business-Aktivitäten

Allerdings ist die Investitionsbereitschaft derzeit vergleichsweise gering: Eine knappe Mehrheit der von Plaut befragten Unternehmen will jährlich 50.000 bis 250.000 € in E-Business investieren; für die Umsetzung einer ausgereiften Internet-Strategie dürften diese Summen kaum ausreichen. Dabei – so die Meinung eines Internetexperten – sind Investitionen in das E-Business „hoch rentabel"; den Zeitraum nennt er allerdings nicht!

Entscheidend ist, dass E-Business langfristig und ganzheitlich in die Marketingkonzepte und die Marketingaktivitäten des Unternehmens integriert wird. Rudimentäre Einzellösungen, wie Homepage-Gestaltung u.Ä. sind nicht zielführend.

Checkliste
„Marketing für kleine und mittelgroße Unternehmen"

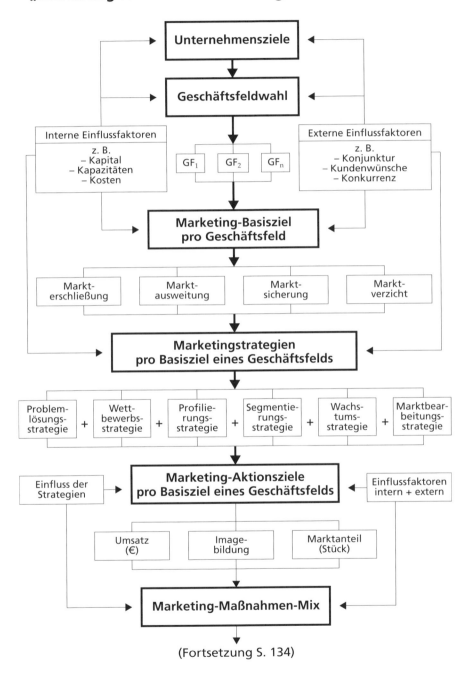

(Fortsetzung S. 134)

8. Marketing – kritischer Erfolgsfaktor der Unternehmensführung

Abb. 54: Checkliste „Marketing für kleine und mittelgroße Unternehmen"

8.4 Marketing und Standortwahl

Die Ausrichtung der Marketingkonzeption und die Möglichkeiten zur Gestaltung und Umsetzung der Marketingstrategien werden in manchen Branchen (z. B. Nahrungsmittelhandwerk) wesentlich beeinflusst vom betrieblichen Standort. Daher soll die Bedeutung der Standortwahl für das Marketing hier kurz erörtert werden.

8.4.1 Betrieblicher Standort

Unter betrieblichem Standort versteht man den geographischen Ort, an dem das Unternehmen seinen rechtlichen Sitz hat und den Ort oder die Orte, an denen die Betriebsstätten angesiedelt sind. Ein Unternehmen kann einen oder mehrere Standorte haben (z. B. Firmensitz und mehrere Filialen, Zweigwerke, Außenläger u. Ä.). *Standort*

Die Wahl des Standorts ist eine unternehmerische Entscheidung, die den Aufbau des Betriebes mitbestimmt. Sie ist eine Entscheidung mit langfristiger Wirkung, die unter Umständen nur schwer revidiert werden kann. Wie bei allen seinen Entscheidungen muss der Unternehmer auch bei der Wahl des Standorts, die bei der Gründung oder Verlegung eines Betriebes oder bei der räumlichen Ausgliederung oder Angliederung von Betriebsstätten erfolgt, seine Entscheidung so treffen, dass er am gewählten Standort auf lange Sicht gesehen Gewinn erzielen kann. Da es sowohl Aufwendungen als auch Erträge gibt, die an verschiedenen Standorten unterschiedlich sind (z. B. Transportkosten, Arbeitslöhne, Grundstückspreise, Mieten, Absatzmöglichkeiten, Steuerbelastung usw.), kann ein Gewinn nur erreicht werden, wenn das Unternehmen seinen eigenen Standort und seine Betriebsstandorte so wählt, dass die standortbedingten Erträge längerfristig größer sind als die standortabhängigen Aufwendungen. *Wahl des Standorts*

Bei der Ermittlung der Differenz ist vom erwarteten Nettogewinn auszugehen, der nach Abzug der Steuern vom Bruttogewinn verbleibt, da auch Steuern – wie z. B. die Gewerbesteuer – standortabhänig sein können.

Bei der Überlegung, welcher Ort für einen Betrieb der optimale Standort ist, muss eine Vielzahl von Standortfaktoren berücksichtigt werden (vgl. Abb. 55). Diese Einflussgrößen können input- als auch outputseitig für die zu treffenden Marketingentscheidungen (z. B. bei der Gestaltung der Marketingstrategien) fördernd oder erschwerend wirken. So können standortbedingte Lohnkostenvorteile zusammentreffen mit standortbedingter Ferne vom Absatzmarkt und schlechter Verkehrsanbindung (z. B. Standort in strukturschwachen Gebieten). *Standortfaktoren*

Zur Sicherung von relativ kundennahen Standorten haben neben staatlichen und halbstaatlichen finanziellen Subventionen besonders die „realen" Hilfen der kommunalen Wirtschaftsförderung eine besondere Bedeutung erlangt. Dies sind u. a. konkrete Hilfestellungen gegenüber den lokalen Behörden bei Bauanträgen, Genehmigungsverfahren, eigenständige Entwicklung von Problemlösungen durch die Wirtschaftsförderung und deren Durchsetzung gegenüber Ämtern und Behörden usw. Dies ist u. a. von besonderer Bedeutung für das Handwerk, dessen Standortwahl bei personenbezogenem Leistungsangebot im Allgemeinen absatzorientiert, d. h. durch Kundennähe geprägt ist. *Kommunale Wirtschaftsförderung*

8. Marketing – kritischer Erfolgsfaktor der Unternehmensführung

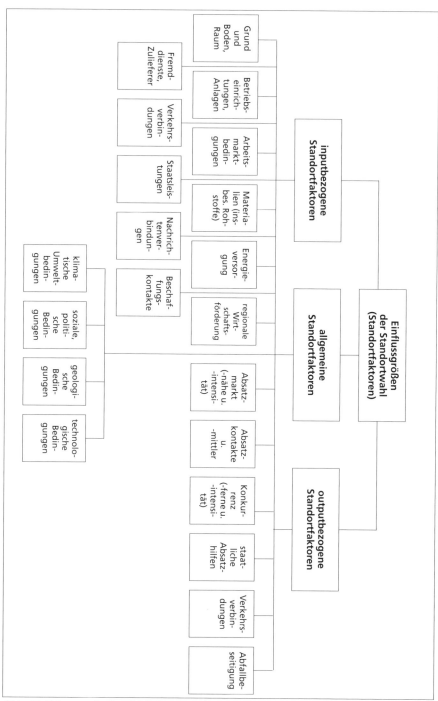

Abb. 55: Faktoren der betrieblichen Standortwahl

Vereinzelt ist auch noch eine ausschließliche Ausrichtung nach Arbeitskräften anzutreffen. Dies gilt besonders dann, wenn es sich um standortspezifische Spezialarbeitskräfte handelt, wie z. B. Holzschnitzer, Musikinstrumentenmacher, Edelsteinschleifer, Hersteller von medizinischen Geräten und Werkzeugen.

Eine spezifische Besonderheit des handwerklichen Standortes ist – vor allem bei kleinen Betrieben – in der Verknüpfung des eigenen Haushalts mit dem Betrieb zu sehen. Die Höhe der Miete für gewerbliche Räume ist heute die Ursache dafür, dass Handwerksbetriebe aus den Zentren der Städte verschwinden und sich in Nebenstraßen und an die Peripherie (Gewerbegebiete) verlagern.

Bei dominierender Absatzorientierung ist daher sehr häufig eine **Standortspaltung** in Produktionsstandort (Gewerbegebiet) und Filialstandorte (Citylagen) festzustellen. So können die Unternehmen ihre Produktionskosten senken, die Marketingstrategien kundennah realisieren und Marktchancen z.B. in neu errichteten Wohngebieten, neuen Einkaufszentren oder Gewerbeparks durch eine stationäre oder eine rollende Filiale gezielt nutzen.

Standortspaltung

Dabei ist zu beachten, dass die Bedeutung der Einflussfaktoren für die betriebliche Standortwahl sich im Zeitablauf ändern kann. So könnten die Einflussfaktoren bei der Existenzgründung anders dargestellt haben als z.B. heute. Dies muss zu einer Überprüfung des Standorts führen **(Standortanalyse)** und kann eine Änderung des bisherigen Standorts erforderlich machen; entweder als Standortspaltung oder als **Standortverlegung.** Ausschlaggebend sind die Kosten-, die Marketing- und die Ertragswirkungen der zu treffenden Standortentscheidung.

Standortanalyse

Standortverlegung

8.4.2 Innerbetrieblicher Standort

Hier geht es um die räumliche Lage von einzelnen Abteilungen, Arbeitsplätzen, Maschinen und Geräten innerhalb des Unternehmens und eventueller Zweigbetriebe. Die angestrebte optimale Zuordnung der Betriebsteile zueinander betrifft nicht nur Verwaltung, Produktion und Lager. Auch die verkaufsfördernde Gestaltung von Verkaufsräumen, Ausstellungsräumen und evtl. Service-Niederlassungen ist hier besonders zu erwähnen.

Innerbetrieblicher Standort

Es geht hier vor allem darum, die Marketingphilosophie und die Imagestrategie des Unternehmens über die Art der Warenpräsentation, die optische Gestaltung der Räume und die Platzierung des eingesetzten Mobiliars zu verdeutlichen, um bei potenziellen und realen Kunden über eine positive Atmosphäre in den Geschäftsräumen eine kaufstimulierende Wirkung zu erzielen.

Die Verknüpfung von ablauforganisatorischen und Marketinggesichtspunkten erfolgt in der sog. **Layoutplanung,** dem Planungsinstrument der innerbetrieblichen Standortwahl.

Wiederholungsfragen zum 8. Kapitel

1. Welche Aufgabe muss das Unternehmen erfüllen, wenn es Marketing als Unternehmensphilosophie versteht? (Seite 123)
2. Welches sind die vier zentralen Grundsatzentscheidungen im Marketing für ein Unternehmen? (Seite 124)
3. Was versteht man unter einem „Strategischen Geschäftsfeld"? (Seite 125)
4. Welche Erkenntnisse lassen sich aus einer Portfolio-Matrix der Marktleistungen nach den Gesichtspunkten „Marktwachstum" und „Relativer Marktanteil" gewinnen? (Seite 126)
5. Gibt es Zusammenhänge zwischen den Erkenntnissen aus einer Portfolio-Matrix der Marktleistungen eines Unternehmens und den zu formulierenden Marketing-Basiszielen? (Seite 127)
6. Über welche Marketing-Basisziele muss das Unternehmen entscheiden? (Seite 127, 129)
7. Welche Marketing-Aktionsziele (Absatzziele) lassen sich bei einem Unternehmen unterscheiden? (Seite 130, 131)
8. Warum muss jedes Unternehmen eine Marketing-Zielhierarchie aufstellen? (Seite 130)
9. Was versteht man unter Nebenbedingungen, wenn man von Marketingzielen spricht? (Seite 130)
10. Worin liegen die Unterschiede zwischen „Marketing" und „Verkaufen"? (Seite 131, 132)
11. Welche Arten von Standortfaktoren (mit Beispielen) lassen sich bei der betrieblichen Standortwahl unterscheiden? (Seite 135, 136)
12. Welche Gründe können eine Standortspaltung auslösen? (Seite 137)
13. Wo spielen Marketinggesichtspunkte bei der Wahl des innerbetrieblichen Standorts eine Rolle? (Seite 137)

9. Marketing – Grundstrategien

9.1 Problemlösungsstrategie

Unter Problemlösungsstrategie versteht man Grundsatzentscheidungen der Unternehmungsführung über das Vorgehen und Verhalten bei der Entwicklung von Problemlösungen für ausgewählte Geschäftsfelder, d.h. für tatsächliche oder mögliche Kundengruppen. *Problemlösungsstrategie*

Grundsätzlich lassen sich in allen Wirtschaftsbereichen – hier dargestellt am Handwerk – die Problemlösungsstrategien der Produkt-, Problem- und Wissenstreue unterscheiden, die den firmenspezifischen **Marketingkonzepten** zugrunde liegen. *Marketingkonzepte*

- **Produkttreue:**
  Eine bestimmte Leistungsart (z. B. Gerben, Schmieden) oder ein bestimmtes Material (z. B. Holz, Mehl, Stahl) ist fester Ausgangspunkt für das Leistungsangebot des Unternehmens. Es werden ständig neue Anwendungsmöglichkeiten und Kundengruppen für das Ausgangsprodukt gesucht (vgl. z. B. die traditionellen Handwerksbetriebe wie Bäckerei, Metzgerei, Schreinerei und Metallbau); *Produkttreue*

- **Problemtreue:**
  Die Probleme eines bestimmten Kundenkreises (z. B. Privatkunden, Gewerbebetriebe, staatliche, städtische oder kommunale Betriebe) bilden den Ausgangspunkt des Leistungsangebots; Leistungen und Materialien als Lösungshilfen sind verschieden und richten sich nach den Erfordernissen (vgl. z. B. die Handwerksbetriebe im Heizungsbau, Modellbautechnik, Transporttechnik); *Problemtreue*

- **Wissenstreue:**
  Ein bestimmtes Wissens- und Erfahrungspotential bezüglich Materialien oder Verarbeitungsverfahren ist dauerhafte Grundlage des Leistungsangebots; entsprechend dem Wissen entstehen ganz spezielle, kundenspezifische Problemlösungsalternativen (z. B. durch Verwertung von Patenten und Lizenzen oder durch problemspezifische Kombination von Werkstoffen, Einzelteilen und Halbzeugen). *Wissenstreue*

Die Problematik für die künftige Entwicklung des Handwerks und für viele andere Branchen und Unternehmen ist darin zu sehen, dass diese teilweise noch zu sehr auf Produkttreue fixiert sind (z. B. Schreiner, Bäcker, Metzger). Der Kunde erwartet jedoch künftig weitergehende Problemlösungen.

Der Kunde sucht weniger einzelne Produkte oder Leistungen (z. B. Heizanlage) als vielmehr umfassende Problemlösungen (z. B. kostenoptimale Raumtemperierung).

Ein Problem tritt selten isoliert auf; es ist meist Teil eines Problembündels, dessen Lösung der Kunde vom Unternehmen erwartet. Der Kunde sucht möglichst **„Alles aus einer Hand"** zu bekommen, denn so kann er am besten beurteilen, was von seinem jeweiligen Problembündel in welchem Umfang vom Unternehmen gelöst wurde. *„Alles-aus-einer-Hand"-Strategie*

Dieses Verhalten bedingt ein Umdenken in zweifacher Richtung:
- Zum einen muss das Unternehmen der Zukunft in seinem eigenen Leistungsangebot ein ausgesprochener Spezialist sein,
- zum anderen muss das Unternehmen zur Erstellung umfassender Problemlösungen (sog. Leistungspaketen) verstärkt auf die Vorleistungen anderer Unternehmen aus den Bereichen Industrie, Handwerk und/oder Dienstleistung zurückgreifen.

Wissenstreue

Dies bedeutet, dass das zukunftsorientierte, auf langfristigen Erfolg ausgerichtete Unternehmen seine Marktchancen vor allem auf der Basis der **Wissenstreue** („ganzheitliche Problemlösung für den Kunden") nutzen sollte. Der damit verbundene Wissens-(und Kosten-)Aufwand führt zwangsläufig auch zu einem größeren Unternehmerrisiko. Wird dieses erhöhte Risiko nicht gewollt, ist auf Dauer die Existenz dieses Unternehmens gefährdet; denn der wirtschaftliche Erfolg bei Produkttreue steht in zu direkter Abhängigkeit zum Konsum- und Verbrauchsverhalten der jeweiligen Kundengruppen (vgl. Umsatzentwicklung bei Graubrot, Weißbrot und Toastbrot unter Berücksichtigung von „kalorienbewussten Essensgewohnheiten").

Strategie der Problemtreue

Aus dieser Sicht kann die Zukunft der Unternehmen nur in den Marketing-Strategien der **Problemtreue** und als Weiterentwicklung davon in der Wissenstreue liegen.

> Erfolgreiche Unternehmen haben die Fähigkeit zum Angebot von kundenspezifischen, bedürfnis- und problemgerechten Sachleistungs- und Dienstleistungspaketen.

Als Beispiele seien Feinkosthändler oder Metzgereien mit umfassendem Partydienst oder das Möbelhaus mit Raumausstattungsprogramm („Erlebniskauf") angeführt. Das heißt, es muss davon ausgegangen werden, dass die Unternehmen in Zukunft noch mehr dienstleistungsorientiert, noch umfassender und noch qualitativ hochwertiger im Leistungsangebot werden müssen. Nur durch Steigerung der eigenen Problemlösungsfähigkeit kann das Unternehmen qualifiziertere Leistungen als die Konkurrenz anbieten und ertragbringende Preise bei zufriedenen Kunden erzielen.

Marktforschung, Betriebsanalyse

Voraussetzung für die gesamten Überlegungen und Entscheidungen im Marketing sind marktbezogene und betriebsbezogene Informationen; also Kenntnisse über Art, Umfang und Wirksamkeit spezifischer Bestimmungs- und Begrenzungsfaktoren für das Marktverhalten des Unternehmens. Um diese Kenntnisse zu gewinnen, bedarf es des bewussten und geplanten Einsatzes von **Marktforschung und Betriebsanalyse.** Setzt das Unternehmen diese Instrumente nicht oder lückenhaft ein, läuft es Gefahr, dass sein Marketing, sein Leistungsangebot, sein Marktverhalten und seine Leistungsfähigkeit nicht marktgerecht sind und vom Kunden nicht honoriert werden.

9.2 Wettbewerbsstrategie

Wettbewerbsstrategie

Im Wettbewerb um Kunden bzw. Aufträge gibt es für jedes Unternehmen im Prinzip nur zwei Möglichkeiten, sein Verhalten am Markt und seine Aktivitäten im Betrieb auszurichten. Es muss sich für eine dieser Strategien definitiv und langfristig bindend entscheiden.

Um Vorteile gegenüber Mitbewerbern oder eine größere Attraktivität bei potenziellen Kunden zu erreichen, kann das Unternehmen sich entweder nach den am Markt vorliegenden Preisen richten **(Strategie der Preisorientierung)** oder nach dem differenzierten Problemlösungsbedarf der Kunden **(Strategie der Leistungsorientierung).**

Diese Wettbewerbsstrategien zeitlich wechselnd einzusetzen ist nicht sinnvoll, da sich dies negativ auf das Image des Unternehmens auswirken würde. Es wäre keine Preis- oder Leistungsprofilierung am Markt möglich! Sollten dennoch nach Geschäftsfeldern, Kundengruppen und geographischen Märkten unterschiedliche Wettbewerbsstrategien verfolgt werden **(Mischstrategien)**, müssen die jeweiligen Märkte stark voneinander getrennt sein (z. B. Inland – Ausland, Privatkunden – öffentliche Auftraggeber). So können negative Wechselwirkungen zwischen den Wettbewerbsstrategien und mangelnde Profilierung in den jeweiligen Märkten vermieden werden.

Marketing-Mischstrategien

9.2.1 Strategie der Preisorientierung

Das Unternehmen richtet seine Marketingstrategie, seine Marketingaktivitäten und seine Betriebsstruktur darauf aus, dass seine Marktleistungen zu Kosten erstellt und zu Preisen geboten werden, die (stets) günstiger sind als bei Mitbewerbern.

Strategie der Preisorientierung

Dominierendes, profilierendes Marketingkennzeichen ist die **„Tiefpreispolitik"**. An ihr werden alle Maßnahmen nach innen und außen ausgerichtet. Der Preiswettbewerb zeigt sich deutlich in der kostenorientierten Gestaltung des Marktauftritts. Hier sollen durch Normierung und Standardisierung der Marktleistungen (Angebot von Produkttyp A, B oder C oder Servicepaket I oder II) sowie durch Begrenzung der Angebotspalette (z. B. Minimierung oder Wegfall von Nachkauf-Service) gezielt Kosten- und Preisvorteile erreicht werden. Die Attraktivität des Preisvorteils stellt den dominierenden Kaufanreiz dar; die Leistungen sind weitgehend standardisiert und damit anreizneutral. Dies zeigt sich ganz deutlich beim Wettbewerb über Ausschreibungen, z. B. in der Baubranche.

Preiswettbewerb

Eine gute Rendite lässt sich bei dieser Wettbewerbsstrategie – bei der die Spannen klein sind – nur durch ein großes Umsatzvolumen erzielen (vgl. Strategie der Discounter im Lebensmitteleinzelhandel).

Umsatzrendite und Marktvorteile der Unternehmen können infolge der dominierenden Orientierung an Kosten- und Preisvorteilen nur erzielt werden mit **„Masse statt Klasse!"**; ein typisches Zeichen von hartem Verdrängungswettbewerb.

Verdrängungswettbewerb

9.2.2 Strategie der Leistungsorientierung

Hier will sich das Unternehmen Wettbewerbsvorteile verschaffen durch differenzierte, dem Bedarf der jeweiligen Kunden/Kundengruppen angepasste Problemlösungen. Es geht um **Leistungswettbewerb.**

Leistungswettbewerb

Der Preis wird als Gegenwert für die erbrachten Leistungen gesehen. Dominierendes, profilierendes Marketingkennzeichen ist eine an **„Spitzenleistungen"** ausgerichtete **Qualitätspolitik.**

Strategie der Leistungsorientierung

Bei dieser Strategie geht es um hochgradige, kundenbezogene Zuverlässigkeit
- bei der Problemanalyse,
- bei der Ausarbeitung von Problemlösungsalternativen und des Angebots,
- bei der Leistungserstellung und
- beim Nachkauf-Service.

Der Wettbewerb wird nicht über standardisierte, sondern weitgehend individualisierte Leistungen ausgetragen. Die **Attraktivität der Problemlösung** (z. B. „Alles aus einer Hand" oder „Komplettlösung") steht unter dem Leitthema **„Klasse statt Masse!"**, wobei ein marktgerechter Preis als Teil der Problemlösung für den Kunden gesehen wird.

Leistungsdifferenzierung

Voraussetzung für eine Strategie der Leistungsorientierung ist, dass die **Leistungen kundenorientiert differenzierungsfähig** sind.

Ohne Anpassungsmöglichkeiten in der Leistungspolitik bei Haupt- und Nebenleistungen in Bezug auf unterschiedliche Kundenwünsche bzw. -bedarfe können von den im Wettbewerb stehenden Unternehmen auch keine wesentlich unterschiedlichen Angebote und Preisvorteile erarbeitet werden (vgl. Problematik der Auftragsvergabe über Ausschreibungen, etwa in der Baubranche). Damit entfällt die Basis für eine Wettbewerbsstrategie der **Leistungsdifferenzierung** und es kommt – zwangsläufig – zum Preiswettbewerb. Daher muss es eine Hauptaufgabe von Management und Marketing sein, dem Unternehmen ein Leistungsimage zu verschaffen, mit dem es sich gegenüber den Mitbewerbern profilieren und seine Attraktivität für die Kunden signalisieren kann (vgl. Kapitel 9.3 „Profilierungsstrategie").

9.3 Profilierungsstrategie

Profilierendes Marketing

Marketing will beim Kunden erreichen, dass das eigene Unternehmen gegenüber der Konkurrenz bevorzugt wird. Hierzu muss das Unternehmen ein **profilierendes Marketing** betreiben.

Profilierung

Profilierung bedeutet: Aufbauen und Signalisieren von spezieller, leistungsbezogener **Kompetenz** sowie das Herausstellen der betriebsspezifischen **Einzigartigkeit des eigenen Unternehmens** im Vergleich mit Wettbewerbern. **Nur profilierte Unternehmen wirken beim Kunden kompetent!**

Corporate Identity

Ziel der Profilierungsstrategie ist, das Unternehmen zu einer **„Unternehmenspersönlichkeit"** mit einer eigenen, unverwechselbar profilierten **Corporate Identity** (auch CI genannt) zu entwickeln und darzustellen.

Eine **Kompetenz und Vertrauenswürdigkeit signalisierende Corporate Identity** wird erreicht durch gezielte und koordinierte Aktivitäten des Unternehmens in den Bereichen Unternehmenskommunikation („Corporate Communication"), Unternehmensbild („Corporate Design") und Unternehmensverhalten („Corporate Behavior"). Die hierdurch erhoffte positive Imagewirkung bei den externen Zielgruppen (vgl. Kapitel 11.4.3. „Öffentlichkeitsarbeit") soll letztlich zu einem Goodwill-Transfer und einer Bevorzugung der Marktleistungen des eigenen Unternehmens führen.

Corporate Communication

Bei **„Corporate Communication"** geht es um den CI-orientierten Einsatz der Marketing-Kommunikationsinstrumente (vgl. Kapitel 11.4).

Durch spezielle Aussagen, Erscheinungsformen und Aktivitäten in der **Werbung, Verkaufsförderung und Öffentlichkeitsarbeit** sollen bei den internen Zielgruppen (z. B. Mitarbeiter nebst Familienangehörigen) und den externen Zielgruppen (z. B. Interessenten, Kunden, Lieferanten, Banken und Meinungsbildner wie etwa Journalisten, Politiker u. a. m.) positive Imagewirkungen und zustimmende Verhaltensweisen erzielt werden.

Mit **„Corporate Design"** bezeichnet man die visuell-stilistischen Ausdrucksformen des Unternehmens zur Erzeugung eines unverwechselbaren, stets gleichen und somit einprägsamen Unternehmensbildes. *Corporate Design*

Die bei den internen und externen Zielgruppen angestrebte Imagewirkung wird dabei wesentlich beeinflusst von Art, Gestaltung und Konstanz der eingesetzten grafischen Elemente Schrift, Form, Farbe und Symbole („Logos"). Näheres hierzu in Kapitel 11.4.4 „Imageprägender Kommunikations-Mix".

Als Gestaltungsbereiche des Corporate Design sind hauptsächlich zu erwähnen: *Gestaltungsbereiche des Corporate Design*

- **Produkt-Design** (z. B. Produktgestaltung, Verpackungen, Eigenmarken)
- **Grafik-Design** (z. B. Geschäftsdrucke, Formulare, Kataloge, Internetauftritt) In neuerer Zeit muss hierzu auch die Gestaltung des Erscheinungsbildes im Internet gezält werden, wenn dieses Kommunikationsinstrument vom Unternehmen genutzt wird. Man spricht dann auch vom Internet-Design.
- **Arbeitsmittel-Design** (z. B. Arbeitskleidung, Fahrzeug- und Arbeitsplatzgestaltung)
- **3D-Design** (z. B. Gebäudearchitektur, Fassadengestaltung, Innenarchitektur in Büro, Werkstatt und Lager)

Da Corporate Design der für den Betrachter sichtbare Teil der Corporate Identity ist, hat es für die Darstellung des Profils des Unternehmens eine zentrale Bedeutung.

Unter **„Corporate Behavior"** oder Unternehmensverhalten versteht man die profilierende Gestaltung von Beziehungsstrukturen und sozialen Prozessen des Unternehmens. *Corporate Behavior*

Dabei geht es vor allem um die Art des persönlichen und kommunikativen Umgangs miteinander; im Normalfall (z. B. bei Angebotsabgabe) und in Sondersituationen (z. B. bei Reklamationen von Kunden). Dies gilt es in entsprechenden Verhaltensgrundsätzen festzulegen. *Verhaltensgrundsätze*

Diese Grundsätze sind normative Aussagen zum Führungsstil und zum Verhalten zwischen Unternehmer, Führungskräften und Mitarbeitern einerseits und zum Auftreten der Repräsentanten des Unternehmens (z.B. Führungskräfte und Mitarbeiter im Außen- und Innendienst) gegenüber externen Zielgruppen, speziell Interessenten und Kunden, andererseits.

> Erscheinungsform, Fachwissen, Leistungsbereitschaft und persönliches Verhalten gegenüber Kundenerwartungen und -wünschen sowie die erbrachten Leistungen der Mitarbeiter selbst prägen das Erscheinungsbild des Unternehmens und sein Kompetenz-Image bei den Kunden.

Wie sich eine Profilierung des gesamten Unternehmens entsprechend dem Corporate-Identity-Konzept auswirkt, zeigt Abbildung 56. Ohne Corporate-Identity-Konzept („Vorher") gibt es wenig Harmonie oder Übereinstimmung in den Unternehmensaktivitäten und den Kundenwünschen in den einzelnen Teilbereichen; Spannungen sind vorprogrammiert.

Eine klare Orientierung an den Kundenwünschen und ein darauf aufbauendes, profilierendes Corporate-Identity-Konzept („Nachher") bringt den gewünschten Imageeffekt.

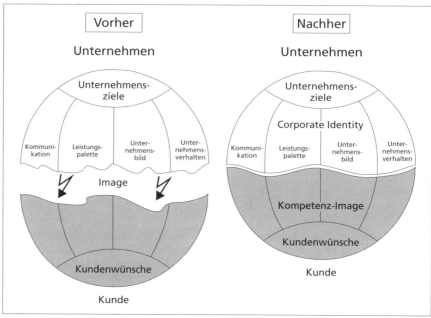

Abb. 56: Wirkung des Corporate-Identity-Konzepts

> **Corporate Identity als psychologischer Erfolgsfaktor bedeutet Aufbau eines Vertrauenspotenzials:**
> Man kauft bei, man liefert an und man arbeitet für ein Unternehmen, an dessen Zukunft man glaubt – das Sicherheit, Bonität, Dynamik und Leistungskraft ausstrahlt.

Preiskompetenz oder Leistungskompetenz

Das Unternehmen kann sich am Markt – entsprechend der gewählten Wettbewerbsstrategie (vgl. Kapitel 9.2) – bei seinen Zielgruppen über **„Preiskompetenz"** oder **„Leistungskompetenz"** profilieren und eine entsprechende Corporate Identity aufbauen. Ist im einen Fall die **„Strategie des günstigsten Preises"** die profilierende Besonderheit des Unternehmens, so ist im anderen Fall die herausragende Stärke die **„Strategie der kundengerechten Qualitätsleistung"**, mit der ein Wettbewerbsvorsprung erreicht werden soll.

Damit das Unternehmen und seine Mitarbeiter ein firmenspezifisches Profil am Markt durchsetzen können, müssen seitens des Managements zwei Fragen klar und eindeutig beantwortet werden:
1. Wer sind wir?
2. Was wollen wir?

9.3 Profilierungsstrategie

Hier geht es um die Formulierung des **Unternehmensleitbildes** und der Verhaltensgrundsätze, die für alle Mitglieder des Unternehmens als verbindliche Richtlinien des Managements gelten und so zu der gewünschten Profilierung und Imagebildung am Markt führen sollen.

Unternehmensleitbild

Es sind grundsätzliche Aussagen zu machen über die angestrebte Einzigartigkeit bzw. Stärke des Unternehmens im Sinne einer Unternehmenspersönlichkeit. Ohne klar formuliertes Unternehmensleitbild kann ein ganzheitlich profilierendes Corporate-Identity-Konzept nicht entwickelt und nicht wirksam umgesetzt werden.

Mit Hilfe von Kunden- und Konkurrenzanalysen lassen sich für das eigene Unternehmen Stärken-Schwächen-Profile (siehe Abbildung 57) erstellen, aus denen sich Hinweise für künftige Stärken und Aktivitäten des Unternehmens erkennen lassen.

Stärken-Schwächen-Profil

Wettbewerbswirksame Faktoren	Der eigene Betrieb ist **im Verhältnis zum Hauptbewerber** sehr stark (++) sehr schwach (– –)					
	++	+	0	–	– –	Bemerkungen
Betriebsgröße			*			
Techn. Ausstattung		*				
Qualifikation der Mitarbeiter	*					
Flexibilität bei Kundenwünschen	*					
Breite des Leistungsangebotes				*		
Qualitätsniveau		*				
Erzielte Preise				*		
Kundendienst-Service		*				
Schnelligkeit (Lieferzeit)				*		
Werbung und Messebeteiligung					*	
Image bei den Kunden				*		

Solche Stärken-Schwächen-Profile lassen sich **auch für mehrere Wettbewerber** erstellen, doch ist es **dann zweckmäßiger**, den **eigenen Betrieb als Bezugsbasis** zu wählen.

Abb. 57: Stärken-Schwächen-Profil eines Unternehmens

9. Marketing – Grundstrategien

Ansatzpunkte für wettbewerbswirksame Profilierung

Ansatzpunkte für eine image- und wettbewerbswirksame Profilierung können z. B. folgende reale oder angestrebte Stärken des Unternehmens sein:

- **Individualität:**
  keine standardisierten Leistungen, sondern kundengerechte Problemlösungen bei Haupt- und Nebenleistungen.
- **Kundennähe:**
  Kommunikations- und Zeitvorteile durch räumliche Nähe.
- **Persönliche Leistung:**
  der Kunde hat stets den gleichen Ansprechpartner; keine Anonymität; z. B. Meisterleistung.
- **Fachkompetenz:**
  großes Problemlösungswissen, Alternativlösungen, z. B. Spezialist für Klimatechnik.
- **Aktualität:**
  Umsetzen des technischen Fortschritts bei Materialien und Verarbeitungsprozessen, z. B. Realisierung des Umweltschutzes bei der Leistungserstellung und bei Produkten.
- **Flexibilität:**
  kurzfristiges Reagieren auf Änderungswünsche, seien es Termine, Qualitäten oder Mengen eines Auftrages.
- **Sicherheit:**
  Garantien für technische und kommerzielle Standards und Vereinbarungen, Qualitätsprüfungen etc.
- **Zuverlässigkeit:**
  Einhalten von Zusagen bezüglich terminlicher und qualitativer Vertragsabwicklung, Gewährleistung, technischer Nachkauf-Service.

Profilierungsansätze

Diese **Profilierungsansätze** können vom Unternehmen einzeln oder kombiniert angewandt werden. **Wichtig ist, dass bei den Kunden ein klares Kompetenz-Image (Preis- bzw. Leistungskompetenz) entsteht.**

In Abbildung 58 sind jene Unternehmensbereiche und Aktivitäten aufgezeigt, mit denen das gewählte Unternehmensleitbild (z. B. Individualität, Fachkompetenz und Zuverlässigkeit) am besten umgesetzt werden kann.

Es zeigt sich, dass in unternehmensspezifischen, ganzheitlich abgestimmten Maßnahmen in den Bereichen

Profilierungsbereiche
- **Leistungsprogramm**
- **Kommunikation**
- **Mitarbeiter**
- **Ausstattung**

die größten Profilierungsmöglichkeiten liegen.

Ganzheitliche Unternehmensprofilierung

Welche Vorteile eine **ganzheitliche Unternehmensprofilierung** durch Umsetzung eines Corporate-Identity-Konzepts bringen kann, lässt sich aus den Ergebnissen einer Unternehmerbefragung ablesen.

Von 100 befragten mittelständischen Unternehmen erklärten, durch gezielte Corporate-Identity-Aktivitäten folgende Vorteile erreicht zu haben:
- 89 % Imagegewinn

- 85 % Steigerung der Mitarbeitermotivation
- 71 % Marktanteilsgewinne
- 69 % Umsatzerhöhung
- 69 % Leichtere Gewinnung von Mitarbeitern und Führungskräften
- 57 % Ertragszuwachs

Diese Zahlen widerspiegeln die Stärke einer ganzheitlich ausgerichteten Unternehmensprofilierung!

Profilierung im Wettbewerb **heißt Erkennen, Umsetzen und Durchsetzen der Kompetenz eines Unternehmens!**
Die wettbewerbswirksamen Teilaspekte Kompetenz-Image und reale Kompetenz des Unternehmens sind das **Ergebnis von Team-Denken und Team-Handeln** aller Unternehmensmitglieder!

Team-Denken und Team-Handeln

Profilierung und Imagebildung

Abb. 58: Ansatzpunkte zur Profilierung und Imagebildung

9.4 Segmentierungsstrategie

Marktsegmentierung

Da kleine und mittelgroße Unternehmen nur über begrenzte finanzielle und personelle Kapazitäten und Entwicklungsmöglichkeiten verfügen, muss das Leistungsangebot möglichst ertragreich gestaltet werden. Dazu muss das Unternehmen wissen, ob und inwieweit die Kunden in den Geschäftsfeldern sich in Bezug auf die Anforderungen an die Marktleistungen unterscheiden. Lassen sich Unterschiede relativ klar feststellen und Kundengruppen nach bestimmten Gesichtspunkten bilden (z. B. Privatkunden, Unternehmen oder öffentliche Betriebe), dann können Marktsegmente als mögliche Zielgruppen gebildet werden. Dieses bewusste Herausarbeiten von Zielgruppen wird als **Marktsegmentierung** bezeichnet.

Zielgruppen

> **Zielgruppen** sind Kunden mit einander ähnlichen Kaufentscheidungsmerkmalen und einem Kaufverhalten, das sich wesentlich von anderen Zielgruppen unterscheidet.

Je größer diese Unterschiede (z. B. „Junioren" und „Senioren"), umso mehr können die Marketingmaßnahmen für die einzelnen Zielgruppen ausgerichtet werden.

Informationen zur Marktsegmentierung

Will das Unternehmen solche Segmente erkennen und sich als kundenspezifischer Problemlöser profilieren, sind umfassende Informationen zu beschaffen über

- jene **Käufereigenschaften,** die für den Absatz der Marktleistungen bestimmend sind und ermittelt werden können (z. B. gewerbliche oder private Kunden, Kaufkraft, Kaufverhalten, Größe und Standort etc.),
- die **Größe der einzelnen Zielgruppen.** Damit die Segmentierung nicht zu unwirtschaftlichem Marketingaufwand führt (z. B. 20 Zielgruppen à 50 Kunden sind wenig, aber zwei Zielgruppen mit 200 bzw. 800 Kunden u. U. sinnvoll), ist die wirtschaftliche Attraktivität eines Marktsegments zu bestimmen (siehe Marktbearbeitungsstrategie, Kapitel 9.6).
- die **Erreichbarkeit der einzelnen Zielgruppen** für die Marketingaktivitäten, um sie mit dem Leistungsangebot vertraut und kaufwillig zu machen (z. B. Zielgruppe wohnt an einem Stadtbezirk oder ist Leser einer bestimmten Zeitung oder Zeitschrift).

Der Gesamtmarkt von tatsächlichen und möglichen Kunden kann nach verschiedenen kaufbeeinflussenden Gesichtspunkten gegliedert werden.

Segmentierung:
Im Einzelnen lassen sich Marktsegmente oder Zielgruppen ermitteln z. B. durch:

geographisch
- **geographische Segmentierung:**
  Bewusste Aufteilung des Absatzgebietes in Teilmärkte, z. B. Inland und Ausland, Stadtbezirk und Landkreise; Kunden aus der Nachbarschaft und aus anderen Wohngebieten; Aufteilung der BRD in Teilmärkte „Nord", „Süd", „West" und „Ost", oder Gliederung nach Postleitzahlen;

demographisch
- **demographische Segmentierung:**
  Bilden von Zielgruppen auf der Basis kaufbestimmender Faktoren wie Alter, Geschlecht, Familiengröße, Einkommen, Beruf, Bildungsniveau, Besitztum (Haus, Auto) u. a.; wobei der Vorteil in der relativ leichten Erfassbarkeit und Messbarkeit der Kriterien liegt;

- **sozio-psychographische Segmentierung:**
  Ausgangspunkt ist die Erkenntnis, dass das Kaufverhalten nicht allein demographisch erklärbar ist. Es ist eher zurückzuführen auf Persönlichkeitsmerkmale der Käufer; d.h. man sucht Zielgruppen (Kauf-, Konsum-, Freizeitgestaltung) nach gemeinsamen Einstellungen, Erwartungen, Wünschen, Neigungen oder Selbsteinschätzungen, um einige Kriterien zu nennen. Auch soziologische Momente wie sozialer Status, Statussymbol oder Gruppenzwang, wirken verhaltensbestimmend. Meist führt diese Segmentierung zur Bildung von Verhaltens- oder Käufertypen, denen bestimmte Eigenschaften zugeordnet werden: z. B. „Der Aktive", „Der Zögernde", „Der Prestigebewusste", „Der Perfektionist", „Der Asket" u. a. m. Hier ist zu beachten, dass diese Gruppen auch demographisch klar erfassbar sein müssen.

  sozio-psycho-grafisch

- **Segmentierung nach Produktvorteilen:**
  Gliederung der Kunden nach den Vorteilen (Problemlösungen), die sie von einzelnen Leistungen oder vom Unternehmen insgesamt erwarten. Segmentierungsgesichtspunkt sind die Kaufmotive, die als Kaufgründe angegeben werden. Ein Möbelhersteller könnte seinen Kundenkreis z. B. schwerpunktmäßig gliedern in eine preisorientierte, eine statusorientierte und eine qualitätsorientierte Zielgruppe. Auch Kombinationen dieser Kriterien sind denkbar.

  nach Produktvorteilen

In Abbildung 59 sind **Segmentierungsgesichtspunkte** mit ihren Einsatzmöglichkeiten zur Gestaltung des Marketingmaßnahmen-Mix nochmals zusammenfassend dargestellt.

Neben diesen beispielhaften Möglichkeiten zur Marktsegmentierung oder **Zielgruppenbildung** gibt es noch weitere Alternativen. Entscheidend ist, dass das Unternehmen jene Kriterien findet, die einerseits eine möglichst klare **Zielgruppentrennung** erlauben und die andererseits den bereits genannten drei Voraussetzungen zur Durchführung gerecht werden.

Zielgruppen: Bildung und Trennung

Je genauer das Unternehmen die Bedürfnisse (Probleme) der einzelnen Zielgruppen erkennt, desto genauer kann es sein Leistungsangebot und sein Absatzverhalten darauf einstellen. Es kann weiterhin die Leistung der Konkurrenz in Bezug auf die einzelnen Zielgruppen exakter beurteilen, damit Marktchancen schneller und besser erkennen und somit seine Marketingmaßnahmen differenzierter, wirtschaftlicher und letztlich auch wirksamer einsetzen.

Bei bewusster Geschäftsfeldwahl, systematischer Marktsegmentierung und geplanter Zielgruppenbearbeitung kann das Unternehmen von der bisherigen **„Schrotflintenmethode" im Gesamtmarkt** zur **kundenorientierten „Scharfschützenmethode" in den Marktsegmenten** übergehen.

„Schrotflintenmethode" oder „Scharfschützenmethode"

▌▌ Marktsegmente sind Preissegmente!

Diese Erkenntnis gilt es durch differenzierte, abgestimmte Marketingstrategien zu nutzen.

9. Marketing – Grundstrategien

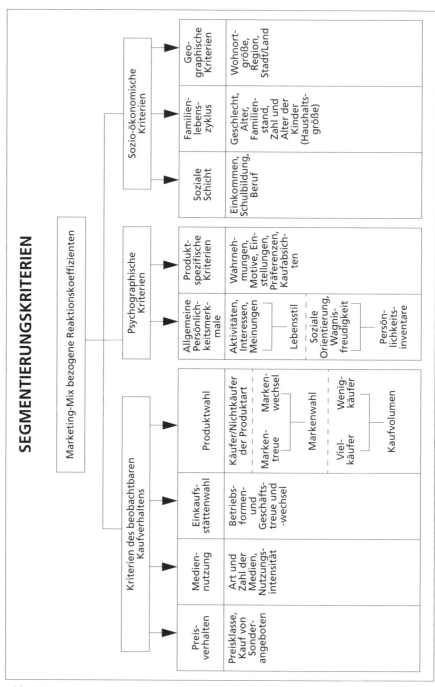

Abb. 59: Segmentierungskriterien (Diller)

9.5 Wachstumsstrategie

9.5.1 Grundformen

Unter **Wachstumsstrategie** versteht man all jene Entscheidungen, mit denen ein **bestimmtes Vorgehen auf dem Markt zur Verwirklichung der Umsatz- und Marktanteilsziele** festgelegt wird. Als Verhaltensalternativen lassen sich hierbei Marktanpassung und Marktbeeinflussung unterscheiden.

Wachstumsstrategie

Die Verhaltensweise einer bewussten, meist aber unbewussten **Marktanpassung** ist geprägt vom Verhaltensgrundsatz der **Reaktion** oder **Imitation**. Das Verhalten des Unternehmens ist ausgerichtet auf Anpassung an Konkurrenzmaßnahmen, z. B. bei Preisen, Leistungen, Service etc.

Marktanpassung

Die Verhaltensweise einer angestrebten Marktbeeinflussung ist geprägt vom Verhaltensgrundsatz der **Aktion** oder **Innovation**. Das Verhalten des Unternehmens ist ausgerichtet auf ein bewusstes und gezieltes Erarbeiten von Vorteilen bzw. Vorzügen gegenüber der Konkurrenz. So werden z. B. neue Sach- und Dienstleistungen, zusätzliche Serviceleistungen usw. entwickelt, die noch nicht oder nicht in der vorliegenden Kombination angeboten werden. Auch die Suche nach neuen Kundengruppen und neuen Anwendungsbereichen ist hier zu nennen. Ziel ist es, in den Augen der Kunden einen realen oder psychologischen Wettbewerbsvorsprung zu erreichen. Daher wird das Unternehmen danach streben, dem Preiswettbewerb gezielt auszuweichen.

Marktbeeinflussung

> Der **Preiswettbewerb** soll vermieden werden zugunsten eines **Leistungswettbewerbs,** der durch gezielten Einsatz der gesamten Marketing-Instrumente bei den Haupt- und Nebenleistungen ausgetragen wird.

Bei der Wachstumsstrategie lassen sich folgende vier Grundformen unterscheiden (vgl. Abbildung 60):
- Marktdurchdringung
- Marktentwicklung
- Produktentwicklung
- Diversifikation.

Grundformen der Wachstumsstrategie

Marketing-Aktivitäten	auf bisherigen Märkten (Geschäftsfelder)	auf neuen Märkten (Geschäftsfelder)
mit bisherigen Leistungen	**Marktdurchdringung** Verstärkte Bearbeitung der bisherigen Märkte mit den bisherigen Leistungen	**Marktentwicklung** Suche nach neuen Märkten für die bisherigen Leistungen
mit neuen Leistungen	**Produktentwicklung** Suche nach neuen Leistungen für die bisherigen Märkte	**Diversifikation** Suche nach neuen Leistungen/Unternehmen für neue Märkte

Abb. 60: Wachstumsstrategien eines Unternehmens

9. Marketing – Grundstrategien

Im Einzelnen lassen sich diese Wachstumsformen wie folgt charakterisieren:

– **Marktdurchdringung**

Marktdurchdringung

Diese Strategie ist die risikoärmste Art der Marktbearbeitung und des Unternehmenswachstums. Hier wird mit Hilfe der noch darzustellenden Marketing-Gestaltungsinstrumente versucht, den Absatz bei „alten" Leistungen auf dem „alten" (bisherigen) Markt zu beleben. Hier geht es vor allem um die Gewinnung zusätzlicher Kunden bei den bisherigen Zielgruppen (Bedarfsträgern) und um Mehrverbrauch bzw. Mehrumsatz bei den bisherigen Kunden. Es entspricht der Strategie „Nimm zwei".

Das Unternehmen strebt nach einer bestmöglichen Nutzung des Marktpotenzials, um günstigere Erlöse zu erzielen.

Beispiele:

Mehrere Fernseh- und Radiogeräte pro Haushalt; mehr Inspektionen pro Wartungszeitraum oder Sonderangebote; verstärkter Einsatz von Serviceleistungen oder Verarbeitung besserer Materialien.

– **Marktentwicklung**

Marktentwicklung

Diese Strategie weicht von der erstgenannten insofern ab, als hier zwar noch mit den „alten" Leistungen gearbeitet wird, aber diese Leistungen sollen auf neuen, bisher nicht erkannten oder nicht bearbeiteten Märkten (Geschäftsfeldern) abgesetzt werden.

Beispiel:

Das Füllen von Tiefkühltruhen in Supermärkten durch Metzgereien oder Errichtung zusätzlicher Bäckerei-Verkaufsfilialen an neuen Standorten.

Diese zu erschließenden Märkte sind durch demographisch, geographisch, zeitlich oder verbrauchsbezogen neue Zielgruppen bestimmt, d.h. die Marketingaktivitäten müssen auf die Erwartungen der neuen Kunden oder Kundengruppen ausgerichtet werden.

Beispiele:

Verkauf von Pkw-Kombi an kinderreiche Familien, Handwerker oder Handelsvertreter oder etwa Verkauf von Elektrowerkzeugen gleicher Bauart an Gewerbebetriebe und Privatkunden.

– **Produktentwicklung**

Produktentwicklung

Bei dieser Strategie werden die bisherigen Märkte (Regionen oder Kundengruppen) beibehalten. Hier steht das Angebot von Leistungen, Materialien oder Verarbeitungsverfahren, die bislang nicht im Leistungsprogramm enthalten waren, im Vordergrund der Marketingbemühungen.

Beispiel:

Unterschiedliche Servicepakete für „alte" Kunden oder Verarbeitung von Holz statt Kunststoffen im Innenausbau.

Unter Nutzung des vorhandenen und beschaffbaren technischen und kommerziellen „Know-how" (z. B. über Lizenzen oder Franchise-Vertrag) wird versucht, den bisherigen Kunden durch Fort- oder Neuentwicklungen bessere, umfassendere oder andere Problemlösungen als die Konkurrenz anzubieten. Das Leistungsangebot richtet sich verstärkt nach den **Bedarfsbündeln** der Kunden. Dies führt zu einer Ausweitung der Leistungsbereitschaft

Bedarfsbündel

des Unternehmens im Sinne einer umfassenden Sortimentsergänzung und -abrundung bezüglich des Leistungsprogramms.

Beispiele:

Die Entwicklung des Polsterer- und Sattlerhandwerks hin zur umfassenden Raumgestaltung oder die Entwicklung einer Drogerie zur Parfümerie mit Schönheitspflege.

- **Diversifikation**

  Hier geht es um das sog. „zweite Bein" für das Unternehmen. Die Marketingbemühungen sind geprägt durch „neue Produkte für neue Märkte". Neue Produkte können dabei Markt- oder Firmenneuheiten sein; neue Märkte bedeutet andere Abnehmergruppen in bisherigen oder weiteren Absatzgebieten (z. B. Ausland). Diversifikation ist eine Kombination der Marketingstrategien Produktentwicklung und Marktentwicklung. Daher erhöht dieses Vorgehen einerseits das unternehmerische Risiko, trägt andererseits aber langfristig wesentlich zum Abbau von Marktrisiken (Abhängigkeit von einzelnen Kundengruppen) bei. Dieser letztgenannte Effekt der Diversifikation ist umso größer, je mehr die **Sortimentserweiterung** mit Leistungen erfolgt, die in keiner direkten Beziehung zum bisherigen Sortiment stehen.

Diversifikation

Beispiel:

Ein Bau-Unternehmen übernimmt zusätzlich die Installation von Fertig-Schwimmbädern; ein Fotogeschäft nimmt Modelleisenbahnen als „Kontrastprogramm" ins Sortiment.

Es darf jedoch nicht übersehen werden, dass hier ganz unterschiedliche Geschäftsfelder mit sehr geringem, meist gar keinem Synergiepotenzial im Marketing aktiv bearbeitet werden müssen.

Die Umsetzung dieser Strategien kann vom Unternehmen allein oder mit anderen zusammen erfolgen. Man unterscheidet daher zwischen internem und externem Wachstum eines Unternehmens.

- **Externes Wachstum** liegt vor, wenn die Unternehmensziele durch „Zukauf" von Umsatz-, Markt- oder Gewinnanteilen erreicht werden. Dies erfolgt durch

Externes Wachstum

  - Kauf eines (Konkurrenz-)Unternehmens oder von Unternehmensteilen,
  - Erwerb einer (Mehrheits-)Beteiligung an einem geschäftsfeldrelevanten Unternehmen (z. B. Beteiligung an einem Lieferanten zur Sicherung einer bevorzugten Belieferung),
  - Kooperation mit anderen Unternehmen beim Vertrieb eines Teilsortiments (z. B. Zubehörteile, Serviceleistungen) oder einzelner Produkte (z. B. über Lizenzen, wenn diese geschützt sind).

Da hierbei umfassende unternehmenspolitische Gesichtspunkte beachtet und vielfältige juristische Fragen geklärt werden müssen, deren Behandlung den Rahmen dieser Darstellung sprengen würden, werden diese Wachstumsstrategien hier nicht alle erörtert.

Wegen der zunehmenden Bedeutung für kleine und mittelgroße Unternehmen sollen jedoch die Möglichkeiten der Kooperation im Anschluss an die Ausführungen zum internen Wachstum kurz dargestellt werden.

Internes Wachstum

– **Internes Wachstum** liegt vor, wenn das Unternehmen seine strategischen und operativen Unternehmensziele „aus eigener Kraft" realisiert. Dazu bedarf es in aller Regel größerer Anstrengungen im Marketing, besonders wenn die Wachstumsstrategie mit einer bestimmten Profilierungsstrategie gekoppelt, realisiert werden soll. Die hier dargestellten Grundformen gelten in der Praxis nicht für das gesamte Unternehmen. Im Gegenteil, man

Mischstrategien

verfolgt bewusst „Mischstrategien". Für die verschiedenen Geschäftsfelder und deren unterschiedliche Leistungen oder Leistungsbündel (Teilsortimente) werden unterschiedliche Strategien eingesetzt. Je nach Markterfordernissen, Markt- und Gewinnzielen, Größe und Risikobereitschaft eines Unternehmens werden alle vier genannten Wachstumsstrategien – nach den Geschäftsfelderfordernissen ausgerichtet – oftmals gleichzeitig verfolgt. Ansatzpunkte zur Findung von Wachstumsstrategien zeigt Abbildung 61.

Beispiel:

Ein Unternehmen aus der Branche Sanitär & Heizung kann bzw. muss im Einzelfall sogar verschiedene geschäftsfeldspezifische Wachstumsstrategien gleichzeitig verfolgen, etwa aus Gründen der Konkurrenzabwehr. Dies kann zur Formulierung folgender Strategien führen:

– erhöhte Marktdurchdringung bei Neubaugeschäft mit Ölheizungen;
– verstärkte Marktentwicklung für Solarheizungen für Ein- und Zweifamilienhäuser;
– gezielte Produktentwicklung, z. B. verschiedene Service-Verträge für Privatkunden, Gewerbebetriebe und für Betriebe der öffentlichen Hand.

9.5.2 Kooperation

Kooperation

Wachstum durch **Kooperation** ist eine **Sonderform des externen Wachstums**, hat jedoch bei langfristig-strategischer Ausrichtung großen Einfluss auf das interne Wachstum der beteiligten Kooperationspartner (z. B. durch Neuorientierung bei der Produktentwicklung oder Umstrukturierung des Leistungsprogramms in Richtung Dienstleistungen).

Unter **Kooperation** ist jede freiwillige vertraglich geregelte, meist zeitlich befristete Zusammenarbeit von zwei oder mehr rechtlich und wirtschaftlich selbstständigen Unternehmungen zum Zwecke der Verbesserung ihrer Leistungsfähigkeit zu verstehen. Kooperation dient der Abstimmung der Interessen und Verhaltensweisen der beteiligten Unternehmen auf ausgewählten Teilgebieten der betrieblichen Tätigkeit, z. B. im Einkauf, in der Produktentwicklung, in der Sortimentsgestaltung oder in der Marktbearbeitung.

> Kooperation bedeutet Stärkung der Kräfte des Unternehmens unter Wahrung der rechtlichen Selbstständigkeit. Insoweit kann man Kooperation als „mittelstandsfreundlich" bezeichnen. Dem steht die („mittelstandsfeindliche") Konzentration als Zusammenschluss von Unternehmen unter Aufgabe der wirtschaftlich-rechtlichen Selbstständigkeit des Partners gegenüber.

9.5 Wachstumsstrategie

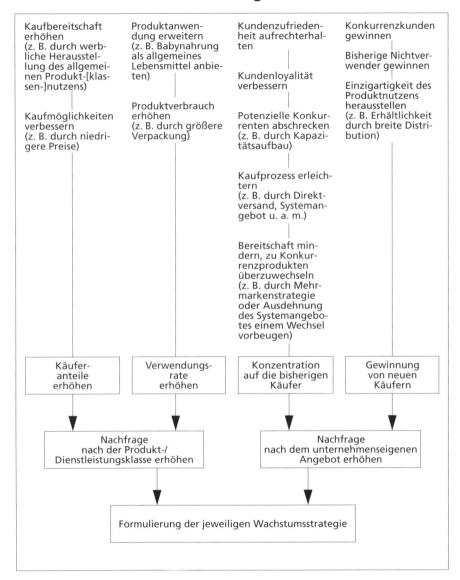

Abb. 61: Ansatzpunkte zur Findung von Wachstumsstrategien in einem Massenmarkt

Da Kooperation stets abgestimmtes Marktverhalten der Partner bedeutet, ist trotz Vertragsfreiheit bei der Gestaltung von Kooperationen in Deutschland diese durch eine Reihe von Gesetzen eingeschränkt, wie z. B. durch das Gesetz gegen Wettbewerbsbeschränkungen (GWB). Hiermit soll die Bildung von Kartellen verhindert werden.

Einschränkung

9. Marketing – Grundstrategien

Möglichkeiten und rechtliche Grenzen mittelständischer Kooperation sind in zwei **Kooperationsfibeln**, die vom Bundeswirtschaftsministerium (BWiMi) und vom Bundesverband der Deutschen Industrie (BDI) herausgegeben wurden, festgehalten. Grundsätzlich ist die Bildung von Kooperationen zur Erlangung von Wettbewerbsvorteilen so lange zulässig, so lange die Kooperation keine marktbeherrschende Stellung einnimmt und damit gegen das GBW verstößt.

Kooperationsformen

Kooperationsformen lassen sich nach verschiedenen Gesichtspunkten gliedern:

- nach den Wirtschaftsstufen
  - **vertikale Kooperation**
    Zusammenarbeit von Unternehmen **verschiedener** Wirtschaftsstufen/Branchen
  - **horizontale Kooperation**
    Zusammenarbeit von Unternehmen der **gleichen** Wirtschaftsstufe/Branche

Vertikale Kooperation

Als Beispiele für **vertikale Kooperation** seien die Zusammenarbeit auf der Absatz- und Beschaffungsseite zwischen Hersteller und Handel (Vertragshändlersystem), Hersteller und Handwerk (Zulieferkooperation, Servicekooperation, Franchising), Handel und Handwerk (Vertragswerkstätten) genannt.

Horizontale Kooperation

Als Beispiel für **horizontale Kooperation** seien die Zusammenarbeit von Handelsunternehmen (freiwillige Ketten, Einkaufsgemeinschaften), oder Handwerksunternehmen (Erfahrungsaustauschgruppen, Einkaufsgenossenschaften, Arbeitsgemeinschaften, Sortimentsaustausch, Gemeinschaftswerbung oder Leistungsverbund „Alles aus einer Hand" des Bauhandwerks) angeführt.

Kooperationsumfang

- nach dem Umfang

Funktionale Kooperation

  - **funktionale Kooperation**
    Zusammenarbeit auf einzelnen Gebieten, wie z. B. Marktforschung, Werbung, Sortimentsabrundung, Lagerhaltung, Logistik u. a. m.

Regionale Kooperation

  - **regionale Kooperation**
    Zusammenarbeit in einzelnen geographischen Regionen, z. B. Vertriebskooperation in ausgewählten nationalen Gebieten, auf bestimmten Auslandsmärkten oder gemeinsame internationale Aktivitäten.

Organisationsform

- nach der Organisationsform
  Die **Formen der Kooperation** reichen von der informellen Absprache unter den beteiligten Partnern über die Einrichtung einer gemeinschaftlich getragenen Koordinations- und Steuerungsstelle bis hin zur Gründung von Gemeinschaftsunternehmen (z. B. Vertriebsgesellschaften), im Ausland z. T. mit ausländischen Partnern (sog. Jointventures).

Kooperationsmanagement

Voraussetzung für das Gelingen einer Kooperation ist ein **professionelles Kooperationsmanagement** mit Planung, Organisation und Kontrolle der gemeinschaftlichen Aktivitäten und Kosten(!). Dabei muss außerdem auf die sich im Zeitablauf u. U. ändernde Kooperationsfähigkeit und Kooperationswilligkeit der Kooperationspartner geachtet werden. Gegebenenfalls muss die Kooperation auf eine neue Basis gestellt oder sogar beendet werden.

Je klarer für die Geschäftsfelder die Marketing-Basisziele vorgegeben und je klarer die Schwerpunkte bei den Marketing-Aktionszielen formuliert werden, desto besser lassen sich die „richtigen" Entscheidungen über die im Einzelfall sinnvolle interne oder externe Wachstumsstrategie und den Einsatz der Marketing-Instrumente treffen.

9.6 Marktbearbeitungsstrategie

Nach der Festlegung, welche Geschäftsfelder die künftigen Märkte des Unternehmens sein sollen, muss Klarheit für (mindestens) jene in den Kapiteln 9.1 bis 9.5 genannten strategischen Entscheidungen bestehen bzw. geschaffen werden. Diese sind die Basis für die Entscheidungen über Art und Intensität der Bearbeitung der Geschäftsfelder (Märkte) des Unternehmens.

Bei der **Marktbearbeitungsstrategie** geht es um die Grundsatzentscheidung, ob eine undifferenzierte Marktbearbeitung erfolgen kann oder eine differenzierte Vorgehensweise am Markt wünschenswert und wirtschaftlich realisierbar ist.

Marktbearbeitungsstrategie

Bei **undifferenzierter Marktbearbeitung** wird für alle Geschäftsfelder oder alle Kundengruppen eines Geschäftsfeldes ein (einheitliches) Marketingkonzept entwickelt und zur Auftragsgewinnung eingesetzt. Es kommt zu einem standardisierten Einsatz der Marketinginstrumente. Marktliche Besonderheiten (z. B. der Wettbewerbs- oder Kundenstruktur) oder unterschiedliche Kaufmotive bei Kunden (z. B. Preis- oder Leistungsorientierung) bleiben unberücksichtigt. Dies birgt – je nach Markt- und Kundenstruktur – das Risiko eines hohen Streu- und Wirkungsverlustes der Marketingaktivitäten bei der Kundenansprache und der Kundenbeeinflussung (Gefahr der „Schrotflintenmethode"). Daher ist eine undifferenzierte Marktbearbeitung nur beim Angebot von standardisierten Massenprodukten zu vertreten.

Undifferenzierte Marktbearbeitung

Die Strategie der **differenzierten Marktbearbeitung** ist dadurch gekennzeichnet, dass die Gestaltung der Marketingaktivitäten sich nach den Strukturen und Erfordernissen der einzelnen Geschäftsfelder und/oder deren Marktsegmente (Zielgruppen) richtet. Das Marketingkonzept basiert auf einem geschäftsfeldspezifischen, individualisierten Einsatz der Marketinginstrumente. Durch zielgruppengerechte Marketingaktivitäten sollen Wettbewerbsvorteile erarbeitet und die Möglichkeiten zur Auftragsgewinnung optimiert werden (Chance der **„Scharfschützenmethode"**).

Differenzierte Marktbearbeitung

Im Rahmen der differenzierten Marktbearbeitung hat jedes Unternehmen, aber speziell die kleinen und mittelgroßen mit ihren begrenzten Finanz- und Personalkapazitäten, zu entscheiden, welche von den Marktsegmenten eines Geschäftsfeldes ausgewählt und als Zielgruppen des Unternehmens bearbeitet werden sollen. Die Auswahl solcher Marktsegmente kann nach den Kriterien „Attraktivität der Zielgruppe" und „Unternehmensstärke bei den Marktleistungen" erfolgen, wie dies Abbildung 62 zeigt.

Auswahl der Marktsegmente

Zielgruppenattraktivität

Zielgruppe Kriterien	A			B			C		
	L_1	L_2	$...L_n$	L_1	L_2	$...L_n$	L_1	L_2	$...L_n$
Marktvolumen									
Absatzmenge									
Umsatz									
Marktanteil									
Erforderliche Investitionen (z. B. für neue Anlagen)									
Variable Herstellkosten									
Marketing-Aktionskosten (z. B. Werbeetat, Außendienst)									
Attraktivität der Zielgruppe (hoch, mittel, niedrig)									
Voraussichtliche Unternehmensstärke (hoch, mittel, niedrig)									
Reihenfolge (1, 2, 3)									

Legende: A, B, C = Zielgruppe
L_1, L_2, L_n = Marktleistungen
1, 2, 3 = Rangreihe der Marktbearbeitung

Abb. 62: Ermittlung der Attraktivität von Zielgruppen zur Marktbearbeitung

Selektive Marktbearbeitung

Bei begrenzten Kapazitäten hat das Unternehmen über die **Auswahl der attraktiven Marktsegmente** zu entscheiden. Konzentriert es sich auf einige wenige Marktsegmente als seine Zielgruppen, dann spricht man von einer **selektiven Marktbearbeitung.** Hierbei wird versucht, Synergiewirkungen bei den Marketingaktivitäten zu nutzen, um eine bessere Kosten-Nutzen-Relation zu erreichen. Die anderen Marktsegmente werden als mögliche Zielgruppen gesehen, aber marketingmäßig nicht aktiv bearbeitet.

Exklusive Marktbearbeitung

Richtet das Unternehmen seine Marketingaktivitäten auf nur eine Zielgruppe aus, dann liegt eine **exklusive Marktbearbeitung** vor. Diese Konzentrationsstrategie führt meist zu einer hohen kundentypabhängigen Spezialisierung im Leistungsangebot des Unternehmens. Als Beispiele sind markenabhängige Vertragswerkstätten oder Systemlieferanten für die Automobilhersteller zu nennen. Bei exklusiver Marktbearbeitung dürfen neben den (guten) Ertragschancen jedoch die Abhängigkeitsrisiken nicht übersehen werden.

Wiederholungsfragen zum 9. Kapitel

1. Welche Problemlösungsstrategien lassen sich unterscheiden? (Seite 139)
2. Was sind die Stärken und Schwächen der einzelnen Problemlösungsstrategien? (Seite 139, 140)
3. Was versteht man unter Corporate Identity, und welche Überlegungen sprechen für dieses Profilierungskonzept? (Seite 142)
4. Welches sind die Teilbereiche und deren Aufgaben im Corporate Identity-Konzept? (Seite 142)
5. Beschreiben Sie die Gestaltungsbereiche des Corporate Design. (Seite 143)
6. Welche Bedeutung hat ein Unternehmensleitbild? (Seite 144, 145)
7. Worin liegen die wesentlichen Unterschiede in der Strategie der Preisorientierung und der Strategie der Leistungsorientierung? (Seite 141, 142)
8. Auf welche Ansatzpunkte (Stärken) zur ganzheitlichen Profilierung kann ein Unternehmen zurückgreifen? (Seite 145, 146)
9. Welche Unternehmensbereiche eignen sich besonders zur Profilierung und Imagebildung? (Seite 146, 147)
10. Was versteht man unter Marktsegmentierung? (Seite 148)
11. Nach welchen Gesichtspunkten können Marktsegmente gebildet werden? (Seite 148, 149)
12. Welche vier Grundformen des Unternehmens- und Umsatzwachstums lassen sich unterscheiden? (Seite 151–153)
13. Wodurch unterscheiden sich internes und externes Wachstum? (Seite 153, 154)
14. Was versteht man unter dem Begriff Kooperation? (Seite 154)
15. Welche sind die wesentlichsten Unterschiede zwischen Kooperation und Konzentration? (Seite 154)
16. Was versteht man unter vertikaler Kooperation? Nennen Sie einige Beispiele! (Seite 156)
17. Welche Organisationsformen der Kooperation kann man unterscheiden? (Seite 156)
18. Erklären Sie einige Beispiele der horizontalen Kooperation im Handwerk. (Seite 156)
19. Was versteht man unter undifferenzierter und differenzierter Marktbearbeitung? (Seite 157)

10. Marketing – Informationsinstrumente

10.1 Marktforschung

10.1.1 Gründe und Aufgaben

Marktforschung

Gegenstand der **Marktforschung** ist „der Markt" als Umschreibung für die Vorgänge des Ausgleichs von Angebot und Nachfrage. Dieser „Markt" ist für das einzelne Unternehmen jedoch nicht ein Globalmarkt, wie z. B. der Markt für Backwaren in Deutschland, sondern ein ganz konkreter Teilmarkt, wie er sich z. B. im regionalen oder lokalen Absatzgebiet für Fertigkuchen darstellt. Marktforschung bedeutet insoweit Untersuchung eines realen Geschäftsfeldes, wobei diese Untersuchung mehr oder weniger systematisch erfolgen kann. Im letztgenannten Fall spricht man auch von **Markterkundung,** da hierbei der Markt kurzfristig und situationsbezogen durchleuchtet wird.

Im Mittelpunkt der Absatzaufgaben eines Unternehmens stehen Entscheidungen über konkrete Marketing-Maßnahmen, z. B. in den Bereichen Leistungsgestaltung, Verpackung, Preise, Werbung, Kundendienst oder Mitarbeitereinsatz. Dabei liegen diesen Entscheidungen immer ganz bestimmte Erfahrungen und Erwartungen des Unternehmens über das Käuferverhalten zugrunde.

Markterkundung oder systematische Marktforschung

Dieses Erfahrungswissen ist aber meist unsystematisch erworben und durch subjektive Erlebnisse und Zufälligkeiten in einem gewissen Maße verzerrt. Hierzu gehören speziell so genannte Schlüsselerlebnisse mit Absatzerfolgen bei Kunden, die als typisch für eine bestimmte Kundengruppe angesehen werden. Die gewonnenen Erfahrungen können repräsentativ sein, sind es erfahrungsgemäß meist jedoch nicht. Deshalb sollte dieses **Erfahrungswissen öfter durch systematische Marktforschung überprüft, ergänzt und korrigiert** werden. Das „blinde" Abtasten eines Marktes (z. B. ungezieltes Anschreiben von möglichen Kunden) kann kurzfristig zwar manchmal zum Erfolg führen, doch die Zukunft wird jenen gehören, die solch ein vom Zufall geprägtes Vorgehen durch systematisches Handeln ersetzen, um die „richtigen" Kunden zu gewinnen, diesen die „richtige" Problemlösung zu verkaufen und den „richtigen" Preis zu erhalten. „Richtig" heißt, daß der Kunde mit dem erhaltenen Preis-Leistungs-Verhältnis subjektiv zufrieden ist.

Marktforschung als bewusste Informationsgewinnung ist dabei zunächst keine Frage der Kosten, sondern des Wollens. Es ist die Erkenntnis, daß Erfolge langfristig nur erzielt und gesichert werden können, wenn angebotene und erbrachte Leistungen voll auf die Vorstellungen und Anforderungen der ausgesuchten Kundengruppen ausgerichtet werden.

„K-Informationen"

Jedes Unternehmen benötigt mit betriebsspezifischem Genauigkeitsgrad folgende drei **„K-Informationen":**
- **Kundeninformationen:**
  Hinweise auf Art, Umfang, Besonderheiten und Entwicklungen bei tatsächlichen und möglichen Kunden- bzw. Kundengruppen und deren Branchen.

- **Konkurrenzinformationen:**
- Daten über Struktur und Entwicklung der eigenen Branche und einzelner Wettbewerber.
- **Konjunkturinformationen:**
- Fakten, Trends und Schwankungen in Bezug auf gesamtwirtschaftliche Größen.

Diese Marktinformationen sind die Voraussetzung für alle unternehmerischen Marktentscheidungen; gleichgültig, ob sie kurz-, mittel- oder langfristig ausgerichtet sind. *Marktinformationen*

Jedes Unternehmen steht auf seinen Vor- und Nachmärkten mit anderen Mitbewerbern in Konkurrenz. Deshalb sollte das einzelne Unternehmen so viel wie möglich von den Bedingungen und Entwicklungen (Trends) auf diesen Märkten wissen, um so gegenüber der Konkurrenz zumindest einen Informationsgleichstand zu erlangen. Diese Informationen zu beschaffen, ist eine Marktforschungsaufgabe, die es mit unterschiedlicher Intensität im

- Beschaffungsmarkt
- Arbeitsmarkt
- Finanz- und Kapitalmarkt
- Absatzmarkt

wahrzunehmen gilt.

Die Notwendigkeit zur Informationsgewinnung aus diesen Märkten ergibt sich zum einen aus der wirtschaftlichen Verflechtung des Unternehmens mit seiner Umwelt. Beschaffungs-, Arbeits-, Finanz- und Kapitalmarkt sind **Märkte für Kostengüter** (deren Preise beeinflussen die Kostenstruktur), während der Absatzmarkt ein Sammelbegriff für **Märkte der Ertragsgüter** (Absatzmenge und erzielte Preise bestimmen den Umsatz) darstellt.

Aufgabe der **Absatzmarktforschung** ist es, Informationen über folgende äußere Bestimmungs- und Begrenzungsfaktoren für das Marktverhalten des einzelnen Unternehmens zu gewinnen: *Absatzmarktforschung*

- Bedarfslage (Struktur und Entwicklung der Nachfrage nach den einzelnen Leistungen)
- Wettbewerbslage (im Generellen und regional im Speziellen)
- Konjunkturelle, soziologische und technische Entwicklungen (Trends)
- gesetzliche Bestimmungen und Verordnungen
- verbandliche und zwischenbetriebliche Vereinbarungen (Kooperationsabsprachen etc.)
- Standort und Verkehrslage (Außenbezirke; schlechte Straßen- und Verkehrsbedingungen und deren Auswirkungen auf Arbeitskräfte und Kunden).

Beispiel:
Wegen ihrer besonderen Bedeutung für die Marketingentscheidungen eines Unternehmens sollen am Branchenbeispiel „Handwerk" die Einflussgrößen

1. Bedarfslage und
2. Wettbewerbslage

näher betrachtet werden.

1. Bedarfslage:

Bedarfslage

Die Bedarfslage, sprich die Nachfrage nach bestimmten Problemlösungen bzw. Leistungen eines Handwerksbetriebs wird wesentlich geprägt von der zahlen- und kaufkraftmäßig bestimmten Größe der Zielgruppen, die teilweise bereits Kunden sind oder als Kunden gewonnen werden sollen. Daher muss jedes Unternehmen **Bedarfsforschung** betreiben, um Kenntnisse zu erhalten über den voraussichtlichen Bedarf (Erst-, Ersatz- oder Ergänzungsbedarf) der tatsächlichen und möglichen Kunden eines Absatzgebiets. Dies entspricht der Ermittlung des Marktpotenzials eines bestimmten Zeitraums für eine bestimmte Handwerksleistung in qualitätsmäßiger, mengenmäßiger und preislicher Hinsicht.

**Bedarfs-
forschung**

Welche Marktchancen sich für das einzelne Unternehmen ergeben, ist nicht zuletzt abhängig vom Grad der Marktsättigung für die in Frage stehenden Leistungen. Ist die Marktsättigung bei Einzelleistungen relativ hoch und es muss mit geringen Zuwachsraten bei Mengen und Umsätzen gerechnet werden, könnte z. B. durch Anbieten von neuartigen oder umgestalteten Problemlösungspaketen eine zusätzliche Nachfrage geweckt werden. Diese Leistungen müssen jedoch vom Kunden als „echte" Problemlösung empfunden werden und reale oder psychologische Vorteile gegenüber den bisherigen Leistungen bieten. Dabei sind z. B. für Privatkunden solche Leistungen besonders interessant, die dem Einzelnen ermöglichen

– attraktiver zu sein
– Freizeit zu genießen
– mobiler zu sein
– sicher zu sein
– besser zu leben und zu genießen
– gesünder zu leben.

Diese Wunsch- oder **Bedürfnisfelder** sind einzeln oder in Kombination in Struktur und Veränderungen möglichst genau zu erforschen, um kundengerechte Leistungen erbringen zu können. Hinzu kommen müssen noch Informationen über die bedarfsbestimmenden Faktoren, wie z. B. Kaufkraft, Kaufwilligkeit, Zugehörigkeit zu Sozial- und Konsumgruppen oder Lebens-, Kauf- und Konsumgewohnheiten, denn der „neue" Verbraucher ist multidimensional. Er ist vielfältiger, widersprüchlicher, unvorhersehbarer und unberechenbarer in seinen Konsum- und Kaufgewohnheiten geworden:

– mal Steak mit Bordeaux; mal Cola mit Pizza;
– mal Jeans, mal Gala;
– mal sparsam, mal verschwenderisch;
– mal Karibik, mal Schwarzwald.

Der Privatkunde ist weniger berechenbar geworden bezüglich seines Kaufverhaltens und der Ausgabe seines frei verfügbaren Einkommens. Er handelt mehr situationsbezogen, mehr nach dem „Sowohl-als-auch"- und weniger nach dem „Entweder-Oder"-Prinzip.

2. Wettbewerbslage

Hier ergeben sich je nach Bedarfslage und -entwicklung für die Leistungen des handwerklichen Unternehmens und nach Dichte des Wettbewerbs fördernde als auch hemmende Wirkungen in Bezug auf die Marketingentscheidungen. Daher muss mithilfe der **Konkurrenzforschung** festgestellt werden, wie z. B. Leistungsfähigkeit und Leistungsangebot der Hauptwettbewerber, die Konkurrenzsituation in der Branche und zwischen konkurrierenden Branchen sind und sich entwickeln. Weiterhin ist zu berücksichtigen, dass der Zukunftserfolg des Handwerks bzw. der einzelnen Handwerkszweige u.a. wesentlich abhängt vom Verhältnis des betreffenden Handwerks zur Industrie.

Im Prinzip können dabei drei Beziehungsverhältnisse unterschieden werden:

– Handwerk und Industrie stehen in keinem Wettbewerb zueinander.
 Sie stehen unabhängig nebeneinander; insbesondere dort, wo es um „individuelle" Sach- und Dienstleistungen geht, z. B. Maler, Fliesenleger, Friseurhandwerk oder Kürschnerei.

– Handwerk und Industrie konkurrieren miteinander.
 Dies trifft insbesondere das produzierende Handwerk von „massenhaft" benötigten Konsumwaren, wie z. B. Tischler-, Bäcker-, Metzger-Handwerk, Schneiderei, Schlosserei und Maschinenbauerhandwerk, deren Entwicklung durch die Maßnahmen der jeweiligen Industrie stark beeinflusst werden. Folgen: Zwang zur Spezialisierung und zu größeren Betriebseinheiten (Konzentration im Handwerk).

– Handwerk und Industrie arbeiten zusammen.
 Das Handwerk ist „Zulieferer" der Industrie in Bezug auf spezielle Produkte oder Dienste, und das Handwerk übernimmt bestimmte Funktionen für die Industrie, z. B. Montieren, Installieren oder Reparieren von Industrieprodukten. Handwerk und Industrie stehen hier in Kooperation (vgl. Kapitel 9.5.2) und in einem gegenseitigen Abhängigkeitsverhältnis. Dies zeigt sich z. B. deutlich beim Kfz- oder Landmaschinen-Reparaturhandwerk, Radio-, Fernsehtechniker-, Uhrmacher- oder Installationshandwerk, speziell bei Gas-, Wasser- und Elektrogeräten. Voraussetzung für eine auch für das Handwerk ertragreiche Kooperation mit der Industrie ist allerdings, dass das einzelne Handwerksunternehmen bereit und fähig ist, den technischen Fortschritt zu verwirklichen. Dies erfordert u.a. Bereitschaft zur stetigen Weiterbildung (fachlich und kaufmännisch), um den sich ändernden Anforderungen der Kunden gerecht zu werden.

10.1.2 Methoden und Verfahren

Die **Marktforschungsmethoden,** die jedem Unternehmen zur Verfügung stehen, lassen sich grundsätzlich **drei Kategorien** zuordnen:

– Marktanalyse
– Marktbeobachtung
– Marktprognose.

Im Folgenden sollen sie und ihre Leistungsfähigkeit zur Gewinnung von Marketinginformationen kurz dargestellt werden:

Marktanalyse — Die **Marktanalyse** ist eine Zeitpunktbetrachtung, die Auskunft gibt über bestimmte Tatbestände (Strukturdaten) in einem ganz bestimmten Zeitpunkt. Mit Hilfe der Marktanalyse kann z. B. festgestellt werden, wie viele Konkurrenten eines Unternehmens, z. B. im Heizungsbau zu einem bestimmten Zeitpunkt in einem Teilmarkt tätig waren, mit welcher Betriebsgröße, welchen Leistungen und u.U. welchen Preisen. Ein weiteres Beispiel für angewandte Marktanalyse zeigt die Checkliste „Marktinformationen zur Produktplanung" (Abbildung 63).

**Basis-Marktinformationen
zur Produktplanung und Produktentwicklung**

1. Wer/Was ist unser Markt?
2. Welche Wünsche, Bedürfnisse, technische Anforderungen, Probleme hat der jeweilige Markt bzw. das Marktsegment bzw. der einzelne Kunde?
3. Wer benötigt wo, wann, welches Leistungs- bzw. Produktangebot? In welchem Umfang?
4. Welche ähnlich gelagerten Konkurrenzprodukte gibt es? Von wem?
5. Welche technischen Detail-Anforderungen werden an das neue Produkt gestellt: Leistung, Lebensdauer, Anbringungstechnik, Form, Farbe, Oberfläche, Design?
6. Preislage, Konditionen, Termine?
7. Welche Vorstellungen, Meinungen hat der Markt/der Kunde über uns und unsere bisherigen Produkte?
8. Welche Kaufmotive für unsere Produkte liegen sonst noch vor?

Abb. 63: Marktinformationen zur Produktplanung

Marktbeobachtung — Die **Marktbeobachtung** ist zeitraumbezogen und zeigt die Entwicklung eines Marktfaktors (z. B. Preise oder Betriebsgröße) während des Zeitablaufes. Mit Hilfe der Marktbeobachtung können wirtschaftliche Entwicklungen in der Vergangenheit deutlich gemacht und Informationen für Gegenwartsentscheidungen gewonnen werden.

Beispiel:

Betrachtet man die Daten einer in den letzten 10 Jahren jährlich durchgeführten Konkurrenzanalyse nach Betriebsgrößen, so erhält man ein anschauliches Bild z. B. über die Verschiebung der Betriebsgrößen bis zum Zeitpunkt der Untersuchung. Aus diesen Daten können Rückschlüsse für das Marketing und die künftige Entwicklung des Unternehmens abgeleitet werden.

Marktprognose — Die **Marktprognose** geht von Informationen der Marktbeobachtung aus und errechnet entsprechende Werte für die Zukunft. Auf der Basis von Vergangenheitswerten und Erwartungen (Annahmen) über künftige Entwicklungen versucht man Entwicklungsrichtungen (Trends) auf dem Markt „sichtbar" zu machen. So können z. B. aus Umsatzzahlen der letzten Jahre mit Hilfe mathematischer Verfahren (z. B. Methode der gleitenden Durchschnittsbildung) Prognosen über die voraussichtliche Umsatzentwicklung für das nächste Jahr und weitere Jahre errechnet werden; vorausgesetzt die Rahmenbedingungen in Markt und Umwelt ändern sich gegenüber der Vergangenheit nicht (sehr unwahrscheinlich!).

Bei den Ergebnissen der **Marktprognose** ist zu berücksichtigen, dass diese nur für den Fall gelten, dass die bei der Prognosebildung angenommenen Umweltsituationen auch eintreten. Nur unter dieser Bedingung kann man mit Hilfe der Marktprognose feststellen, welche Situation bei den untersuchten Faktoren an einem künftigen Zeitpunkt vorliegen könnte. Diese Zukunftsinformation macht die Marktprognose zu einer wichtigen Voraussetzung für eine sinnvolle, realisierbare Marketingplanung des Unternehmens.

Marktprognose

Bei den Marktforschungsmethoden ist noch dahingehend zu unterscheiden, auf welche Art und Weise, d.h. nach welchem Verfahren die Informationen zur Marktanalyse, Marktbeobachtung und Marktprognose gewonnen werden. Bei diesen Verfahren lassen sich
- Primärforschung (direkte Informationsgewinnung) und
- Sekundärforschung (indirekte Informationsgewinnung)

unterscheiden, die – je nach Informationsbedarf und finanziellen Mitteln des einzelnen Unternehmens – alternativ oder ergänzend angewandt werden können.

- **Primärforschung:**
    Unter Primärforschung bzw. Primärerhebung versteht man die direkte Gewinnung von Marktdaten, d.h. unmittelbare Informationsgewinnung von den Marktpartnern; seien es Kunden, Konkurrenten, Absatzhelfer oder Absatzmittler. Durch gezielten Einsatz von Befragung und Beobachtung lassen sich die gewünschten Informationen gewinnen.

    Primärforschung

    • Die **Befragung** als die vielseitigste und leistungsfähigste Erhebungsmethode im Rahmen der direkten Informationsgewinnung ist für kleine und mittelgroße Unternehmen aus Kostengründen meist nicht in dem großen Umfang einsetzbar wie in der Industrie. Aufgrund der großenteils räumlich begrenzten Teilmärkte ist dies auch nicht erforderlich. Oftmals genügt hier eine Klein-Umfrage, etwa bei Kunden oder Absatzhelfern (z. B. bei Architekten), um Trendinformationen zu erhalten.

    Befragung

    • Die **Beobachtung** unterscheidet sich von der Befragung dadurch, dass der festzustellende Sachverhalt nicht aufgrund einer ausdrücklichen Erklärung einer Person (z. B. Kunde oder Absatzhelfer) ermittelt wird, sondern unmittelbar aus dem Personenverhalten erkennbar ist. So kann man z. B. durch Beobachten der Werbe- und Angebotsaktivität eines Wettbewerbers auf dessen Beschäftigungslage schließen oder durch Beobachten des Kaufverhaltens bei Kunden entsprechende Hinweise für den Aufbau künftiger Verkaufsgespräche gewinnen. Da solche Beobachtungen in der Regel nicht sehr kostenintensiv sind, ist dieses Marktforschungsinstrument für die kleineren und mittelgroßen

    Beobachtung

Test von Konkurrenzprodukten	Unternehmen besonders geeignet. Hierzu gehören auch die Tests von Konkurrenzprodukten, aus denen sich gezielte Hinweise für die eigenen Marktleistungen gewinnen lassen (Vorsicht vor Imitationen, mit denen kein Wettbewerbsvorsprung erreicht werden kann!!).
Sekundärforschung	– **Sekundärforschung:** Als Sekundärforschung bzw. Sekundärerhebung bezeichnet man die Gewinnung von Informationen aus bereits vorhandenen Aufzeichnungen und Veröffentlichungen. Es geht um die Auswertung von eigenen und fremden, meist schriftlichen Informationsquellen nach bestimmten Gesichtspunkten. Diese Marktforschungsmethode ist zwar meist kostengünstig, liefert aber nicht immer die gewünschten aktuellen Informationen. In vielen Fällen ist dieses Vorgehen aber oftmals die einzig mögliche Informationsmethode. Dies gilt vor allem, wenn aus zeitlichen und kostenmäßigen Gesichtspunkten eine Primärerhebung nicht in Frage kommt.

10.1.3 Informationsquellen

Indirekte Informationsquellen	Als Quellen für **indirekte Informationsgewinnung** sind insbesondere zu nennen:
	– eigene Aufzeichnungen (vor allem Statistiken und Karteien)
	  Hier sind besonders die Kunden-Kartei (vgl. Abbildung 64 als Beispiel) und die Reklamationsstatistik hervorzuheben. Aber auch eine Analyse der Anfragen- und Angebotsstatistiken kann sehr nützliche Informationen bringen.
	– Buchliteratur (hauptsächlich Fachliteratur)
	  Hier werden oft grundlegende Daten geliefert, auf welche die Untersuchungen aufgebaut werden können. Besonders zu erwähnen sind hier Quellenhandbücher, Nachschlagewerke und dergleichen.
	– Zeitungen und Zeitschriften (vor allem Fachzeitschriften)
	  Hieraus können sehr viele generelle und branchenspezifische Informationen gewonnen werden. Dies gilt besonders für technische Publikationen von Lieferanten, Konkurrenten und Kunden sowie für Fachzeitschriften.
	Eine Übersicht möglicher Informationsquellen zeigt Abbildung 65.

Direkte Informationsquellen	Quellen für **direkte Informationsgewinnung** sind insbesondere jene Personenkreise, mit denen das Unternehmen in Kontakt steht oder kommen will, wie z. B. – Kunden, Kundenberater (Absatzhelfer) sowie sonstige Personengruppen des tatsächlichen und möglichen Absatzgebietes; – Lieferanten, ihre Erzeugnisse, Werbung, Angebote; – Wettbewerber, ihre Werbeaussagen, Marktverhalten, Leistungsangebote, Betriebe, Schaufenster, Verkaufsläden u. a. m.

Die meisten der hier und in Abbildung 65 aufgeführten Informationsquellen sind über Printmedien (Druckerzeugnisse), elektronische Speichermedien (z.B. CD-ROMs oder Datenbanken) oder über „Suchmaschinen" direkt im Internet zu erhalten. Zum Teil lässt sich im Internet auch eine interaktive, e-mail-gestützte Informationsgewinnung durchführen.

Die Kundenkartei als Informationsquelle

re. FRANKFURT, 29. November. Karteien sind oft Informationsgräber. Das gilt in hohem Maß auch für die Kundenkarteien. Wie viele Informationen aus der gut geführten Kundenkartei herausgeholt werden können, zeigt Lothar Kabierski, Betriebs- und Verkaufsorganisator in Jever, in den folgenden Anregungen:
– Bei der Auswertung der Kundenkartei ausgehen von der Verkaufs-Statistik, wie Monatszahlen, aufgelaufenen Zahlen, Monats-Durchschnitten, durch graphische Darstellung auf Millimeterpapier überschaubar gemacht.
– Die Kundenkartei den weitergehenden Informationsbedürfnissen anpassen und entsprechend auswerten.
– Die Kundenzahl aufschlüsseln, etwa nach Kundenbranchen, Kundengrößen, Kundenarten, Kundensitzen, verlorenen Kunden, Erzeugnissen, Verkaufsgebieten, Auftragswerten, Rechnungswerten, verlorenen Aufträgen.
– Zum leichteren Auszählen die wichtigsten Aufschlüsselungsmerkmale durch verschiedenfarbige Reiter auf den Kundenkarten markieren oder gegebenenfalls die elektronische Datenverarbeitung einsetzen.
– Die Kunden notieren, welche seit längerer Zeit weniger als früher oder nichts mehr gekauft haben. Die Gründe, soweit unbekannt, näher erkunden.
– Die Zu- und Abnahme des durchschnittlichen Auftragswertes, etwa bezogen auf Kundenbranchen, -arten, Erzeugnisgruppen, laufend verfolgen.
– Die Ablehnungsgründe von Kunden und die besonderen Zustimmungsgründe anderer Kunden in einer Übersicht gegenüberstellen und diese, soweit geeignet, auch zur Verkaufsschulung verwenden.
– Die Anschriften möglicher Neukunden ermitteln und in die Kunden- oder Bearbeitungskartei aufnehmen.
– Für Aufträge unter dem rentablen Mindestauftragswert Einschränkungsmaßnahmen, aber auch deren mögliche Folgen bei den Kunden erwägen.
– Für die jeweils günstige oder ungünstige Entwicklung des Verkaufs etwa fehlende Erklärungen sachbezogen/kundenbezogen ermitteln.
– Alle sachlichen Erklärungen, und zwar a) für die günstige Entwicklung und b) für die ungünstige Entwicklung, in einer Liste gegenüberstellen, um zu neuen Erkenntnissen zu kommen.
– Prüfen, welche Maßnahmen geeignet wären, um die Situation zu verbessern.
– Erfolge und Misserfolge beobachten und, soweit zweckdienlich, für den Erfahrungsaustausch (in neutralisierter Weise) verwenden.

Abb. 64: Marktforschung mit Hilfe der Kundenkartei (Quelle: Blick durch die Wirtschaft)

10. Marketing – Informationsinstrumente

Firmenbezogene Information \ Informationsquellen	Adressbücher, Firmen- und Branchenhandbücher	Verflechtungs-Kataloge (Hoppenstedt Verlage, Darmstadt)	Verbandsauskünfte	Verbandsmitgliederverzeichnisse	Handelskammerauskünfte	Handelsregister	Auskunfteien	Bankauskünfte	Börsenberichte	Börsenhandbücher	Aktienhandbücher	Messen und Ausstellungen	Messekataloge	Geschäftsberichte	Kataloge und Preislisten	Prospekte	Wirtschaftszeitschriften	Zeitungsausschnittdienste	Tageszeitungen (Anzeigen und redakt. Texte)	Fachzeitschriften (Anzeigen und redakt. Texte)
Verflechtungen		×						×			×							×	×	×
Gewinn, Bilanz, Div., Kurse								×	×	×		×						×	×	×
Finanzierung							×	×				×								
Liquiditätsstatus							×	×												
Kapitalstruktur			×				×	×				×						×	×	×
Vermögensstruktur								×			×	×						×	×	×
Beschäftigte	×		×								×	×						×	×	×
Umsatz	×						×				×	×						×	×	×
Preise										×		×	×	×				×	×	×
Lieferbedingungen												×								
Absatzwege	×											×	×	×				×	×	×
Absatzorganisation	×					×						×	×	×				×	×	×
Produktionsprogramm	×		×	×	×	×					×	×	×	×				×	×	×
Produktion (Ausstoß)												×						×	×	×
Investitionen										×		×						×	×	×
Fertigungsstätten u. -verfahren	×										×	×						×	×	×
Export	×											×						×	×	×
Auftragslage							×	×				×						×	×	×
Marktstellung												×						×	×	×
Konkurrenz	×		×							×		×						×	×	
Verbandszugehörigkeit			×																	
Branchenzugehörigkeit	×		×	×				×										×	×	×
Rechtsform	×		×		×	×			×			×						×	×	×
Geschäftsleitung	×				×	×			×			×						×	×	×
Abnehmer, Anbieter	×	×	×	×	×	×			×		×	×				×		×	×	×

Abb. 65: Quellen für die Marktforschung

10.1 Marktforschung

Produktbezogene Information \ Informationsquellen	Anbieter	Abnehmer/Verwender	Produktion	Rohstoffe	Substitutionsprodukte	Technische Daten	Auftragseingang	Export	Import	Normen	Preise	Liefertermine	Kundendienst	Vertriebswege	Werbung	Zölle
Umsatzsteuerstatistik	×		×													
Außenhandelsstatistik (St. BA.)			×					×	×							
AE-Statistik							×									
Produktionsstatistik (St. BA.)			×		×						×					
Technisch-Wissenschaftliche Vereine				×	×					×						
Patentschriften				×	×											
Normenblätter										×						
Messekataloge	×													×		
Messen und Ausstellungen	×	×	×		×	×	×	×	×		×	×	×	×	×	
Kataloge	×									×	×			×		
Prospekte	×	×			×	×		×			×		×	×	×	
Preislisten					×						×					
Unternehmensveröffentl. Geschäftsberichte		×			×	×					×	×	×	×		
Zolltarife																×
Wirtschaftszeitschriften	×	×	×	×	×	×	×	×		×	×	×	×	×	×	×
Tageszeitungen	×	×	×	×				×	×		×	×			×	×
Fachzeitschriften	×	×	×	×	×	×	×	×	×	×	×			×	×	×
Fachbücher			×	×	×			×								
Verbandsmitteilungen	×	×	×			×	×	×						×		
Bezugsquellennachweis Einkaufsführer	×							×								
Adressbücher, Firmen- und Branchenbücher	×							×	×					×		

Abb. 65 (Fortsetzung): Quellen für die Marktforschung

10. Marketing – Informationsinstrumente

Eigen- oder Fremderhebung

Bei der Marktforschung stellt sich sowohl für die Primär- als auch für die Sekundärerhebung die Frage, ob die Daten durch **Eigenerhebung oder Fremderhebung** gewonnen werden sollten. Voraussetzung für eine Erhebung der Daten durch das eigene Unternehmen ist als Erstes eine gewisse Erfahrung im Umgang mit der Marktforschung und zweitens ein finanzieller Spielraum. Nicht immer ist eine Eigenerhebung sehr kostenintensiv. Sie kann z. B. ein „Abfallprodukt" von Messebesuchen sein, wenn das Unternehmen etwa Leistungen, Preise, Besonderheiten etc. von Lieferanten oder Konkurrenten ermittelt, katalogisiert und zu Hause auswertet. So lassen sich verhältnismäßig kostengünstige und aufschlussreiche **Angebots- oder Konkurrenzanalysen** durchführen. Dies dient letztlich dazu, Informationen für ein Reaktionsprofil des Konkurrenten zu erhalten (vgl. Abbildung 66). Es lässt erkennen, auf welche Marketingaktivitäten der Mitbewerber voraussichtlich wenig oder sehr stark reagieren wird.

Konkurrenzanalyse

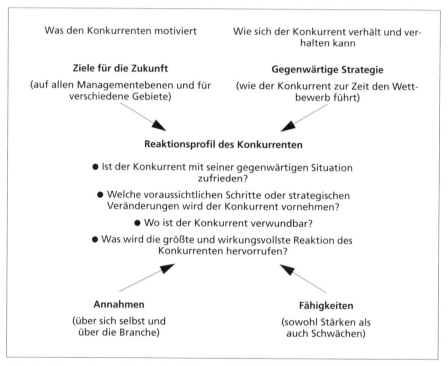

Abb. 66: Informationen für ein Reaktionsprofil eines Mitbewerbers (Bruhn)

Informationsquellen

Muss sich das Unternehmen jedoch mit Marktforschungsproblemen befassen, die für ihn zu umfangreich, zu schwierig oder personell nicht machbar sind, so können über Anfragen an Datenbanken im Internet oder an die Wirtschaftspresse, Banken und Versicherungen oder einzelne, kleinere Aufträge an ein Marktforschungsinstitut die benötigten Marktinformationen z. T. kostengünstig beschafft werden. Im Einzelfall können auch z. B. Industrie- und Handelskammern, Handwerkskammern, Fach- und Zentralverbände oder wissenschaftliche Institutionen an Fachhochschulen, Universitäten oder sonstige wirtschaftliche oder technische Forschungsstellen zur Datengewinnung herangezogen werden. Eine andere Möglichkeit besteht darin, dass das Unternehmen mit anderen Unternehmen der gleichen oder einer problemverwandten Branche kooperiert, um eine gemeinsame Marktuntersuchung durchzuführen. Allerdings ist dies nur möglich, wenn es sich beim Untersuchungsgegenstand um ein Problem handelt, das für alle Beteiligten von Interesse ist, wie z. B. Erforschung von Marktpotenzialen, Marktsättigung, Auslandskonkurrenz, Bedarfsforschung o. Ä.

Neben den genannten Marktinformationen werden für fundierte Marketingentscheidungen auch umfassende Informationen über Struktur, Leistungsfähigkeit, Stärken und Schwächen des eigenen Unternehmens benötigt. Diese lassen sich über eine **Situationsanalyse** gewinnen (Abbildung 67).

Situationsanalyse

Situationsanalyse im Marketing

Komponenten einer Situationsanalyse	Bezugspunkte	Wichtige Bestimmungsfaktoren
Markt	Gesamtmarkt (produktklassenbezogen)	Entwicklung Wachstum Elastizität
	Branchenmarkt (produktgruppenbezogen)	Entwicklungsstand Sättigungsgrad Marktaufteilung
	Teilmarkt (produktbezogen)	Bedürfnisstruktur Substitutionsgrad Produktstärke
Marktteilnehmer	Hersteller	Marktstellung Produkt- und Programmorientierung Angebotsstärke
	Konkurrenz	Wettbewerbsstärke Differenzierungsgrad Programmstärke
	Absatzmittler	Funktionsleistung Sortimentsstruktur Marktabdeckung
	Absatzhelfer	Funktionsleistung
	Konsument	Bedürfnislage (Nutzenstiftung) Kaufkraft Einstellung
Instrumente	Produkt-Mix	Produkt- und Programmstärke Angebotsflexibilität
	Kommunikations-Mix	Bekanntheitsgrad und Eignung der Medien Werbestrategie
	Konditionen-Mix	Preisniveau Preisstreuung Rabattstruktur
	Distributions-Mix	Distributionsdichte Lieferfähigkeit Liefervorteile
Umwelt	Natur	Klima Infrastruktur
	Wirtschaft	ökonomische Größen Konjunktur Wachstum
	Gesellschaft	soziale Normen Lebensgewohnheiten
	Technologie	Wissenschaft technischer Fortschritt
	Recht und Politik	Rechtsnormen politische Institutionen

Abb. 67: Situationsanalyse im Marketing

10.2 Betriebsanalyse

Die **Betriebsanalyse** ist darauf ausgerichtet, das Betriebsgeschehen anhand von Zahlen des Rechnungswesens transparent zu machen. Einerseits gilt es, innerbetriebliche Schwachstellen aufzudecken und entsprechend einer Prioritätenrangfolge geeignete Maßnahmen zu ihrer Behebung einzuleiten (s. Abbildung 68).

Betriebsanalyse

Gewichtete Stärken-Schwächen-Analyse

Situationsanalyse		Analyse-bereich:	Vertrieb Inland: Allgemeine Lagebeurteilung der derzeitigen Geschäftssituation						
Tag: 10.2.	Zeichen: GL								
Nr.	Unbefriedigende Einzelsituation	Zuordnung					Wichtig-keit	Dring-lich-keit	Prio-rität
		PL	ZS ET	VM	ME	KO AM	W	D	P
❶	Unzureichende Marketing-aktionen	x					4	1	❹
②	Ungenügender Umsatz in neuen Produkten AR40 und AR47		x				3	2	⑥
❸	Lieferschwierigkeiten in Produkten AZ27						2	2	❹
4	Lückenhafte EDV-Statistiken				x		2	1	2
❺	Lagerbestand in Produkt VR46 zu hoch		x				2	2	❹
6	Immer noch unzureichende Effektivität in Verkaufsregion D12	x	x	x			2	1	2
7	Service noch nicht produktiv genug	x					3	1	3
8	Umsatzsoll in VK-Bereichen D7 und D11 schon wieder nicht erreicht	x					3	1	3
⑨	Immer noch zu wenig Neuprodukte		x				3	2	⑥
10	Kunden-Umsatzverluste in Italien	x					2	1	3

AM Anpassende Maßnahmen treffen
ET Entscheiden
KO Kontrolle
ME Maßnahmen einleiten

PL Problem erforschen
VM Vorbeugen
ZS Ziele setzen

Abb. 68: Beispiel für eine gewichtete Stärken-Schwächen-Analyse (Kramer)

10. Marketing – Informationsinstrumente

Andererseits sollen aber auch Stärken und Schwächen gegenüber den Mitbewerbern erkannt und aus- bzw. abgebaut werden (vgl. Abbildung 57).

Bestimmungsfaktoren für das Marketingverhalten

Aufgabe der Betriebsanalyse im Zusammenhang mit Marketingentscheidungen ist es, u.a. Informationen über Gegebenheiten und Veränderungen speziell bei folgenden inneren Bestimmungs- und Begrenzungsfaktoren für das Marketingverhalten bereitzustellen:

- **Unternehmungs- und Betriebsziele:**
  z. B. lang-, mittel- und kurzfristige Markt-, Gewinn- oder Investitionsziele u. a. m.
- **Betriebsstruktur:**
  z. B. fertigungstechnischer, maschineller, personeller, finanzieller Aufbau; Altersstruktur von Maschinen, Personal und Betriebsstätten u. a. m.
- **Betriebsgröße und Beschäftigungslage:**
  z. B. personelle und maschinelle Kapazität; Auslastungsquoten; Auftragsbestände bei den einzelnen Unternehmensleistungen u. a. m.
- **Leistungserstellung und Kostensituation:**
  z. B. Art und Größe der zu erbringenden Leistungen und erforderlicher/anfallender Arbeitsaufwand; Entwicklung von Kostenarten, speziell der fixen Kosten u. a. m
- **Aktivitäten im Internet:**
  z.B. Art, Umfang, Kosten und Resonanz (Verbesserung von Bekanntheitsgrad, Image, Umsätzen o.Ä.) der marketingwirksamen Maßnahmen im Internet, im Vergleich zur Branche und zu den Hauptwettbewerbern.

Aufgabe der Betriebsanalyse

Die Betriebsanalyse hat für das Marketing insbesondere Informationen zu liefern über die kurz- und langfristige Leistungsfähigkeit des Unternehmens. Dies gilt speziell für die technischen, personellen und finanziellen Bedingungen, Möglichkeiten und Grenzen des Unternehmens.

Hierzu gehört auch die Einschätzung (Kosten-Nutzen-Analyse) von möglichen und realen Internetaktivitäten bezüglich IT-basierter Kundengewinnung/Auftragserlangung, IT-basierter Kundenbindungen/Datenaustausche oder IT-basierter Kundenpflege/Serviceleistungen.

Kennzahlen

Zur Messung und Beurteilung der vorliegenden Gegebenheiten und Verbesserungsmöglichkeiten eignen sich in besonderem Maße **Kennzahlen.** Welche absoluten Zahlen und welche Verhältniszahlen hierzu speziell geeignet sind und herangezogen werden sollten, ist im Fachgebiet „Finanz- und Rechnungswesen" dargestellt. Welche Erkenntnisse das Unternehmen bei Anwendung von Teilkostenrechnungen gewinnen kann, zeigt die Behandlung der Deckungsbeitragsrechnung im Rahmen der Marketingkontrolle (Kapitel 12).

Wiederholungsfragen zum 10. Kapitel

1. Welche Aufgaben hat die Marktforschung? (Seite 160)
2. Welches sind die Hauptaufgabengebiete der Absatzmarktforschung? (Seite 161)
3. Welche Marktforschungsmethoden stehen dem Unternehmen zur Informationsgewinnung zur Verfügung? (Seite 163–165)
4. Warum benötigt das Unternehmen Marktanalysen, Marktbeobachtungen und Marktprognosen? (Seite 164, 165)
5. Auf welche Art können Marktinformationen gewonnen werden? (Seite 165)
6. Auf welche Arten von Informationsquellen kann man bei Sekundärmarktforschung zurückgreifen? (Seite 166)
7. Welche Gesichtspunkte müssen bei Primärmarktforschung berücksichtigt werden? (Seite 165)
8. Welche Zielgruppen (Informationsquellen) können Gegenstand der Primärmarktforschung sein? (Seite 166)
9. Wie können Sie für Ihr Unternehmen Informationen zur mengenmäßigen Ausweitung des Leistungsangebots gewinnen? (Seite 171)
10. Welche marketingbezogenen Informationen lassen sich mit einer Betriebsanalyse gewinnen? (Seite 173, 174)

11. Marketing – Gestaltungsinstrumente

11.1 Die Marketing-Instrumente im Überblick

Marketing-Instrumente

Ein Erreichen der gesteckten Unternehmens- und Marketingziele erfordert verschiedene, bewusst aufeinander abgestimmte Maßnahmen bei folgenden Marketing-Instrumenten:

- Leistungsprogramm
- Preise und Konditionen
- Marketing-Kommunikation
- Verkauf und Vertrieb.

Welche Entscheidungen beim Einsatz dieser vier Marketing-Instrumente anfallen können, soll im Folgenden kurz dargestellt werden.

> Marketing-Entscheidungen sind letztlich Antworten auf die Fragenkette: „Wem soll was, zu welchem Preis, wann, wo und wie verkauft werden?"

Festlegung der Zielgruppen

Die Frage „**wem**" soll eine Leistung verkauft werden, fordert eine Antwort nach Art und Größe des tatsächlichen oder angestrebten Kundenkreises (z. B. bisherige oder neue, junge oder alte, wenige oder viele Kunden). Hier muss das Unternehmen seine **Zielgruppen** für die späteren Marketing-Maßnahmen festlegen. Ohne genaue Kenntnis des späteren Kundenkreises können die Folgefragen nicht exakt beantwortet werden, d.h. es ist kein gezieltes und kontrollierbares Marketingverhalten möglich.

Festlegung des Leistungsprogramms

Die Frage nach dem „**was**" als Leistung verkauft werden soll, muss beantwortet werden mit Angaben über **Art und Umfang des Leistungsprogramms** des Unternehmens. Es muss festgestellt werden, welche Marktleistungen (Sach- und Dienstleistungen) in welcher Menge, in welcher Qualität und mit welcher Variantenvielfalt angeboten werden. Es sind Entscheidungen zu treffen über den Aufbau des Leistungsprogramms (Haupt- und Nebenleistungen). Es gilt zu entscheiden über die Programmbreite (Zahl der Leistungsarten), die Programmtiefe (Zahl der Varianten) und das Qualitätsniveau der angebotenen Leistungen. Die Struktur des Leistungsprogramms ist geprägt von

- der Aufnahme „neuer" Leistungen,
- der Änderung von Leistungen,
- der Aufgabe „alter" Leistungen,

die als die wesentlichsten Entscheidungsbereiche der Leistungs- und Programmgestaltung angesprochen werden.

Festlegung der Preispolitik

Bei der Frage „**zu welchem Preis**" eine Leistung im Markt abgesetzt werden kann/soll, hat das Unternehmen Entscheidungen zu treffen über **Preishöhe** (Preisbestimmung auf Voll- oder Teilkostenbasis), **Preisgestaltung** (Brutto- oder Nettopreise) sowie Lieferungs- und Zahlungsbedingungen, um einige Beispiele zu nennen. Dabei spielen die Nachfrage- und Wettbewerbsbedingungen neben den angestrebten Unternehmens- und Marketingzielen eine dominierende Rolle.

Hinsichtlich des Fragenkomplexes **„wann, wo und wie"** eine Leistung zu verkaufen ist, müssen Entscheidungen getroffen werden über **Zeit, Ort und Methode des Absatzes.** Hier geht es um Art und Umfang von Angebotszeitpunkt, Angebotsort und Angebotsart (Beratung, Bedienung, Service) als wettbewerbsgestaltende und die Kaufbereitschaft beeinflussende Marketing-Instrumente. Diese gilt es möglichst genau auf die Erwartungen der tatsächlichen und möglichen Kunden einzustellen, um vom Kunden als der bessere Problemlöser im Wettbewerb erkannt und akzeptiert zu werden.

Festlegung der Vertriebspolitik

11.2 Das Leistungsprogramm

11.2.1 Entscheidungen der Leistungspolitik

11.2.1.1 Entscheidungsfelder

Die **Leistungspolitik** umfasst alle Ziel- und Maßnahmenentscheidungen zur **Gestaltung eines markt- und ertragsgerechten Leistungsprogrammes.** Hier entscheidet das Unternehmen, in welchen Leistungsbereichen (z.B. Heizungsbau, Klima- und Kältetechnik) es tätig sein will (Struktur des Leistungsprogramms) und legt für die einzelnen Leistungsbereiche **(Haupt- und Nebenleistungen)** fest, in welchen Ausprägungen diese angeboten werden sollen.

Leistungspolitik

Dabei handelt es sich zum einen um Entscheidungen zur **Leistungsdifferenzierung** nach Zielgruppen oder Marktgebieten; zum anderen geht es um **Leistungsanpassung** an veränderte Marktbedingungen, z. B. bei Kundengeschmack, technischen Anforderungen oder besseren Wettbewerbsleistungen. Weiterhin sind hier die Entscheidungen zur Entwicklung und zum **Angebot neuer Leistungen** (z. B. Klimatechnik für Altbauten oder Aufbau eines Kundendienstnetzes für Kühl- und Klimatechnik) als auch **Entscheidungen zum Verzicht von einzelnen Leistungsarten** (z. B. Reparatur-Eildienst) oder ganzen Leistungsbereichen (z. B. Heizungsbau) zu nennen.

Leistungsdifferenzierung

Leistungsanpassung

Gesichtspunkte wie optimale Verbraucherentsprechung, Übereinstimmung mit den betrieblichen Möglichkeiten und Erzielung eines Gewinns sind Entscheidungskriterien für diese Marketingaktivitäten. Die Teilgebiete der Leistungspolitik eines Unternehmens sind in Abbildung 69 aufgezeigt.

Die Vielfalt der Entscheidungen zur Leistungspolitik lässt die Komplexität des Marketing und die marktbezogene Führungsproblematik im Unternehmen erkennen.

> Die momentanen und sich fortlaufend ändernden Einstellungen und Anforderungen der Käufergruppen gegenüber dem Angebot an Haupt- und Nebenleistungen (Serviceleistungen) des Unternehmens zwingen es, sich stetig mit Aufbau, Ausbau und Verzicht von Leistungen zu befassen. Nur über ein marktgerechtes, d.h. für die Kunden im Preis-Leistungs-Verhältnis akzeptierbares Leistungsangebot können der Wettbewerb, die Ertragskraft, die Betriebsentwicklung und die Existenzsicherung positiv beeinflusst werden.

Leistungsangebot

Leistungspolitik

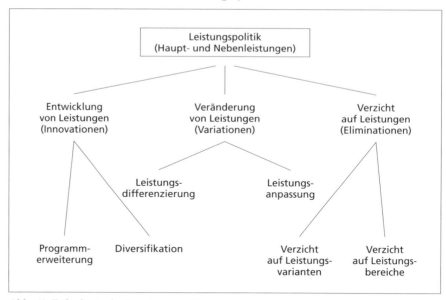

Abb. 69: Teilgebiete der Leistungspolitik

Ziele der Leistungspolitik

Eine Auswahl möglicher Ziele, die mit marktgerechten Leistungen lang- oder kurzfristig erreicht werden können, zeigt nachstehende Auflistung:

- **Wachstumssicherung**
  - Umsatzwachstum
  - Gewinnwachstum
  - Kapitalwertwachstum
- **Gewinnziele**
  - Erreichung eines bestimmten Deckungsbeitrages
  - Erreichung einer bestimmten Kapitalrentabilität
- **Steigerung des Goodwills**
  - Marktführerschaft im Sinne technologischer Überlegenheit
  - Aufbau eines bestimmten Leistungs- oder Firmenimages
- **Verbesserung der Wettbewerbsposition**
  - Marktanteilssteigerung
  - Qualitätsführerschaft
- **Risikostreuung und Sicherheitsstreben**
  - Gewinnung eines breiteren Kundenkreises
  - Saisonaler und konjunktureller Beschäftigungsausgleich
- **Auslastung überschüssiger Kapazitäten**
  - Fertigungskapazität
  - Marketing-„Kapazität"
- **Rationalisierung des Produktionsprozesses**
  - Nutzung von Synergieeffekten (z. B. Baukastensystem).

Die Entscheidungen, welche Ziele das Unternehmen mit welchen Leistungen bzw. mit welchem Leistungsbündel (Angebot) erreichen will, basiert auf einem Abwägen von Markterfordernissen und Kostengesichtspunkten. Da die Kunden verstärkt individuelle Problemlösungen für bestimmte Problem- oder **Bedarfsbündel** erwarten (z. B. Wohnlichkeitsbedarf, Freizeitbedarf, Gesundheits- und Schönheitsbedarf u.a.m.), muss dies im Prinzip zu einer Ausdehnung des Leistungsangebots führen. Das bedarfsorientierte Angebot von alternativen **Leistungs-Kombinationen** (z. B. Altbausanierung aus einer Hand), findet seine Grenze weniger in der qualitativen oder mengenmäßigen Leistungsfähigkeit des Unternehmens als vielmehr in Kosten- und Ertragsgesichtspunkten. Umfang und Qualitätsniveau des Leistungsangebots bestimmen die Kosten, die neben den Gewinnerwartungen wesentlich für das Preisniveau verantwortlich sind.

Bedarfsorientierte Leistungskombination

Lassen sich die Preisforderungen des Unternehmens auf längere Sicht im Wettbewerb um die Kunden nicht durchsetzen, muss das Leistungsangebot geändert werden. Dies kann erfolgen durch Reduktion in der Leistungsqualität (Verschlechterung statt Verbesserung), Verringerung der Zahl der angebotenen Leistungen (schmales statt breites Leistungsangebot) und Abbau der Zahl der Ausprägungen bei den einzelnen Leistungen (flaches statt differenziertes Leistungsangebot).

Strategie der Einsparungen

Neben dieser **Strategie der Einsparungen** bei den Marktleistungen ist für das Unternehmen auch die Strategie der Neu- oder Weiterentwicklung (Innovation) bei den Marktleistungen möglich. Da auf lange Sicht nur die **Strategie der Innovation** dem Unternehmen Vorteile bringt gegenüber seinen bisherigen Wettbewerbern, ist es seine zentrale Aufgabe, das Leistungsangebot stetig durch neue **Ersatz- oder Ergänzungsleistungen** markt- und ertragswirksam zu gestalten.

Strategie der Innovation

11.2.1.2 Entwicklung und Bewertung neuer Leistungen

Unter **neuen Leistungen** des Unternehmens sind bisher noch nicht selbst erstellte Sach- und Dienstleistungen (z. B. Inspektions- und Reparaturdienste, 24-Stunden-Eil-Dienst o. Ä.) zu verstehen, mit denen Breite und Vielfalt des Leistungsangebots verändert werden. Die Art der neuen Leistungen im Verhältnis zum bisherigen Leistungsprogramm bestimmt, ob das Unternehmen auch bei zunehmender Bedarfsorientierung ein Universal- oder Spezialbetrieb wird bzw. bleibt.

Neue Leistungen

Neue Leistungen sind grundsätzlich keine Veränderungen vorhandener Leistungen (z. B. durch Änderung des eingesetzten Materials) sondern stets Neuheiten im Angebot des Unternehmens. Dabei kann es sich um **Firmenneuheiten (Imitationen)** oder **Marktneuheiten (Innovationen)** handeln. Besonders die letztgenannten Neuheiten bieten gute Chancen zur Verbesserung seiner Wettbewerbsposition und der angestrebten Gewinne. Gleichzeitig muss jedoch berücksichtigt werden, dass das Unternehmen speziell bei Marktneuheiten infolge mangelnder eigener Erfahrung bezüglich Fertigung, Nachfrageentwicklung und Kostenverläufe ein entsprechend großes Risiko eingeht. Daher gilt es nicht nur Ideen für neue Leistungen zu finden oder zu entwickeln, sondern diese auch intensiv im Hinblick auf die Erfolgswirksamkeit zu überprüfen und Maßnahmen zur Minimierung des unternehmerischen Risikos beim Angebot dieser neuen Leistungen zu ergreifen.

Firmenneuheiten oder Marktneuheiten

11. Marketing – Gestaltungsinstrumente

Stufen der Entwicklung neuer Leistungen

Es gilt Fehlentwicklungen zu vermeiden, was durch systematisches Vorgehen nach folgenden Aktionsstufen erreicht werden kann:
- 1. Stufe:
  Erforschung: Suche nach Ideen, die mit den leistungspolitischen Zielen des Unternehmens übereinstimmen;
- 2. Stufe:
  Durchleuchtung: Abwägen technologischer, marktbezogener und anderer Gesichtspunkte, die darüber entscheiden, ob die Idee für das Unternehmen interessant ist oder nicht;
- 3. Stufe:
  Vorschlag: Analyse und Umformung einer Idee in einen korrekten Vorschlag und Entscheidung zur Entwicklung;
- 4. Stufe:
  Entwicklung: Umwandlung einer geprüften Idee in eine marktfähige Leistung, die den Anforderungen des Marktes und den Möglichkeiten des Unternehmens entspricht;
- 5. Stufe:
  Prüfung: Durchführung von Qualitäts- und Markttests, um die Entscheidung zu bestätigen und die Aufnahme ins Leistungsangebot des Unternehmens vorzunehmen.

Kurzgefasst lässt sich der Entscheidungsprozess zur Entwicklung einer neuen Leistung in einem Schaubild darstellen (vgl. Abbildung 70).

Welche Überlegungen und Maßnahmen bei der Suche nach neuen Leistungen anfallen, gilt es im Folgenden darzustellen:

Ideenquellen für neue Leistungen

Ideen für neue Leistungen ergeben sich im Unternehmen selbst (innerbetriebliches Vorschlagswesen, Wertanalyseteams u.a.) und aus einer bewussten Analyse von Problemen, Wünschen, Meinungen, Maßnahmen oder Veröffentlichungen, z. B. bei:
- Kunden
  Kritik, Wünsche, Verbesserungsvorschläge etc.,
- Konkurrenten
  zusätzliche oder geänderte Leistungen, Kataloge, Prospekte o. a.,
- Herstellern von Komplementärprodukten
  Anregungen für neue Anwendungsgebiete, neue Verbesserungsmethoden und neue Leistungskombinationen;
- Lieferanten
  neue Materialien oder wirtschaftlichere Verarbeitungsverfahren;
- Marktneuheiten in anderen Branchen
  z. B. Solartechnik erfordert u. U. neue elektronische Steuerungsmechanismen;
- Forschungsinstituten
  Veröffentlichungen oder Auftragsforschung durch Lieferanten, Verbände u. a. m.;
- Kammern, Verbänden, Ministerien
  Mitteilungen, Hinweise, Förderung von bestimmten technologischen Entwicklungen oder „IHK-Beratungsstelle Innovationen".

11.2 Das Leistungsprogramm

Entscheidung für eine neue Marktleistung

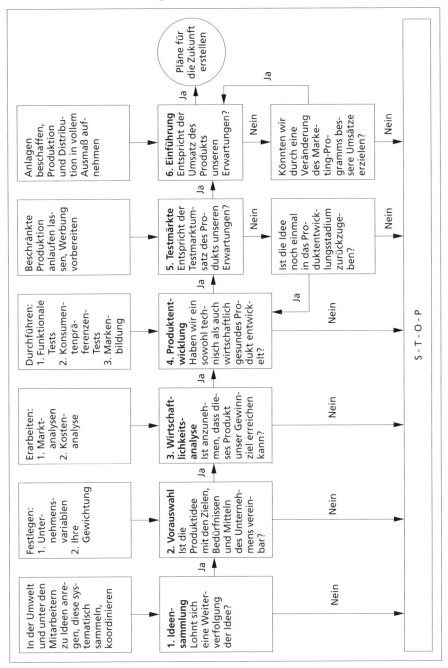

Abb. 70: Entscheidungsprozess für eine neue Marktleistung (Kotler)

Die Informationsgewinnung für neue Leistungen des Unternehmens sollte systematisch erfolgen, denn nur so können Fehlentwicklungen bereits im Ansatz vermieden werden. Dabei ist es unerheblich, ob das Unternehmen eine aktive, von sich ausgehende Ideensuche betreibt oder im Sinne einer passiven Ideensuche wartet, bis im Unternehmen selbst oder vom Markt kommend eine Anregung für eine neuartige Leistung auftritt.

Ideensuche: Unterstellt man eine **aktive Ideensuche,** dann kann diese grundsätzlich in drei Richtungen erfolgen:

marktorientiert
– Bei der **marktorientierten Ideensuche** sollen reale oder potenzielle bislang vom Unternehmen noch nicht befriedigte Bedürfnisse ausgewählter Zielgruppen entdeckt und ein entsprechendes Leistungsangebot entwickelt werden (z. B. Konditoreiwaren für Diabetiker).

leistungsorientiert
– Bei der **leistungsorientierten Ideensuche** geht das Unternehmen von seinem bisherigen Leistungsprogramm und seinen personellen bzw. technischen Möglichkeiten aus und sucht nach sinnvollen Leistungsneuheiten zur Abrundung seines Leistungsangebots (z. B. Fliesenleger nimmt elastisches Fugen ins Leistungsangebot auf).

distributionsorientiert
– Bei der **distributionsorientierten Ideensuche** will das Unternehmen solche neuen Leistungen durch Zukauf übernehmen (z. B. Handelswaren) oder selbst erstellen (z. B. Teppichreinigung), die über den vorhandenen Vertriebsweg (z. B. Ladengeschäft) abgesetzt werden können. Hier geht es sehr häufig auch um Probleme der Kapazitätsausnutzung bei saisonabhängigem Geschäftsverlauf.

Meist treten diese Suchrichtungen nicht in dieser reinen Form auf; es werden häufig mehrere Gesichtspunkte gleichzeitig verfolgt, die mit unterschiedlichem Gewicht berücksichtigt werden.

Von den vielfältigen Methoden der Ideensuche sind Befragungen und Beobachtungen (z. B. von Kunden, Lieferanten, Konkurrenten und Absatzhelfern), Analysen des Leistungsprogramms im Hinblick auf kundenspezifische Problemfelder sowie **Funktionsanalysen** oder **Wertanalysen** von eigenen und Konkurrenzleistungen besonders geeignet.

Funktions- oder Wertanalysen

Im nächsten Schritt gilt es unter den vorliegenden Ideen eine Vorauswahl im Hinblick auf die Tauglichkeit der Ideen für eine neue Marktleistung durchzuführen. Dies kann nach einem Schema erfolgen, wie es Abbildung 71 zeigt.

Ideenauswahl Diese qualitative Beurteilung ist eine Art Grobauswahl, da hier die Ideen an ganz bestimmten Kriterien, sog. „Mußzielen", gemessen werden. Entspricht eine Idee bereits einer dieser Anforderungen nicht, muss sie aufgegeben werden. Wird eine Idee positiv beurteilt, kann eine Feinauswahl im Sinne einer differenzierten Beurteilung der Chancen und Risiken der neuen Leistung für das Unternehmen erfolgen. Dazu müssen spezifische **Checklisten** oder **Bewertungsschemata** erarbeitet werden mit Mindestzielen, denen die Idee für die neue Marktleistung zu entsprechen hat.

Beispielhaft ist in Abbildung 72 ein Bewertungsraster in Form einer Checkliste dargestellt.

11.2 Das Leistungsprogramm

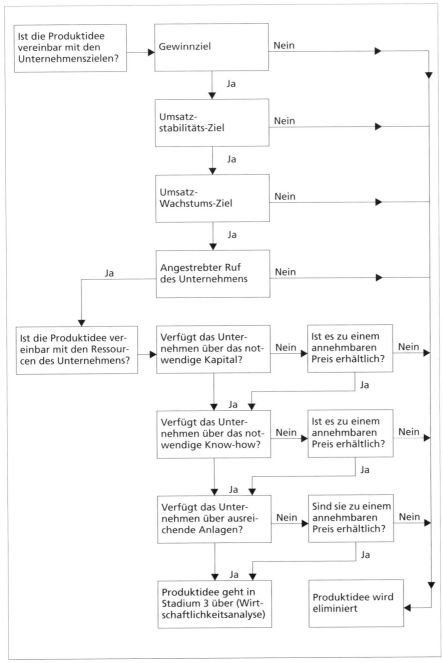

Abb. 71: Phasenablauf einer Ideen-Vorauswahl

Ideenbeurteilung

Aspekte des Marketing und der Produkteigenschaften			-2	-1	+1	+2
Marktbeständigkeit	-2	äußerst unbeständiger Markt, häufig Preiseinbrüche				
	-1	unbeständiger Markt			x	
	+1	ziemlich gefestigter Markt				x
	+2	äußerst stabiler Markt				
Markttrend	-2	schrumpfender Markt				
	-1	beständiger, gesättigter Markt				
	+1	wachsender Markt			x	
	+2	neuer, potenzieller Markt				
Erfordernisse an die Entwicklung des Marktes	-2	teures Entwicklungsprogramm				
	-1	abschätzbare Verbraucherlenkung				
	+1	geringer Widerstand der Verbraucher	x			
	+2	Aufnahmebereitschaft der Verbraucher bereits vorhanden				
Anforderungen an Werbung und Sales Promotion	-2	umfassende Werbung und Sales Promotion erforderlich				
	-1	teure, aber abschätzbare Erfordernisse				
	+1	mäßiger Umgang der Erfordernisse	x			
	+2	nur wenig Werbung und Sales Promotion erforderlich				
Absatzfähigkeit im Hinblick auf die gegenwärtigen Verbraucher	-2	keine gegenwärtigen Verbraucher				
	-1	einige gegenwärtige Verbraucher				
	+1	vorwiegend gegenwärtige Verbraucher				x
	+2	alle gegenwärtigen Verbraucher				
Anzahl der potenziellen Verbraucher	-2	weniger als ... Verbraucher				
	-1	... bis ... Verbraucher				
	+1	... bis ... Verbraucher				x
	+2	mehr als ... Verbraucher				
Eignung der gegenwärtigen Absatzorganisation	-2	vollständig neue Organisation erforderlich				
	-1	einige Umstellungen und Erweiterungen erforderlich				
	+1	wenige Umstellungen und Erweiterungen erforderlich		x		
	+2	keine Veränderungen notwendig				
Produktkonkurrenz	-2	mehrere direkt konkurrierende Produkte				
	-1	mehrere, bis zu einem gewissen Grad konkurrierende Produkte				
	+1	ein oder zwei Produkte in beschränkter Konkurrenz			x	x
	+2	kein konkurrierendes Produkt				
Anpassung des Produktes an das bestehende Sortiment	-2	vollständig neues Produkt				
	-1	ziemlich unterschiedliches Produkt				
	+1	nur geringfügig unterschiedliches Produkt				x
	+2	Produkt passt genau in das vorhandene Sortiment				
Einfluss auf die übrigen Produkte	-2	wirkt unmittelbar substituierend				
	-1	wirkt ein wenig abschwächend auf den Umsatz der übrigen Produkte				
	+1	unbedeutender Einfluss			x	x
	+2	wirkt vergrößernd auf den Umsatz der übrigen Produkte				
Produktvorteil	-2	höherer Preis bei gleicher Qualität				
	-1	wirkt konkurrierend; oder in Preis und Qualität höher				
	+1	konkurrierender Preis, aber höhere Qualität		x		
	+2	sowohl in Preis und Qualität besser				
Lebensdauer des Produktes	-2	wahrscheinlich 1 bis 3 Jahre				
	-1	wahrscheinlich 3 bis 5 Jahre				
	+1	wahrscheinlich 5 bis 10 Jahre		x		
	+2	wahrscheinlich mehr als 10 Jahre				
Konjunkturelle und saisonale Nachfrage	-2	saisonalen und konjunkturellen Schwankungen unterworfen				
	-1	nur saisonale Nachfrage				
	+1	nur der Konjunktur unterworfen			x	x
	+2	hohe Stabilität der Nachfrage				
Anforderungen an Kundendienst und technischen Service	-2	umfassender Kundendienst und technischer Service erforderlich				
	-1	mittelmäßige Anforderungen an den Service				
	+1	geringfügige Anforderungen an den Service			x	x
	+2	Anforderungen an den Service können vernachlässigt werden				

Abb. 72: Checkliste zur Beurteilung von Ideen für eine neue Marktleistung

Ideenbeurteilung (Fortsetzung)

Aspekte der Forschung und Entwicklung			-2	-1	+1	+2
Rückflusszeit des in die Forschung investierten Kapitals	-2 -1 +1 +2	mehr als 3 Jahre 2 bis 3 Jahre 1 bis 2 Jahre weniger als 1 Jahr		x		x
Rückflusszeit des in die Entwicklung investierten Kapitals	-2 -1 +1 +2	mehr als 3 Jahre 2 bis 3 Jahre 1 bis 2 Jahre weniger als 1 Jahr		x	x	
Verwendungsmöglichkeiten der bisherigen Forschung	-2 -1 +1 +2	keine Erfahrung und keine Verwendungsmöglichkeiten teilweise neue Anforderungen, nur wenige Verwendungsmöglichkeiten gewisse Erfahrung und/oder neue Aussichten beträchtliche Erfahrung oder potenzielle Möglichkeiten			x	x
Mögliche Schutzrechte	-2 -1 +1 +2	ungeregelte, völlig unsichere Situation völlig frei oder viele Lizenznehmer auf wenige Lizenznehmer beschränkt eigenes Patent oder Exklusivlizenz			x	x
Finanzielle Aspekte						
Return on Investment	-2 -1 +1 +2	weniger als 20 % 20 % bis 25 % 25 % bis 30 % mehr als 30 %	x	x		
Geschätzter jährlicher Umsatz	-2 -1 +1 +2	weniger als 100.000,- € 100.000,- bis 1 Mio. € 1 Mio. bis 5 Mio. € mehr als 5 Mio. €		x	x	
Neu festgelegte Rückflusszeit des investierten Kapitals	-2 -1 +1 +2	mehr als 5 Jahre 3 bis 5 Jahre 2 bis 3 Jahre weniger als 1 Jahr		x	x	
Zeit, um das geschätzte Umsatzvolumen zu erreichen	-2 -1 +1 +2	mehr als 5 Jahre 3 bis 5 Jahre 1 bis 3 Jahre weniger als 1 Jahr			x	
Aspekte der Produktion und der Betriebsausstattung						
Erforderliche Unternehmensgröße	-2 -1 +1 +2	kann von jedem Kleinstunternehmer produziert werden die meisten Unternehmer können konkurrieren nur mittlere oder größere Unternehmen ausschließlich sehr großes Unternehmen			x	x
Verfügbarkeit der Rohstoffe	-2 -1 +1 +2	begrenzte Versorgung oder begrenzte Anzahl von Zulieferern begrenzte Verfügbarkeit im Unternehmen ohne weiteres von außerhalb zu beschaffen bereits innerhalb des Unternehmens erhältlich				x
Erforderliche Betriebsanlagen	-2 -1 +1 +2	neue Betriebsanlagen erforderlich vorwiegend neue Betriebsanlagen erforderlich nur einige neue Betriebsanlagen erforderlich vorhandene, ungenutzte Betriebsanlagen verwendbar			x	x
Vertrautheit und Anwendungsmöglichkeiten des Produktionsverfahrens	-2 -1 +1 +2	neues Verfahren ohne anderweitige Anwendungsmöglichkeit teilweise neu, wenige andere Anwendungsmöglichkeiten vertrautes Verfahren, einige andere Anwendungsmöglichkeiten gewohnheitsmäßiges Verfahren oder Aussicht auf andere Anwendungsmöglichkeiten		x	x	

Abb. 72 (Fortsetzung): Checkliste zur Beurteilung von Ideen für eine neue Marktleistung

Beurteilung einer Produktidee	Die Beurteilung der Produktidee wird über eine **Punktwertung** bei den einzelnen Kriterien vorgenommen, wobei der Mindestwert pro Kriterium im Voraus festgelegt werden muss. Zur objektiveren Entscheidungsfindung sollten die Kriterien untereinander noch gewichtet werden, denn ein etwaiger Mangel bei „Mögliche Schutzrechte" ist in der Regel weniger von Bedeutung wie ein Mangel bei „Erforderliche Unternehmensgröße".

Bei positiver Beurteilung der Idee für eine neue Marktleistung hat sich dann eine wertmäßige Beurteilung in Form von Wirtschaftlichkeitsrechnungen anzuschließen. Es sind die Personal- und Sachinvestitionen, die laufenden Kosten und die erwarteten Umsätze zu schätzen, um Anhaltspunkte für die voraussichtliche Rentabilität der neuen Leistung zu erhalten.

Bei Nichterreichen von Mindestvorstellungen des Unternehmens ist zu prüfen, ob durch Änderungsmaßnahmen wie
- Anpassen der neuen Leistung an die fertigungstechnischen Möglichkeiten
- Einsatz anderer, kostengünstigerer Fertigungsverfahren oder Arbeitsabläufe
- Entwickeln anderer Ausführungen für die neue Leistung
- Suchen neuer bzw. anderer Verwendungsmöglichkeiten oder Kundengruppen

ein besserer Erfolgsbeitrag der neuen Leistung erreicht werden kann.

Die eigentliche **Entscheidung über Aufnahme oder Aufgabe der geplanten neuen Produkte oder Dienstleistungen** ist dabei weniger an kurzfristigen Wirtschaftlichkeitsrechnungen auszurichten. Es sind vielmehr strategische, langfristige Gesichtspunkte dominierend, denn die Kosten der neuen Marktleistungen von heute sichern dem Unternehmen die Gewinne von morgen.

11.2.1.3 Änderungen bei den Marktleistungen

Bei diesen Maßnahmen geht es um
- die Weiterentwicklung vorhandener Sach- und Dienstleistungen (Anpassung an technische, wirtschaftliche und soziale Veränderungen des Marktes)
- die Leistungs- oder Produktdifferenzierung (Entwicklung von Leistungsvarianten im Hinblick auf neue Kunden oder Anwendungsmöglichkeiten).

Leistungsdifferenzierung oder Diversifikation	Die im Zusammenhang mit der **Leistungs- oder Produktdifferenzierung** häufig angeführte Strategie der Diversifikation wird hier nicht behandelt, da es sich nicht um Änderungen bei einzelnen Marktleistungen handelt. Bei **Diversifikation** geht es um eine Neustrukturierung des gesamten Leistungsangebots. Dies ist z. B. der Fall, wenn ein Malerbetrieb „Kälteisolierung" oder „Abdichten von Nassräumen" in sein Leistungsprogramm aufnimmt. Dies sind neue, keine veränderten Marktleistungen.
Leistungsanpassung	Die **Weiterentwicklung vorhandener Leistungen** ergibt sich aus der Notwendigkeit, die Leistungen an den technischen, konkurrenzbedingten und von den Kunden erwarteten Leistungsstandard anzupassen. Dies bedingt eine fortlaufende Ausrichtung des Leistungsangebots an die Mindestnormen im Markt, ohne dass das Unternehmen damit Wettbewerbsvorteile erreicht. Hinzu kommen muss eine gezielte Leistungsdifferenzierung, da sie das eigentliche Instrument zur Markt- und Ertragsbeeinflussung darstellt.

11.2 Das Leistungsprogramm

Durch Veränderungen im **Grund- und Zusatznutzen,** also durch Abwandlungen bei Materialeinsatz, Verpackung, Farbe, Form, Größe, Leistungsfähigkeit, Qualität und Umfang der Zusatzleistungen (z. B. Beratung, Garantiegewährung oder Kundendienst u. a.), lässt sich ein sehr vielfältiges Angebot in der jeweiligen Sach- und Dienstleistung erreichen. Eine große Differenzierungsfähigkeit der Marktleistungen (vgl. zum Beispiel Wurstsortiment einer Metzgerei) ist in Bezug auf die **Nutzung von Marktchancen** (z. B. Spezialangebote für besondere Anlässe) und den **Ausgleich von Marktrisiken** (z. B. Anpassung des Angebots an geänderte Kundenwünsche) positiv zu beurteilen, doch ergeben sich durch die Leistungsvielfalt unter Umständen Nachteile auf der Kostenseite.
Grund- und Zusatznutzen

Orientiert sich das Unternehmen bei seinen Entscheidungen zur Leistungsdifferenzierung an kundenbezogenen Marktsegmenten (z. B. Endverbraucher, Gewerbebetriebe und öffentliche Hand), dann kann sich dies positiv auf die Ertragsentwicklung des Unternehmens auswirken, wenn die Kundengruppen untereinander keinen starken Informationsaustausch haben. Hier besteht die Möglichkeit, für gleiche Preise unterschiedliche Leistungen anzubieten oder für kundenspezifische Leistungsvarianten differenzierte, d. h. unterschiedliche Erträge bringende Preise zu erzielen.
Segmentorientierte Leistungsdifferenzierung

▌ Leistungsdifferenzierung ermöglicht Preisdifferenzierung!

Beispiel:

Folgendes Beispiel von Rottmann zur Segmentbildung bei Klima- und Kältetechnik mag dies verdeutlichen. Danach wären z. B. folgende Leistungsvarianten denkbar:
- Kälte- und Klimatechnik in Wohngebäuden
- Kälte- und Klimatechnik in Fabrikgebäuden
- Kälte- und Klimatechnik in Krankenhäusern
- Kälte- und Klimatechnik in Hotels und Restaurants
- Kälte- und Klimatechnik in Lagerräumen
- Kälte- und Klimatechnik in Schulen.

Diese Kundengruppen und die für sie erforderlichen Leistungsvarianten haben zwar vieles gemeinsam, doch werden sie sich in ihrem Aufbau, in ihrem Ausmaß und in ihren Feinheiten voneinander unterscheiden. Erkennen und Umsetzen dieser Unterschiede in **Leistungsvarianten** sind Voraussetzungen, wenn das Unternehmen Schwerpunkte in seiner Leistungsfähigkeit und für die Marktbearbeitung bilden will.
Leistungsvarianten

Versucht das Unternehmen – im obigen Beispiel – sich als „Spezialist für Kältetechnik" im Markt zu profilieren, ohne dass es sich auf einzelne Kundengruppen leistungsmäßig spezialisiert, dann kann von einem **undifferenzierten Marketing** gesprochen werden (vgl. „Marktbearbeitungsstrategie" Kapitel 9.6).
Undifferenziertes Marketing

Dem steht die Verhaltensweise des **differenzierten Marketing** gegenüber, bei der sich das Unternehmen über kundengruppenspezifische Leistungsvarianten im Markt profilieren möchte. Im obigen Beispiel könnte das Unternehmen seine Anstrengungen etwa auf die Markt- und Preissegmente „Hotels und Restaurants" und „Schulen" konzentrieren, wenn es dort kurz- oder langfristig entsprechende Ertragschancen sieht.
Differenziertes Marketing

11.2.1.4 Entscheidungen bei ertragsschwachen Leistungen

Sortimentsbereinigung

Hier geht es um das Problem der **Sortimentsbereinigung,** d. h. der Herausnahme jener Sach- und Dienstleistungen aus dem Leistungsangebot, die selten nachgefragt werden, relativ geringe Wachstumschancen haben (z. B. infolge Marktsättigung oder Nachfrageänderungen), hohe Bereitstellungskosten an Kapital oder Fachpersonal erfordern und daher oder aufgrund starker Wettbewerbssituation geringe oder keine Deckungs- bzw. Gewinnbeiträge bringen.

Solche ertragsschwachen Produkte gilt es mit Hilfe der **Absatzerfolgsrechnung** (vgl. Kapitel 12) zu erkennen und auf die Notwendigkeit des Angebots zu untersuchen. Anhaltspunkte für die Entscheidung „**Aufgeben oder Beibehalten"** kann das Unternehmen durch den Einsatz von Checklisten erhalten (vgl. Abbildung 73).

Checkliste: Aufgabe einer Marktleistung

Wie ist der Marketingaufwand heute?	normal	hoch	übertrieben
Wieviel Verkaufszeit ist erforderlich?	normal	viel	zu viel
Wieviel Innendienstzeit wird gebraucht?	normal	viel	zu viel
Sind Kunden auf das Produkt angewiesen?	ja	bedingt	nein
Wie ist der Branchentrend?	steigend	eben	fallend
Beeinflusst das Produkt unser Image?	positiv	nicht	negativ
Ist das Produkt zu verbessern?	leicht	vielleicht	nicht
Wäre eine Preissenkung erfolgreich?	sicher	fraglich	nicht
Kann der Ertrag normalisiert werden?	ja	vielleicht	nein
Werden durch Streichung Mittel frei?	nein	vielleicht	ja
Sind sie anderweitig besser anzulegen?	nein	vielleicht	ja
Kann ein neues Produkt den Platz übernehmen?	nein	vielleicht	ja

Abb. 73: Checkliste zur Entscheidung über Aufgabe einer Marktleistung (Auszug)

Sind qualitativ oder ertragsmäßig schwache Sach- und Dienstleistungen festgestellt, so ist zunächst zu prüfen, ob man die Markt- und Gewinnchancen verbessern könnte.

Hierzu geeignete Maßnahmen könnte das Unternehmen z. B. ergreifen in Bezug auf:

Verbesserung ertragsschwacher Leistungen

- äußere oder leistungsmäßige Verbesserungen mit dem Ziel, die Nachfrage anzuregen oder höhere Preise zu erreichen,

- Kosteneinsparung durch äußere oder leistungsmäßige Vereinfachung (möglichst ohne Beeinflussung der Zusatznutzenstruktur für den Kunden),
- Normung oder Typisierung einer Leistungsart zur Senkung von Herstell-, Lager- und Verkaufskosten,
- Anpassung von Qualität, Form oder Umfang der Leistung an andere Abnehmergruppen und andere Verwendungszwecke (Variationen bei Grund- und Zusatznutzen),
- Verstärkung oder Änderung der Werbung, der Verkaufsmethode oder der Verkaufsargumentation,
- Anpassung der Preisgestaltung und Konditionen an die geänderte Nachfragesituation (z. B. Einführung von Werbe- oder Kampfpreisen),
- Beschränkung auf die Erstellung eines Teilsortiments und Ergänzung des eigenen Leistungsangebots durch Kollegenlieferungen (Kooperationsüberlegungen).

Gelingt die angestrebte Verbesserung des Gewinnbeitrags nicht, muss vor der Entscheidung zur Aufgabe geprüft werden, ob Gründe für den **Verbleib im Leistungsangebot** des Unternehmens sprechen.

Beibehalten ertragsschwacher Leistungen

Solche Gründe können sein:
- Die Leistung hat die Funktion eines „Lockartikels" und wird daher bewusst mit einem besonders tiefen Preis ausgestattet (vgl. kostendeckende Preise bei Zusatzleistungen oder Ergänzungsprodukten wie etwa Kaffee beim Friseur, Leihgebühren für Werkzeuge und Geräte oder kostenlose Beratung bei Hobby-Arbeiten);
- die Kunden rechnen damit, jederzeit alle Ausführungen (Varianten) einer Leistungsart bzw. ein bestimmtes Leistungsprogramm vom gleichen Lieferanten beziehen zu können (vgl. zum Beispiel Sortimentsstruktur von Bäckerei, Metzgerei u. a.);
- das Unternehmen verfügt über freie Kapazitäten und möchte qualifizierte Arbeitskräfte nicht entlassen. Er wird zeitlich begrenzt auch Aufträge übernehmen, deren Erlöse wenigstens die variablen Kosten decken;
- bei der Erstellung oder Erbringung einer Leistung können z. B. Zwischenprodukte oder Abfallstoffe verarbeitet werden, die ohnehin im Unternehmen anfallen und für deren Verwertung sonst Kosten anfallen würden (z. B. Verkauf von Lackfarbe in Kleinst-Packungen).

Entschließt sich das Unternehmen eine Sach- oder Dienstleistung nicht mehr anzubieten, so ist zu entscheiden, wie die **Sortimentsbereinigung** zu erfolgen hat. Dies kann geschehen durch **sofortige Aufgabe** (Aufträge für die jeweilige Leistung werden ab sofort nicht mehr angenommen) oder durch mehr oder weniger rasches **Auslaufenlassen** (systematischer Abbau der Aufträge über einen bestimmten Zeitraum bis zur endgültigen Ablehnung solcher Aufträge).

Sortimentsbereinigung

Für welche Art der Bereinigung des Leistungsprogramms sich das Unternehmen entscheidet, ist abhängig von
- der Art der Leistung (Sach- oder Dienstleistung),
- den wirtschaftlichen und technischen Gegebenheiten (finanzielle, personelle und sachliche Anforderungen in Bezug auf Ersatz-Leistungen),

- der Frage, ob und in welcher Höhe Restbestände bei Rohstoffen und halbfertigen Erzeugnissen vorliegen und wie diese anderweitig verwendet werden können und
- inwieweit die Kunden noch Ersatzteile, Wartungs- oder Reparaturleistungen erwarten bzw. das Unternehmen solche durch Vertrag erbringen muss und nicht auf andere verlagern kann.

Die beiden letztgenannten Entscheidungskriterien können z. B. durch Verkauf der Restbestände oder Zusammenarbeit mit einem anderen Unternehmen dann vorteilhaft gelöst werden, wenn es bereit ist, sich in Bezug auf diese Leistungsart von seinen „alten" Kunden zu trennen. Dabei ist zu prüfen, inwieweit die „alten" Kunden in Bezug auf andere Leistungen dem Unternehmen treu bleiben oder auch mit dieser Nachfrage zum anderen („neuen") Vertragspartner überwechseln.

11.2.2 Entscheidungen zur Servicepolitik

11.2.2.1 Profilierende Nebenleistungen

Kundendienst als Nebenleistungen

Im Rahmen des Leistungsangebots muss das Unternehmen auch Service- oder Kundendienstleistungen anbieten und einsetzen, wenn es erfolgreich sein will. Kundendienstleistungen dienen primär jedoch nicht zur Erlangung von Aufträgen für die „Hauptleistungen". Durch Kundendienst als „Nebenleistung" soll eine höhere Kundenzufriedenheit hinsichtlich des subjektiv empfundenen Preis-Leistungs-Verhältnisses erreicht werden.

> Durch Serviceleistungen, die einzeln oder kombiniert und in Abstimmung mit den anderen Marketing-Maßnahmen eingesetzt werden, versucht das Unternehmen bei bisherigen und potenziellen Kunden sachliche, persönliche und psychologische Wettbewerbsvorteile zu schaffen.

Da diese Momente wesentlich zur Bildung von Dauerkunden beitragen, müssen Service-Maßnahmen langfristig angelegt und beurteilt werden. Eine kurzfristige Kostenbetrachtung führt hier – ähnlich wie bei Werbung und Verkaufsförderung – nahezu zwangsläufig zu Fehlentscheidungen.

Bedeutung von Serviceleistungen

Welche Bedeutung solchen Serviceleistungen im Vergleich mit anderen kaufbeeinflussenden Faktoren von Kunden und Interessenten beim Kauf eines technischen Gebrauchsgutes zugemessen wird, lässt beispielsweise Abbildung 74 erkennen:

Diese Werte aus einer Befragung über den Kauf elektrischer Schreibmaschinen sind sicher nicht repräsentativ für Industrie und Handwerk. Aber sie lassen tendenziell erkennen, dass bei technisch und qualitativ hochwertigen Leistungen die direkt kundenbezogenen Marketing-Aktivitäten (im Beispiel Verkäufer und Service mit insgesamt 76 %) dominieren. Das gilt im Grundsatz auch für jene Unternehmen, die anspruchsvolle Sach- und Dienstleistungen anbieten und absetzen wollen. Hier erwartet der Kunde einfach die Beratung und Betreuung durch den Fachmann. Je mehr diese den Erwartungen des Kunden entsprechen, desto eher werden sich bei ihm Zufriedenheit mit dem „Gesamt-Angebot" oder Zufriedenheit mit der Art der geleisteten Problemlösung einstellen. Damit ist bereits angedeutet, dass das Unternehmen seine **Serviceleistungen in Form von Neben- und Zusatzleistungen** vor, während oder nach dem Absatz seiner Hauptleistungen (Hauptumsatzträger) erbringt. Die Wirkungen der Serviceleistungen sind demnach bei der **Verkaufsanbahnung,** der **Verkaufsförderung** und bei der **Kundenpflege** zu sehen.

Wirkungen von Serviceleistungen

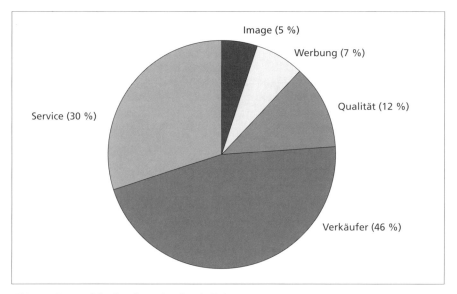

Abb. 74: Beispiel für kaufentscheidende Faktoren

Insoweit sind Serviceleistungen immer:

- **abschlussbezogene** Leistungen oder
- **verwendungsbezogene** Leistungen.

Arten von Serviceleistungen

Die **Ausgestaltung** (Umfang und Inhalt der Maßnahmen), die **Intensität** (Häufigkeit und Dauer der Maßnahmen) und der **zeitliche Einsatz von Serviceleistungen** richten sich u.a. nach der Zielgruppe, den Marketingzielen, der Wettbewerbssituation und nicht zuletzt nach der finanziellen, personellen und organisatorischen Leistungsfähigkeit des einzelnen Unternehmens. Dabei lässt sich gerade im Servicebereich sowohl bei den abschlussbezogenen als auch bei den verwendungsbezogenen Serviceleistungen das **Internet** besonders gewinnbringend nutzen. Hier kommen die **Zeit- und Informationsvorteile** (wie z.B. Schnelligkeit, Aktualität und hohe Problemlösungskompetenz) für den Kunden als auch für die eigenen Verkaufs- und Servicemitarbeiter voll zur Wirkung.

Eine Betrachtung der Serviceleistungen nach **Muss-, Soll- oder Kann-Dienstleistungen** und dem Zeitpunkt der Erbringung zeigt Abbildung 75.

Serviceleistung und Zeitpunkt des Kaufs

Leistung einer Kundendienst-organisation	Zeitpunkt und Art der Leistungserstellung					
	Zeitpunkt				Art der Leistung	
	vor dem Kauf der Hauptleistung	beim Kauf der Hauptleistung	nach dem Kauf der Hauptleistung	unabhängig vom Kauf der Hauptleistung	technisch	kaufmännisch
Muss-Leistung						
– Gewährleistung[1]			×		×	× (bei Dienstleistungen)
Soll-Leistung						
– Sicherheitsprüfungen			×	×	×	
– Installation[2]			×		×	
– Bereitschaftsdienst/ Notdienst			×	×	×	×
– Technische Beratung	×		×	×		×
Kann-Leistung						
– Kundendienstvertrag (Inspektion bis Full-Service)			×	×	×	
– Entsorgung			×	×	×	
– Zubehörverkauf			×	×		×[4]
– Verbrauchsmittelverkauf			×	×		×[4]
– Telefonunterstützung			×			×
– Kundenschulung			×	×[3]		×
– Ersatzteildienst			×	×[3]	×	
– Umtauschrecht			×			×
– Zustellung			×			×
– Testlieferung	×				×	
– Bestelldienst	×					×
– Verpackung		×				×
– Unterweisung im Gebrauch		×			×	

[1] Häufig auch als Garantie bezeichnet.
[2] Bei höherwertigen Anlagen meist eine „Muss-Leistung".
[3] Sehr stark abhängig von der Kompetenz.
[4] Häufig auch als technische Leistung eingestuft.

Abb. 75: Formen von Serviceleistungen in Relation zum Kaufzeitpunkt (Bruhn)

11.2.2.2 Abschlussbezogene Serviceleistungen

Die abschlussbezogenen Serviceleistungen werden vor und während der Willensbildung bei potenziellen Kunden eingesetzt. Aus der Sicht der Adressaten, dies können mögliche Kunden oder Absatzhelfer (z. B. Architekten) sein, haben diese Nebenleistungen den Charakter von Entscheidungshilfen. Aus der Sicht des Unternehmens sind es **Anbahnungs- und Verkaufsförderungshilfen** für den Absatz der Hauptleistungen. Die Maßnahmen selbst lassen sich gliedern in technische und kaufmännische Serviceleistungen.

Im **kaufmännischen Bereich** sind es insbesondere Entgegenkommen und Zugeständnisse an den Kunden, z. B. bei Lieferbedingungen, Finanzierungsberatung, Kreditvermittlung, Kostenvoranschläge, Zustelldienst, Wirtschaftlichkeitsberechnungen, Bereitstellung von Parkplätzen, Anrechnung von Parkhausgebühren u. a. m.
Kaufmännische Serviceleistungen

Hinzu kommen jene Maßnahmen, die sich auf technische Fragen und auf die Ausführung beziehen. Hier sind speziell **technische Informationen,** die Einsatz- und Verwendungsberatung, Garantiezusagen, Lieferservice mit Lieferpünktlichkeit, Liefergenauigkeit und Sauberkeit bei der Ausführung der Arbeit sowie im Einzelfall auch einrichtungs- und fertigungstechnische Beratung zu nennen. Auch Probelieferungen und Ausführung von Sonder-, Eil- oder Kleinaufträgen gehören hierher.
Technische Serviceleistungen

Diese beispielhaft genannten abschlussbezogenen Serviceleistungen werden in aller Regel nicht isoliert angewandt. Sie müssen vielmehr kombiniert und abgestimmt, als ein auf den Kunden individuell ausgerichtetes „Service-Paket" zum Einsatz kommen. Nur so kann das einzelne Unternehmen die vom Kunden erwartete, optimale Problemlösung anbieten. Dies ist die Summe der im Einzelfall zweckmäßigen Haupt- und Nebenleistungen. In diesem Angebot müssen aber auch jene verwendungsbezogene Serviceleistungen erwähnt sein, die erst während oder nach der Leistungserbringung zum Einsatz gelangen, vom Kunden aber bewusst in die Leistungsbeurteilung vor Vertragsabschluss einbezogen werden.
Service-Paket

11.2.2.3 Verwendungsbezogene Serviceleistungen

Diese Art von Serviceleistungen umfassen ebenfalls technische und kaufmännische Maßnahmen, die einzeln oder als „Paket" eingesetzt werden. In diesem Bereich dominieren die technischen Serviceleistungen wie Installation und Probelauf, meist ergänzt durch schriftliche oder persönliche Anwendungsberatung, Anleitung und Schulung. Dies ist speziell bei sehr anspruchsvollen, erklärungsbedürftigen Marktleistungen erforderlich.
Technische Nach-Kauf-Serviceleistungen

Weitere wichtige Kundendienstleistungen betreffen Inspektion, Wartung, Reparatur, Austausch- und Ersatzteildienst, wobei Fragen der
- Geschwindigkeit (z. B. Eil-, Not- oder Normalabwicklung), der
- Organisation (z. B. eigener oder fremder Reparaturdienst) und der
- Berechnung (z. B. pauschal oder nach Aufwand) den Kaufentscheid und die spätere Zufriedenheit des Kunden wesentlich mitbeeinflussen.

Die verwendungsbezogenen Nebenleistungen werden z. T. berechnet und z. T. unentgeltlich erbracht (z. B. während der Garantiefrist oder bei Kulanzverhalten), während die abschlussbezogenen Serviceleistungen für den Kun-
Service: Unentgeltlich oder berechnet?

den überwiegend kostenlos sind. Damit ergibt sich für das Unternehmen die Frage, welche Nebenleistungen es in welchem Umfang kostenlos oder gegen Berechnung erbringen soll. Aus Gründen der Kosten- und Leistungskontrolle sollte das Unternehmen verwendungsbezogenen Service (z. B. Notdienst, Ersatzteile u. a.) außerhalb Garantie und Kulanz grundsätzlich berechnen. Es ist eine unternehmungs- und marketingpolitische Entscheidung, ob diese Berechnung auf Voll- oder Teilkostenbasis erfolgt. Eine aufgeschlüsselte Rechnungslegung für Haupt- und Nebenleistungen ist durch die Preis- und Kostentransparenz für den Kunden eine echte Serviceleistung. Gleichzeitig dient dies der Offenlegung der Leistungsfähigkeit bezüglich der wirtschaftlich-technischen Problemlösung im Vergleich mit seinen Konkurrenten.

Profilierende Serviceleistungen

Bei einem starken Preis- oder Werbewettbewerb, in dem sich die Bemühungen der Konkurrenten häufig gegenseitig aufheben und wirkungslos verpuffen, kann das Unternehmen sich durch **besonders attraktive Kundendienstleistungen** (z. B. Einrichtungsplanung oder Reparatur-Eildienst), Reparaturanleitungen im Internet, oder **spezielle Dienstleistungspakete** wirkungsvoll von Konkurrenten abheben und u. U. wesentliche Marktvorteile erreichen. Die Abbildung 76 zeigt unabhängig von der bisherigen Klassifikation einige Serviceleistungen, die das einzelne Unternehmen von einem Lieferanten erhalten und die es den Kunden anbieten kann; mit oder ohne Berechnung.

Die Übersicht lässt erkennen, dass das Unternehmen eine **geschäftsfeld- und zielgruppenspezifische Auswahl und Ausgestaltung** dieser Maßnahmen vornehmen muss, um eine für ihn typische, **imageprägende Servicepolitik** zu erreichen.

> Marktstandard der Serviceleistungen, Art und Umfang von Service-Erwartungen und Service-Präferenzen sowie die Zahlungsbereitschaft der Kunden sind neben den eigenen Marketingzielen und Möglichkeiten dabei die wesentlichen Entscheidungskriterien.

Die **Notwendigkeit einer profilierenden Servicepolitik** lässt sich u. a. mit folgenden Ausführungen eines Marketingpraktikers belegen:

> „Kundendienst schafft Vertrauen und den Wert des Unternehmens. Durch gezielten Dienst am Kunden lassen sich zufriedene Dauerkunden gewinnen, die den guten Ruf des Unternehmens festigen und die Attraktivität des Unternehmens für potenzielle Kunden steigern: ‚Zufriedene Kunden danken es Ihnen!'"

Serviceleistungen

	Serviceleistungen von Lieferanten	Serviceleistungen für Kunden
Information und Beratung beim Einkauf	Information und Beratung in Bezug auf – das Gesamtsortiment – Preise und Lieferkonditionen – Liefertermine – beabsichtigte Werbeaktionen, Preisänderungen, Sortimentsänderungen – allgemeine Marktlage, Konkurrenzsituationen – besondere Verkaufsaktionen – günstige Sortimentsauswahl und Liefermengen – Mithilfe bei der Bestimmung optimaler Auftragsgrößen – Leistung, Bedienung, Wartung – Lagerung, Verpackung und Transport der Produkte	Information und Beratung in Bezug auf – die für den Verwendungszweck geeigneten Produkte, ihre Leistung, Qualität, Haltbarkeit, Bedienung und Anwendung, Betriebskosten, Wartungskosten – Liefertermine – Preise, Rabatte, Zahlungskonditionen, Finanzierungsmöglichkeiten – bestehende Reparatur- und Wartungsdienste – Möglichkeiten der Ersatzteilbeschaffung – gewährte Garantien – Umtauschmöglichkeiten – Eingehen auf Sonderwünsche des Käufers
Schulung und Instruktion	Schulung des Personals in Bezug auf – Verkaufsargumente – Leistungen und Vorteile der Produkte – Bedienung und Verwendung der Produkte – Lagerung und Verpackung – Prüfung der Funktionsfähigkeit, Ermittlung von Fehlern – Reparatur und Unterhaltsarbeiten (Beispiele: Ausbildungskurse der Uhren- oder Radiohersteller für Fachkräfte ihrer Vertragshändler)	Instruktion künftiger Verwender in Bezug auf – Ingebrauchnahme, Bedienung, Wartung, Reparatur von Anlagen, Apparaten und anderen Gebrauchsgütern – Warnung vor falscher Anwendung, Unfallverhütung, Verhaltensregeln in Schadensfällen – Anwendungsrezepte für Verbrauchsgüter (Beispiele: Färbereikurse, Bedienungsanleitungen, Kochrezepte, Gebrauchsanweisungen, Skikurse, Musikunterricht etc.)
Zustellung und Installation	– Abstimmung des Liefertermins auf die Bedürfnisse und Möglichkeiten des Handwerks – Verpackung entsprechend den Wünschen des Handwerks – Lieferung in das Lager oder in den Verkaufsraum – Rücknahme von Leergut, Packmaterial, beschädigten oder zu reparierenden Produkten – Ersatzteillieferungen – Übernahme von Installationsarbeiten	– Abstimmung des Liefertermins auf die Bedürfnisse des Kunden – Lieferung an den Verbrauchsort – Montage und Installation von Anlagen und Apparaten, Durchführung von Probeläufen – Rücknahme von Leergut und Packmaterial
Unterhalt-, Reparatur-, Ersatzteil- und Garantiedienst	Übernahme von Wartungs- und Reparaturdiensten für den Handwerker – Vergütung der von Handwerkern übernommenen Wartungsdienste und Garantiearbeiten – Gewährleistung des Umtausches, der Rückgabe veralteter Produkte, der Ersatzteillieferung – Garantie von Qualität, Menge, Haltbarkeit, Reinheit, Typenkonformität, Warenursprung – Exklusivitätsgarantie – Bearbeitung von Reklamationen	– Wartungs- und Inspektionsdienste (z.B. 1. und 2. Gratisservice beim Autokauf) – Reparaturdienst – Gewährleistung fester Reparatur- und Wartungspreise – Möglichkeit zum Abschluss von Wartungsabonnements – Garantieleistungen für bestimmte Fristen, z. B. Frischheits- und Haltbarkeitsgarantie – Gewährleistung der Verfügbarkeit von Ersatzteilen – Garantie bestimmter Qualität, Reinheit, Typenkonformität, Warenursprünge – Bearbeitung von Reklamationen

Abb. 76: Serviceleistungen von Lieferanten und für Kunden

11.3 Preise und Konditionen

11.3.1 Arten der Preisbildung

Obwohl „nichtpreisliche Faktoren im modernen Marketing eine zunehmend wichtige Rolle spielen, bleibt der Preis dennoch ein wichtiges Element des Marketing-Mix und seine Bestimmung stellt in gewissen Situationen weiterhin eine herausfordernde Aufgabe dar".

Preispolitik

Diese Feststellung von Kotler gilt für jedes Unternehmen, denn durch bewusste, d. h. gezielte **Preispolitik** für die Sach- und/oder Dienstleistungen kann es

- seine Marktleistungen für die potenziellen Kunden attraktiv machen (Image eines guten Preis-Leistungs-Verhältnisses)
- Nachteile bei anderen Marketing-Leistungen (z. B. Qualitätsstandard, Angebotsbreite oder Kundendienst) gegenüber Wettbewerbern ausgleichen und
- seine Gesamtkosten und seinen Gewinn einer Periode „verdienen".

Preishöhe

Aus der Sicht der Kunden – speziell der Endverbraucher – wird der Preis häufig als dominantes, wenn nicht sogar als alleiniges Merkmal zur Beurteilung der Qualität einer Leistung herangezogen. Die weitverbreitete Ansicht „Was gut ist, kann nicht billig sein" belegt dies insbesondere für langlebige Wirtschaftsgüter. Aus diesem Grunde muss jedes Unternehmen den Fragen nach Preishöhe und Preisgestaltung (Netto- oder Bruttopreise mit unterschiedlicher Rabattgewährung) sowie den Konditionen (Lieferungs- und Zahlungsbedingungen, Vertragsstrafenregelungen o. Ä.) große Beachtung schenken.

Preisformen, Konditionen

> Das Ziel unternehmerischer Preispolitik müssen stets Preise mit hohen Deckungsbeiträgen sein.

Von diesem grundsätzlichen Ziel der Preisbildung kann für kurze Zeitabschnitte auch abgewichen werden, wenn umgehend auf Konkurrenzmaßnahmen reagiert, die Nachfrage zur Kapazitätsauslastung angeregt oder neuer Bedarf geschaffen werden muss. Es wird dann von einer taktischen Preisbildung gesprochen.

Die Ziele und Möglichkeiten der Preisbildung sind abhängig von den innerbetrieblichen Bedingungen und den Annahmen des Unternehmens über die marktlichen Gegebenheiten und Entwicklungen.

Betriebliche Bestimmungsfaktoren

Bei den **betrieblichen Bestimmungsfaktoren** für die Ermittlung und Gestaltung des Preises als Marketing-Instrument sind neben den kurz- oder langfristig zu erreichenden Unternehmenszielen (z. B. bezüglich Umsatz, Beschäftigung oder Rentabilität) insbesondere zu nennen: Betriebsgröße, Betriebsstruktur, Kapazitätsauslastung, Kostenstruktur, Leistungsprogramm nach Mengen, Werten, Qualitäten und Zeiten sowie Art und Einsatz der Nicht-Preis-Marketing-Instrumente.

Marktliche Bestimmungsfaktoren

Bei den **marktlichen Faktoren** wirken auf die kurzfristige Preisbildung insbesondere die reale Wettbewerbssituation und die Annahmen des Unternehmens über Art und Umfang der voraussichtlichen Kunden- und Konkurrenzreaktionen bezüglich Preis- und Nicht-Preis-Maßnahmen. Bei längerfristiger Betrachtung (z. B. über ein Jahr hinausgehend), sind es dagegen mehr die

Erwartungen oder Prognosen bezüglich der konjunkturellen, gesamtwirtschaftlichen und branchenwirtschaftlichen Entwicklungen, Kaufkraftverteilung, Kaufkraftverwendung. Es sind aber auch Annahmen über Veränderungen der Lebens- und Verbrauchsgewohnheiten bei den einzelnen Zielgruppen, die in ihrer Gesamtheit die Entscheidungen des Unternehmens über das anzustrebende **Preisniveau** im Preis-Leistungs-Verhältnis wesentlich mitbestimmen.

Geht man davon aus, dass in der Regel die Entscheidungen zur kurzfristig wirksamen Preisbildung überwiegen, so lassen sich folgende zwei Entscheidungssituationen unterscheiden:

- Das Unternehmen rechnet damit, dass der Absatz seiner Leistungen nur von den eigenen preispolitischen Maßnahmen und dem Verhalten der Käufer abhängt, nicht dagegen vom Verhalten der Konkurrenten. Man spricht von einer **monopolistischen Verhaltensweise**. Monopolistische Preisbildung
- Der Absatz der Marktleistungen wird nicht nur von den eigenen Preis-Maßnahmen und vom Käuferverhalten bestimmt, sondern auch das (Marketing-)Verhalten der Konkurrenten hat Einfluss auf den Absatz bzw. das gesamte Marketing-Verhalten des Unternehmens. Hier wird eine **konkurrenzgebundene Verhaltensweise** angenommen. Konkurrenzgebundene Preisbildung

Das einem Unternehmen verfügbare Instrumentarium der Preispolitik ist in Abbildung 76 dargestellt.

Preispolitik

Instrumentegruppen \ Aktionsebene	Strategische Ebene	Taktische Ebene
AKTIONSINSTRUMENTE		
Einzelpreisbestimmung	z. B. Preispositionierung	z. B. Fabrikabgabepreis, empfohlener EVP
Preisdifferenzierung	z. B. Zweitmarkenpolitik	z. B. Mengenrabatte
Preisvariation	z. B. Preisstellung im Lebenszyklus	z. B. Sonderangebote
Preislinienpolitik	z. B. Preislagenbesetzung	z. B. Unter-Einstandspreis-Angebote
Preisdurchsetzung	z. B. Vertragshändlersystem	z. B. Preisauszeichnung
INFORMATIONSINSTRUMENTE		
Preisforschung	z. B. Scannersysteme	z. B. Preistests

Abb. 77: Das Instrumentarium der Preispolitik (Diller)

Welche Verhaltensweise das einzelne Unternehmen seiner Preis- und Marketing-Politik zugrunde legt, ist weitgehend davon abhängig, welchen Grad der Unvollkommenheit, d. h. der Undurchsichtigkeit bei Angebot und Nachfrage der jeweilige lokale, regionale und leistungsspezifische Teilmarkt aufweist. Für das Unternehmen ist entscheidend, in welchem Umfang es Kenntnisse oder Erwartungen von den jeweiligen Marktstrukturen, Konkurrenten und Zielgruppen besitzt oder erhalten kann und in welchem Umfang es fähig und bereit ist, diese Informationen in Preisentscheidungen umzusetzen.

Bedingungen der Preisbildung

Das Unternehmen wird umso stärker eine monopolistische Verhaltensweise wählen, je mehr seine Teilmärkte durch Unvollkommenheit gekennzeichnet sind. Dies ist bei einem großen Teil der Unternehmen gegeben, denn diese können bei ihren Marketing- und damit auch bei den Preisentscheidungen ausgehen von
- **Marktintransparenz** (mangelnde Information über Daten und voraussichtliche Verhaltensweise der übrigen Marktpartner),
- **Heterogenität der Leistungen** (Unterschiede im Leistungsangebot der Wettbewerber durch Wirksamwerden von Präferenzen bei den Marktpartnern) und
- **Nicht-Rationalität des Handelns** (die Beteiligten entscheiden nicht rational im Sinne von Nutzenmaximierung, sondern auch nach Zufriedenheitsaspekten).

Diese Bedingungen verhindern eine rein kostenbezogene Preisfindung; sie begünstigen mehr eine image- bzw. präferenzbezogene Preisbildung durch das Unternehmen. Nach **Art und Zweck der Preisbestimmung** kann diese schwerpunktmäßig als
- kostenorientierte
- nachfrageorientierte
- konkurrenzorientierte

Preisbildung erfolgen, deren Besonderheiten kurz dargestellt werden.

11.3.1.1 Kostenorientierte Preisbildung

Kostenorientierte Preisbildung

Die **kostenorientierte Preisbildung** basiert auf der Grundüberlegung, dass der Preis schwerpunktmäßig von den Kosten bestimmt wird, die eine Leistung oder ein Leistungsprogramm an Einzel- und Gemeinkosten verursacht. Der vom Unternehmen gebildete und am Markt geforderte Preis wird bei dieser Vorgehensweise weniger von der Marktlage (Monopol oder Polypol) und der Marktstellung (Produkt-, Image- oder Zeitvorteile gegenüber der Konkurrenz) als vielmehr von den Kosten der in Frage stehenden Leistung bestimmt. Von Bedeutung ist hier, welche Kostenarten und Kostenanteile zur Preisbildung herangezogen werden.

> Im Prinzip sind **Preisbestimmungen** (Kalkulationen) möglich **mit Vollkosten oder mit Teilkosten**. Dies wirkt sich nicht nur auf die Preis- und Gewinnhöhe aus, sondern entscheidet auch über die Höhe der Preisuntergrenze bei den einzelnen Leistungen, die für kurzfristig (liquiditätsmäßig) erforderliche Absatzerfolge von entscheidender Bedeutung sein kann.

Als Verfahren zur kostenorientierten Preisbildung haben sich gerade unter den letztgenannten Gesichtspunkten der Preisuntergrenzen die Break-even-

Analyse und die Deckungsbeitragsrechnung als besonders geeignet erwiesen. Weiterführende Betrachtungen finden sich im Buch „Finanz- und Rechnungswesen".

Die **Break-even-Analyse** als Instrument kostenorientierter Preisbildung kann in einem Unternehmen, hier dargestellt an einem Dienstleistungsbetrieb, wie folgt eingesetzt werden, um die Stunden-Verrechnungssätze zu ermitteln. Dazu wird von den „produktiven" verrechnungsfähigen Stunden der verschiedenen Mitarbeitergruppen je Planperiode ausgegangen. Diese müssen in der Planperiode abgesetzt werden, um die anfallenden Fixkosten (z. B. Miete, Abschreibungen, Versicherungen etc.), die variablen Kosten (z. B. Stundenlöhne der Mitarbeitergruppen) und einen Gewinn zu erwirtschaften. Kosten plus Gewinn ergeben den erforderlichen Erlös, aus dem sich durch Division mit den Planstunden (h_1) der Stunden-Verrechnungssatz (P_1) errechnet. Dabei führen die Fixkosten dazu, dass bei sinkender Beschäftigung (= Rückgang der produktiven, verrechnungsfähigen Stunden) die Verrechnungssätze steigen müssen, wenn auch dann noch Gewinn erreicht werden soll. Dies führt z. B. bei h_2 produktiven Stunden zu einem Verrechnungssatz P_2, wie dies Abbildung 78 für eine auf der Break-even-Analyse beruhende Preisbildung verdeutlicht.

Break-even-Analyse

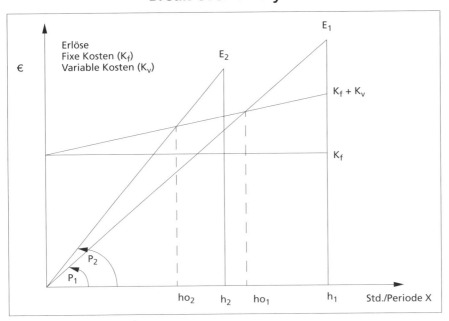

Abb. 78: Break-even-Analyse

Gelingt es dem Unternehmen in der Periode × (Jahr, Halbjahr, Quartal oder Monat) nicht, so viele Stunden (h_1 oder h_2) wie geplant zu verkaufen (= verrechnen), dann macht das Unternehmen bei Absinken unter h_{01} oder h_{02} verrechneten Stunden realen Verlust. Die Gesamtkosten sind dann höher als die Summe der erzielten Umsätze (= Summe der zu P_1 oder P_2 verrechneten, d. h. verkauften Stunden). Dieses Vorgehen der Preisbildung auf Gesamtkostenbasis ist nicht unproblematisch. Häufig können Markt- und Beschäftigungschancen nicht genutzt werden, da „der Markt" nicht in jedem Fall und für jede Leistung des Unternehmens einen Preis zulässt, der auf kalkulierten Vollkosten beruht.

Deckungsbeitragsrechnung

Werden lediglich Kostenteile zur Preisbildung herangezogen, spricht man von einer Teilkostenrechnung. Die bekannteste Form ist die **Deckungsbeitragsrechnung**. Sie geht davon aus, dass der zu erzielende Preis mindestens die variablen Kosten (Grenzkosten) decken muss. Jeder darüber hinaus gehende Erlös wird als Deckungsbeitrag bezeichnet, da er zur Abdeckung der Fixkosten und zur Gewinnerzielung beiträgt. Der zu erzielende Mindestpreis und der ggf. erwirtschaftete Deckungsbeitrag lassen sich etwa nach folgendem Schema ermitteln:

Beispiel:

Fertigungsmaterialverbrauch	20,- €
Fertigungslöhne	10,- €
Einzelkosten (leistungsabhängig)	30,- €
leistungsabhängige Gemeinkosten	15,- €
Mindestpreis (Grenzkosten)	45,- €
erzielbarer Verkaufspreis	80,- €
Deckungsbeitrag pro L-Einheit	35,- €

Eine Preisbildung auf Teilkostenbasis (hier z. B. 45,- €) kann nur eine zeitlich begrenzte Maßnahme sein. Da hierbei weder Fixkostenanteile „verdient" noch Gewinnbeiträge erwirtschaftet werden, ist auf längere Sicht die reale Kapitalerhaltung, d.h. die Erhaltung von Betriebsgröße und Leistungsbereitschaft nicht gewährleistet. Es sei denn, das Unternehmen hat bei anderen Marktleistungen und Aufträgen so hohe Deckungsbeiträge erzielt, dass bei Gesamtbetrachtung sämtliche Kosten gedeckt und die angestrebte Rentabilität erzielt werden konnte. Auf jeden Fall sollte mit einer Umsatz- und Sortimentsanalyse geklärt werden, ob das Unternehmen diese Leistung beibehalten muss oder aufgeben kann (vgl. Problematik der Serviceleistungen).

11.3.1.2 Nachfrageorientierte Preisbildung

Nachfrageorientierte Preisbildung

Bei der **nachfrageorientierten Preisbildung** ist die Bedarfsentwicklung als Ausdruck der Marktsättigung und des Käuferverhaltens die bestimmende Größe. Bei dieser Orientierung der Preisfestlegung wird angestrebt, bei bisherigen oder neuen Kunden einen bestimmten Mengen- oder Wert-Umsatz zu erreichen und zu sichern. Dies kann erfolgen durch Preissenkungen, Preiskonstanz oder – weniger häufig – durch Preiserhöhungen. Letzteres wäre z. B. denkbar bei Leistungen, die einen hohen Prestigewert oder Exklusiv-Charakter haben. Ansonsten ist es vorteilhaft, Preisänderungen und speziell Preiserhöhungen zu koppeln mit Leistungsänderungen im Aussehen, in der Zusammensetzung oder in der Qualität. Dann liegt in den Augen des Kunden ein

„neues Produkt mit neuem Preis" vor, d.h. die unmittelbare Vergleichsmöglichkeit zwischen dem bisherigen und dem neuen Preis-Leistungs-Verhältnis ist nicht mehr unbedingt gegeben. Außerdem können hiermit gezielt Präferenzen, das sind Vorzüge in den Augen der Kunden, für Preis- und Ertragsziele des Unternehmens ausgenutzt werden, ohne dass es offensichtlich ist.

Dieser Gedanke, dass unter bestimmten Bedingungen für „ähnliche" Produkte unterschiedliche Preise bezahlt werden sollen, wird angewandt beim Verhalten der **Preisdifferenzierung** durch das Unternehmen. Diese preispolitische Strategie ist ein geeignetes Instrument differenzierter Marktbearbeitung. Hier versucht das Unternehmen, für gleiche oder ähnliche Leistungen in unterschiedlichen Marktsegmenten (Teilmärkten) unterschiedliche Preise zu realisieren.

<small>Preisdifferenzierung</small>

Marktsegmente sind Preissegmente!

Bei differenzierungsfähigen Leistungen (Variantenbildung) des Unternehmens bieten sich **räumliche, zeitliche und kundenbezogene Preisdifferenzierungen** an. Werden diese Kriterien auch noch kombiniert angewendet, erschwert dies die Markt- und Preisübersicht für Kunden und Konkurrenten nicht unwesentlich. Dies ist ein weiterer Schritt des Unternehmens, vom reinen Preiswettbewerb wegzukommen.

11.3.1.3 Konkurrenzorientierte Preisbildung

Als weitere Möglichkeit der Preisgestaltung wurde noch die **konkurrenzorientierte Preisbildung** angeführt. Bei diesem Vorgehen versucht das Unternehmen seine Preise so festzulegen, dass sie denen der Konkurrenz entsprechen oder unter den Konkurrenzpreisen liegen. Diese Maßnahme zur Veränderung oder Stabilisierung der Wettbewerbssituation wird meist dann vom Unternehmen ergriffen, wenn mengenmäßige Absatzsteigerungen angestrebt werden, z. B. bei Neugründung eines Geschäfts oder zur besseren Auslastung der Kapazität. Die Preise können aber auch höher sein als die der Konkurrenz; insbesondere, wenn der Ruf des Betriebes gut ist und in der Branche allgemein eine gute Beschäftigungslage herrscht. Der Preis und auch die übrigen Marketing-Instrumente verlieren an Gewicht als Wettbewerbskriterien, wenn die Situation einer Über-Nachfrage gegeben ist.

<small>Konkurrenzorientierte Preisbildung</small>

> Durch konkurrenzorientierte Gestaltung des Preis-Leistungs-Verhältnisses wird kurzfristig nicht nur die Ertragslage beeinflusst, sondern auch die Weichen für Art und Preisniveau des späteren Leistungsangebots gestellt.

Besondere Bedeutung hat die konkurrenzorientierte Preisbildung bei solchen Unternehmen (z. B. Handwerksbetrieben), die über **Ausschreibungen** ihre Aufträge erhalten. Dabei kann durch Berücksichtigung von Erfahrungswerten und subjektiven Wahrscheinlichkeiten bezüglich des Preisbildungsverhaltens der Hauptkonkurrenten eine wesentliche Verbesserung der eigenen Preisfindung erreicht werden. Voraussetzung ist jedoch – wie bei allen Entscheidungen – gute, ausreichende Information über die internen Bedingungen und Entwicklungen der Hauptkonkurrenten (z. B. Größe, Auftragslage, Beschäftigung, Suche nach Arbeitskräften u.a.m.), die Beschäftigungslage in der Branche und das Nachfrageverhalten der ausschreibenden Stellen.

<small>Ausschreibung</small>

Preis-
wettbewerb

Qualitäts-
wettbewerb

Befinden sich Angebot und Nachfrage nach bestimmten Leistungen im Gleichgewicht, d.h. es besteht kein scharfer **Preiswettbewerb,** dann sollte das Unternehmen durch verstärkten Einsatz der übrigen Marketing-Instrumente versuchen, Wettbewerbsvorteile zu erreichen. Durch einen solchen **Qualitätswettbewerb** könnten – langfristig gesehen – alle Unternehmen einer Branche in bestimmten Marktsegmenten ihre Preise langsam erhöhen und damit auch die Ertragslage verbessern. Dies wird jedoch auf keinen Fall erreicht werden können, wenn mit Hilfe von nicht oder falsch kalkulierten Niedrigpreisen versucht wird, Wettbewerbsvorteile zu erreichen. Dies ist nicht nur kurzfristig unter Kosten- und Liquiditätsgesichtspunkten gefährlich; Preissenkungen und das Image „billig" lassen sich auch auf längere Sicht nur schwer wieder anheben.

11.3.2 Anlässe der Preisbildung

Für das Unternehmen gibt es im Prinzip drei Situationen, in denen es sich mit der Preisbildung und Preisgestaltung befassen muss:
- erstmalige Preisbildung durch das Unternehmen
- Preisänderung durch das Unternehmen
- Preisänderung durch die Konkurrenz.

11.3.2.1 Erstmalige Preisbildung durch das Unternehmen

Das Unternehmen ermittelt einen Preis für eine Leistung, die neu ins Programm aufgenommen wurde. Dabei kann – je nach Zielgruppe, Marktsegment und Neuheitsgrad der Leistung – die Niedrigpreis- oder Hochpreis-Strategie zur Anwendung kommen.

Hochpreis-
Strategie

Die **Hochpreis-Strategie** in der Einführungsphase hat zum Ziel, zunächst sehr kaufkraftstarke Käufer zu gewinnen, die mit dem Einsatz der Leistung einen Prestige-Effekt verbinden. In späteren Zeitabschnitten wird der Preis reduziert, um weitere Käuferschichten zu gewinnen.

Niedrigpreis-
Strategie

Mit der **Niedrigpreis-Strategie** (z. B. auf Teilkostenbasis) versucht das Unternehmen sofort größere oder mehrere Aufträge, also letztlich Marktanteile zu erreichen. Das Hauptargument sieht das Unternehmen in einer äußerst attraktiven Preisgestaltung. Dabei hofft es, dass dies bei qualitativ ansprechender Leistung sich positiv auf sein Image und seine spätere Auftragslage auswirkt. Daher wird diese Strategie auch gerne bei Existenzgründungen und jungen Unternehmen mit dem Ziel der Marktgewinnung eingesetzt.

11.3.2.2 Preisänderung durch das Unternehmen

Preisgestaltung

Das Unternehmen versucht durch bewusste Preispolitik (z. B. Preiskonstanz über längeren Zeitraum) oder situative **Preisgestaltung** eine Verhaltensänderung bei Kunden (z. B. mehr Nachfrage nach Qualität) oder bei Konkurrenten (z. B. Anpassung der Preise und Konditionen) zu erreichen. Die Initiative zu dieser Markt- bzw. Wettbewerbsbeeinflussung geht vom Unternehmen aus, doch ist der Erfolg abhängig von der Preiselastizität der Nachfrage, dem Preisbewusstsein der Kunden, der Transparenz des Marktes und u. a. der Gleichartigkeit der Leistungen. Außerdem haben Imagevorstellungen auf der

Angebots- und Nachfrageseite einen sehr wesentlichen Einfluss auf die Preisbestimmung.

11.3.2.3 Preisänderung durch die Konkurrenz

Hier muss das Unternehmen versuchen, den spezifischen Zweck der Konkurrenzmaßnahme zu erkennen; z. B. Erhöhung, Senkung oder Differenzierung von Preisen als Maßnahme zur Marktsegmentierung, zur besseren Marktnutzung, zur besseren Kapazitätsauslastung, zur Ausschaltung von Wettbewerbern o. Ä. Außerdem ist die voraussichtliche Dauer der Maßnahme zu ermitteln, z. B. kurzfristige (taktische) oder langfristige (strategische) Preisänderungen, um Konsequenzen für das Marketing-Verhalten des eigenen Betriebs abschätzen zu können. Es gilt Anhaltspunkte für die eigene Reaktion zu gewinnen, wobei das Schaubild von Kotler (Abbildung 79) einige Hinweise für die Überlegungen des Unternehmens in einer solchen Situation geben kann.
Preisgestaltung der Konkurrenz

Hier wird deutlich, dass nicht unbedingt mit Preis-Maßnahmen reagiert werden muss. Es ist sinnvoller, zuerst andere Marketing-Aktionen zu überlegen und auf ihre Wirkungen hinsichtlich Kunden, Konkurrenten und Gewinnsituation zu prüfen. Außerdem sind preisliche Veränderungen stets liquiditätswirksam und können damit u. U., z. B. für junge Unternehmen, existenzgefährdend werden.

11.3.3 Instrumente der Preisgestaltung

Unter Preisgestaltung sind alle Maßnahmen zu verstehen, mit denen die Erscheinung des Preises im Markt, die Preisform, beeinflusst bzw. festgelegt wird. Diese Entscheidungen werden häufig auch als **„Sonderformen der Preisbildung"** bezeichnet und betreffen die Ausprägung von Rabatten, Konditionen und Kreditgewährung.
Sonderformen der Preisbildung

11.3.3.1 Rabatte

Rabatte sind Preisnachlässe, die in Form von Preisabschlägen (Nominalrabatt) oder Mengenzugaben (Naturalrabatt) an Abnehmer gewährt werden. *Rabatte*

Von den vielfältigen Möglichkeiten der Rabattgewährung durch das Unternehmen seien beispielsweise genannt:

– Funktionsrabatt:
  Entgelt für Übernahme von Leistungen, z. B. Lagerhaltung, Kundendienst etc.; *Funktionsrabatt*

– Mengenrabatt:
  Rabattstaffeln belohnen die Abnahme größerer Mengen; Gewähren eines Bonus für Mindest-Jahresbestellmengen; Kleinaufträge werden mit Bearbeitungsgebühr oder Mindermengenzuschlägen belegt; *Mengenrabatt*

– Treuerabatt:
  Abschlag für langfristige Zusammenarbeit; meist in Kombination mit Mengenrabatt, was jedoch nicht zwingend ist; *Treuerabatt*

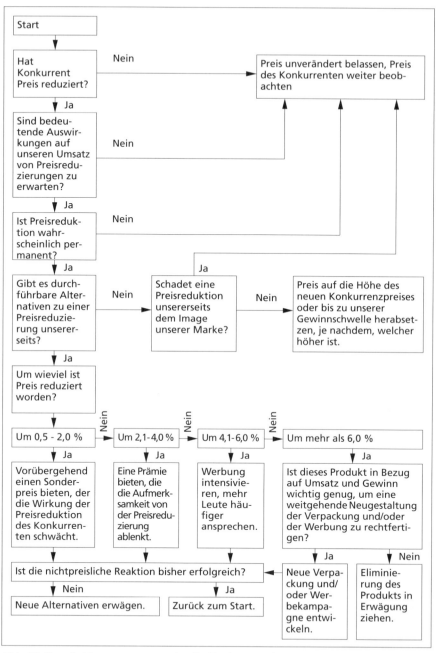

Abb. 79: Entscheidungsprogramm für die Reaktion auf eine Preisreduktion der Konkurrenz (Beispiel von Kotler)

- Einführungsrabatt:
Zusätzlicher Preisnachlass, um erstmals ins Geschäft zu kommen, bzw. um ein neues Produkt besser in den Markt zu bringen; Anwendung meist in Kombination mit Funktions- und Mengenrabatten;   *Einführungsrabatt*
- Verbraucherrabatte:
Preisnachlässe, die als reine Kaufanreize für den Konsumenten gedacht sind; z. B. als Sonderangebot, Discountpreise o. Ä. insbesondere bei „Zusatzprodukten".   *Verbraucherrabatt*

Die Rabattpolitik als Marketing-Instrument verliert immer mehr an Bedeutung; es dominiert zunehmend die Nettopreispolitik.

11.3.3.2 Konditionen

Konditionen als Lieferungs- und Zahlungsbedingungen sowie die Allgemeinen Geschäftsbedingungen (AGB) eines Unternehmens beeinflussen direkt oder indirekt Höhe und Struktur eines Preises.   *Konditionen*

Bei den **direkt** wirkenden **Zahlungsbedingungen** gilt das **Skonto** als das effizienteste Instrument der Preisgestaltung und der Steuerung des Geldeinganges (Anreizfunktion des Skonto!). Die Höhe der Abschläge richtet sich nach der angetragenen bzw. vereinbarten Zahlungsweise, z. B. Vorauszahlung, Anzahlung, Zahlung bei Lieferung oder innerhalb einer bestimmten Frist danach. Zu den Zahlungsbedingungen gehören aber auch Vereinbarungen über **Verzugszinsen** bei nicht fristgerechter Zahlung und über **Konventionalstrafen** bei nicht fristgerechter Lieferung bzw. Leistung.   *Zahlungsbedingungen Skonto*   *Konventionalstrafen*

Zu den Lieferbedingungen, die **indirekt** preisgestaltend wirken (Mehr- oder Minderkosten für den Kunden) gehören Vereinbarungen über **Leistungsgenauigkeit**, **Leistungsgarantie** nach Qualität, Menge und Termin sowie **Kundendienstleistungen** wie Montage, Umtauschrecht u. a. m. Auch Angaben zur Übernahme von Verpackungs-, Fracht- oder Versicherungskosten sind hier aufzuführen, um einige Beispiele für lieferungsspezifische Kosten zu nennen. Außerdem kann das Unternehmen durch seine Bereitschaft zur Inzahlungnahme von Altgeräten oder zum Abschluss von Gegengeschäften (Gegenlieferungen) seinen Angebotspreis entsprechend gestalten.   *Lieferbedingungen*

11.3.3.3 Kreditgewährung

Kreditgewährung dient der Absatzfinanzierung, denn der Kunde kann die gesamte Rechnung zu einem späteren Termin bezahlen oder es wird Ratenzahlung vereinbart, was einem Teilzahlungskredit entspricht. Die Kreditgewährung kann durch das Unternehmen selbst erfolgen (Finanzierung aus Eigenmitteln, Lieferanten- oder Kontokorrentkrediten bei der Bank) oder als Serviceleistung durch Einschalten von Kreditinstituten (Vermittlung einer Finanzierung) geschehen.   *Kreditgewährung*

Je nach Art der Leistung kann anstelle des Verkaufs auch eine **Vermietung** treten, was aus der Sicht des Unternehmens ebenfalls eine Art Kreditgewährung an den Kunden darstellt. Dies gilt auch für **Leasing** als spezielle Erscheinungsform der Vermietung von Gebrauchs- und Investitionsgütern, wobei häufig zusätzliche Dienstleistungen (z. B. Inspektion, Wartung und Reparaturdienst) mit-„verkauft" werden. Die Frage, ob Leasing als Kaufalternative   *Leasing*

205

vom Unternehmen angeboten werden soll, basiert zum einen auf einer Marketing-Grundsatz-Entscheidung und zum anderen auf einer Kosten- bzw. Ertragsvergleichsrechnung, die es mit den angestrebten Absatzzielen und den Marktgegebenheiten zu gewichten gilt. Vom Unternehmen darf hierbei nicht übersehen werden, dass durch eine solche Maßnahme zusätzliche Umsätze im Hobby- bzw. Do-it-yourself-Markt erreicht werden können (Vermietung von Werkzeugen, Geräten oder Maschinen, z. B. für Gartenarbeiten, Hausrenovierungen o. Ä.).

11.4 Marketing-Kommunikation

Die hier genannten Marketing-Instrumente **Werbung, Verkaufsförderung** und **Öffentlichkeitsarbeit** sind besonders geeignet, die Leistungsfähigkeit und die Leistungen gegenüber Kunden und Konkurrenten herauszustellen. Es sind **wichtige Instrumente, um vom Preiswettbewerb wegzukommen.** Durch ihren gezielten Einsatz soll zwischen dem Unternehmen und seinen bisherigen sowie möglichen Kunden ein Informationsaustausch, d. h. eine Kommunikationsbeziehung erreicht werden. Das Ziel ist es, eine **Einstellungs- und Verhaltensänderung bei den Angesprochenen** zu erreichen. Abbildung 80 zeigt, dass sich hierbei im Normalfall ein ziemlich einseitiger Informationsfluss vollzieht. Der Kunde (Käufer) antwortet dem Sender (Verkäufer) durch seine Reaktionen; z. B. Kauf oder Nichtkauf, Erinnern oder Vergessen.

Informationsaustausch

Das Maßnahmenbündel von Werbung, Verkaufsförderung und Öffentlichkeitsarbeit muss als **„Kommunikations-Mix"** in **Inhalt (Aussage), Erscheinungsform und zeitlichem Einsatz so aufeinander abgestimmt werden, dass sich bei den Empfängern ein einheitliches Bild (Image) vom Unternehmen und dessen Leistungen formen kann.** Einige Teilaspekte der Werbung, Verkaufsförderung und Öffentlichkeitsarbeit, soweit sie für **profilierendes Marketing** von Bedeutung sind, gilt es im Folgenden schwerpunktartig aufzuzeigen.

Kommunikations-Mix

11.4.1 Werbung

11.4.1.1 Werbeziele

Werbung

Werbung (= Absatzwerbung) ist die bewusste und zwangsfreie Kundenbeeinflussung mit Werbemitteln.

Die **Aufgabenbereiche der Werbung** können umschrieben werden mit:
– Erzielung von Aufmerksamkeit für das Unternehmen und seine Leistungen,
– Information über Leistungen und Leistungsfähigkeit des Unternehmens,
– Anregung der Kunden zum Kauf der Leistungen,
– Versorgung der Kunden mit Argumenten zur Begründung von Kaufentscheidungen.

11.4 Marketing-Kommunikation

Kommunikationsmodell der Werbung

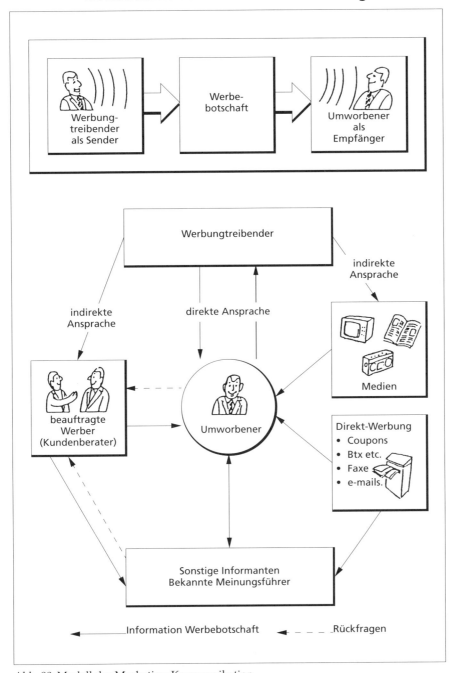

Abb. 80: Modell der Marketing-Kommunikation

Imagebildung, Imagepflege	Damit wird deutlich, dass Werbung primär nicht nur ankündigende oder erinnernde Informationen gibt, sondern bewusst der **Imagebildung** und der **Imagepflege** bei den Kunden dient, um so kurz- und langfristig die Marketingziele des Unternehmens durchsetzen zu können. Das bedeutet, dass die Ziele der Werbung in engem Zusammenhang stehen müssen mit den Marktzielen (z. B. Einführung einer neuen Leistung oder Umsatzausdehnung bei einer Leistung oder bei einzelnen Kundengruppen). Außerdem muss das Unternehmen klare Vorstellungen haben über Einstellungen und Erwartungen seiner Kunden in Bezug auf die Marktleistungen und deren Verwendung bzw. Wirkung. Diese Größen sind die Basis für den Inhalt der Werbeziele. Solche **Werbeziele** lassen sich entsprechend der angestrebten **Werbewirkungen** (Reaktionen der Umworbenen) festlegen.
Werbeziele	Als **Werbeziele** des einzelnen Unternehmens lassen sich unterscheiden:
	– **Berührungs- und Streuerfolg**
Berührungs- oder Streuerfolg	Ausgesandte Werbebotschaften sollen die ausgewählten Zielgruppen in den Marktsegmenten möglichst ohne Streuverlust erreichen. Streuverluste entstehen durch Werbekontakte mit Nichtzielpersonen (Personen, die weder als Käufer oder Verwender noch als Absatzhelfer in Frage kommen). Dies führt zu wirkungslosen Werbeausgaben. Bei Nutzung von Medien (z. B. Zeitungen, Zeitschriften o. Ä.) lässt sich dies zwar nicht vermeiden, aber durch bewusste Medienauswahl minimieren.
	– **Aufmerksamkeitswirkung**
Aufmerksamkeitswirkung	Die Werbebotschaft soll den unbewussten Wahrnehmungsfilter des Umworbenen durchdringen. Die Werbemaßnahme soll im Feld der Konkurrenzwerbung bewusst, mindestens jedoch unwillkürlich wahrgenommen werden. Die in der Werbebotschaft enthaltenen Informationen sollen aufgrund der speziellen Aufmerksamkeitswirkung bewusst aufgenommen werden.
	– **Gefühlswirkung**
Gefühlswirkung	Die aufgenommene Werbebotschaft soll auf das individuelle Empfinden des Umworbenen wirken und Emotionen erwecken. Die Stärke (nicht die Art und Richtung) dieser Wirkung lässt sich bis zu einem gewissen Grade an den Reaktionen des Angesprochenen messen (z. B. Freude, Enttäuschung oder Wut über empfangene, ausgeführte Leistungen).
	– **Erinnerungswirkung**
Erinnerungswirkung	Mehr oder weniger große Teile der durch die Werbung vermittelten Sach- und Image-Informationen sollen im Gedächtnis gespeichert bleiben (z. B. Bekanntheitsgrad des Firmenbildes, des Firmenzeichens (LOGO), des Unternehmensleitsatzes (SLOGAN) u. Ä.).
	– **Positive Hinstimmung**
Positivwirkung	Die Werbebotschaft soll unbewusste Bedürfnisse konkretisieren und bewusst machen: soll den Wunsch wecken, die Marktleistung zu erwerben; soll diesen Wunsch rechtfertigen, soll die Überzeugung entwickeln oder bestätigen, dass die durch die Werbung angepriesene Leistung dem Kunden nach allen Gesichtspunkten den größten Nutzen stiftet (z. B. Beeinflussung der Skala der Kundenwünsche, für eine hohe Präferenz bezüglich späterer Kaufabsichten).

- **Interesseweckung**
 Die Werbung soll das Interesse an der Marktleistung des Unternehmens so aktivieren, dass der Umworbene bereit ist, sich aktiv mit dieser auseinander zu setzen und diese Leistung als mögliches Erwerbsobjekt zu sehen (z. B. Auslösen des Bedarfs an Detailinformationen über die angebotene Leistung oder über mögliche Bezugsquellen).

 Interesseweckung

- **Auslösung der Kaufhandlung**
 Die Werbebotschaft soll veranlassen, dass der Kaufwunsch in die Tat umgesetzt wird; dass der Angesprochene im Falle eines Wiederkaufs von der Konkurrenz auf die eigene Marktleistung wechselt bzw. dem Unternehmen treu bleibt. Die Werbung soll den Kunden aktivieren, das Kaufverhalten steigern oder mindestens halten.

 Auslösung der Kaufhandlung

Diese sieben Teilwirkungen lassen sich so definieren, dass jede für sich messbar ist, folglich auch bei der Werbeplanung als quantitatives Ziel vorgegeben werden kann. Dabei sind die ersten sechs Ziele quasi jederzeit, vor allem auch kurzfristig messbar. Dagegen ist das letzte Ziel in aller Regel nur bei Sonderaktionen kontrollierbar oder im Falle einer kontinuierlichen Werbung. Daher ist es für jedes Unternehmen angeraten, für die operative, kurzfristige Werbeplanung möglichst für jedes Marktsegment und jede Leistung exakte, d.h. kontrollierbare Werbeziele zu entwickeln. Erst wenn die Werbeziele in der genannten Form bestimmt sind, kann über die Art der Werbung und der Werbeaussagen sinnvoll entschieden werden.

Messbarkeit der Werbewirkung

Die 7 W-Fragen der Werbung

- Warum soll geworben werden? → Werbeziele
- Wer soll angesprochen werden? → Zielgruppen
- Was wird übermittelt? → Informationsgehalt der Werbebotschaft
- Wann wird die Werbebotschaft übermittelt? → zeitlicher Einsatz, Koordination
- Wo wird übermittelt? → räumlicher Einsatz, Koordination
- Womit wird übermittelt? → Werbemittel, Werbeträger
- Wie wird übermittelt? → Form, Stil und Präsentation

Diese Fragen sind zielgruppenspezifisch zu beantworten!

11.4.1.2 Werbearten

Bezüglich der Werbeart, die für das Unternehmen im Einzelfall zweckmäßig ist, gilt es zu unterscheiden zwischen:

1. **Einzelwerbung:**
 individuelle Umwerbung möglicher Kunden; Direktwerbung, z. B. mit persönlichen Werbebriefen;

 Einzelwerbung

 oder

 Massenwerbung:
 Umwerbung von möglichen Kundengruppen; keine persönliche Ansprache; Einschaltung von unpersönlichen Werbemitteln; z. B. Handzettel, Anzeigen in Tageszeitungen oder Fachzeitschriften; aber auch Firmen- und Produktpräsentation im Internet;

 Massenwerbung

2. **Alleinwerbung:**

Alleinwerbung

Werbemaßnahmen gehen vom einzelnen Unternehmen aus und betreffen dessen Leistungen und Leistungsfähigkeit;

oder

Kollektivwerbung:

Kollektivwerbung

Werbemaßnahmen werden von mehreren Unternehmen getragen und beziehen sich daher meist auf Leistungsarten oder die Leistungsfähigkeit der jeweiligen Branche bzw. Handwerksberufe (= Gemeinschaftswerbung); ist die Maßnahme eine Kollektion von Alleinwerbungen, spricht man von Sammelwerbung;

3. **Leistungswerbung:**

Leistungswerbung

Werbemaßnahmen betreffen einzelne Leistungen, Leistungsgruppen oder das gesamte Leistungsprogramm;

oder

Firmenwerbung:

Firmenwerbung

Werbemaßnahmen betreffen nicht die einzelnen Leistungen oder das Leistungsprogramm, sondern das Unternehmen an sich; durch Profilierung des Firmennamens zur „Marke" sollen positive Imagevorstellungen für das eigene Unternehmen geschaffen werden.

Diese Werbealternativen treten nicht isoliert auf, sondern meist in Form von **Werbe-Kombinationen.** So ist Kollektivwerbung meist gleichzeitig Massenwerbung, während Leistungswerbung als Einzel- oder Massenwerbung durchgeführt werden kann, um erfolgreich zu sein.

11.4.1.3 Werbebudget

Werbebudget, Werbeetat

Spätestens bei der Bestimmung der Werbeart muss das Unternehmen eine Entscheidung treffen über die Höhe des **Werbebudgets,** auch Werbeetat genannt. Hierzu kann z. B. nach folgendem Muster (Abbildung 81) vorgegangen werden:

Zur Bestimmung des Werbebudgets, d. h. zur Ermittlung der Höhe des Finanzbedarfs für Werbemaßnahmen, sind folgende Vorgehensweisen möglich:

– **Restbetragsmethode**

Restbetragsmethode

Hier geht man davon aus, dass zunächst die Finanz-, d. h. Ausgabenplanungen der anderen Funktionsbereiche, z. B. Materialaufwand, Löhne, Zins- und Tilgungsbeträge, berücksichtigt werden und dann nur die Mittel der Werbung zur Verfügung gestellt werden, „was man sich leisten kann"; daher die Bezeichnung Restbetragsmethode. Der Nachteil dieser Methode liegt insbesondere darin, dass z. B. vorhandene Chancen durch verstärkte Werbung vollkommen außer Acht gelassen werden. Langfristige Werbe-Investitionen sind nahezu unmöglich und die Aufteilung des Werbebudgets auf Leistungen und Verkaufsgebiete erfolgt nicht geplant, sondern mehr „situativ-zweckmäßig".

WERBEETAT

Insertion	Anzahl	Spalten	Höhe	mm-Preis	Brutto-Kosten	Rabatt	Netto-Kosten	Werk-Anteil	Eigen-kosten

Direktwerbung	Anzahl	Stückzahl	Werksleistung	Stück-Kosten	Werk-Anteil	Eigen-kosten
Brief			Papier/Druck/Postfertigung			
Kundenzeitung			Streifband/Adressendruck			
Prospekte/Flugblätter						

Veranstaltungen	Anzahl	Stückzahl				
Vorführungen						
Ausstellungen						
Maschinen-/Leistungsschau						
Kundentage						

Sonstiges	Anzahl	Stückzahl				
Kalender						
Werbegeschenke						
Leuchtwerbung						
Prospektständer						

Nettoumsatz	Marktanteil	Werbeetat % des Umsatzes

Abb. 81: Aufbau eines Werbeetats

11. Marketing – Gestaltungsinstrumente

Prozent-vom-Umsatz-Methode

- **Prozent-vom-Umsatz-Methode**

Hier wird davon ausgegangen, dass ein bestimmter Prozentsatz, meist 2 bis 4 % des geplanten oder des gegenwärtigen Jahresumsatzes als Werbebudget bereitgestellt wird. Dem Vorteil einer starken Umsatzbezogenheit und einfachen Ermittlung steht als sehr wesentlicher und u. U. äußerst wirksamer Nachteil die Starrheit der Budgetermittlung gegenüber. Es ist wenig Raum für die Berücksichtigung von Besonderheiten bei Marktsegmenten oder für außergewöhnliche Werbeaktionen, oder für z. B. verstärkte Werbung bei Umsatzrückgang.

Wettbewerbs-Paritäts-Methode

- **Wettbewerbs-Paritäts-Methode**

Bei dieser Form geht es um eine konkurrenzorientierte Ermittlung des jeweiligen Werbebudgets, d.h. das Unternehmen versucht seinen Werbeetat dem der Mitbewerber anzugleichen, um eine Art „Wettbewerbsparität" aufrecht zu erhalten. Hier liegt ein typisches Anpassungsverhalten vor, das nicht geeignet ist, der einzelnen Unternehmung Vorteile zu bringen. Es wird nicht beachtet, dass die Ziele, das Image, die Ressourcen, die Chancen und Begrenzungen bei den einzelnen Konkurrenten meist so verschieden sind, dass ihr Marktverhalten und ihre Werbebudgets für das eigene Unternehmen keine Richtgrößen, sondern nur Informationen sein können.

Ziel-Mittel-Methode

- **Ziel-Mittel-Methode**

Gingen die bisherigen Methoden davon aus, zunächst die Höhe des Gesamtwerbebudgets zu bestimmen, so werden bei dieser Methode

- leistungsspezifische und gebietsbezogene Werbeziele festgelegt,
- die zur Zielerreichung eingesetzten Mittel und Maßnahmen bestimmt und
- die Kosten für diese Werbemaßnahmen ermittelt. Die Summe aller Werbekosten pro Periode ergibt das erforderliche Werbebudget, das in die Finanz- und Ausgabenplanung eingebracht wird.

Diese zukunftsbezogene, dynamische Methode ist einerseits gekennzeichnet durch die Schwierigkeiten der Bestimmung und Kontrolle der Werbeziele und andererseits die Unmöglichkeit, den Mittel-Zweck-Zusammenhang von operationalen Werbezielen zu übergeordneten Zielen (z. B. Gewinn, Umsatz) nachzuweisen. Besteht das Werbeziel etwa in der Erhöhung seines Bekanntheitsgrades um 30 % innerhalb der nächsten 12 Monate, dann könnten z. B. die hierzu erforderlichen Werbeaufwendungen u. U. in keinem wirtschaftlich sinnvollen Verhältnis stehen zum wahrscheinlichen Beitrag dieses Werbeziels zum übergeordneten Ziel einer Gewinnerhöhung des Unternehmens um x% in 2 Jahren.

Werbeaktivitätenrechnung

Zur Überwachung und Steuerung der Werbeaktivitäten und Werbekosten sollte daher eine **Werbeaktivitätenrechnung** eingesetzt werden. Ein entsprechender Vorschlag ist in Abbildung 82 dargestellt.

Werbeaktivitätenrechnung

Etat: € \ Leistungsart → ↓ Werbemittelart/ Kostenart	Projekt: Titel/Zeitraum					
	Werbevor- bereitung (Planung, Konzeption, Umsetzung) €	Werbe- leistung (Produktion, Media, Streuung) €	Insgesamt			
			„Ist" €	dispo- nierte Kosten €	Plan (Schätz- kosten) €	noch verfügba- rer Etat €
Anzeigen Direktwerbung Werbedruckschriften Verkaufsförderung Film, Funk, Fernsehen Produktausstattung Messen Allg. Aufwand z. B. – Tests, Schulungen – Umlagekosten						
Total Ist Plan						
Kennziffer % Ist/Plan	% / %				100 %	

Abb. 82: Grundschema einer Werbeaktivitätenrechnung (Quelle: BASF)

11.4.1.4 Werbeaussagen

Der Inhalt der Werbeaussagen (Informations- oder Suggestivwerbung) ergibt sich häufig nicht aus der realen Qualität des Unternehmens und seiner Leistungen, sondern aus den von den Kunden subjektiv empfundenen Vorteilen, die er als Verbraucher oder Verwender einer Leistung oder eines Leistungspakets des Unternehmens erreichen könnte.

Diese **Vorstellung über zu erwartende Vorteile** sind letztlich die **Kaufmotive** der Kunden, die es mit entsprechenden Aussagen in der Werbung anzusprechen und auszulösen gilt. Hierzu gehören z. B. **Werbeaussagen** über die Verwendungsmöglichkeit und objektive Beschaffenheit der Leistung wie Zusammensetzung, Qualitätsniveau und Wirkungsweise.

Kaufmotive

Werbeaussagen

Weitere Aussagen betreffen die Erfüllung subjektiver Kundenwünsche wie etwa den Beitrag zur Befriedigung von Bedürfnissen nach **Sicherheit, Bequemlichkeit, Gesundheit** oder die **Möglichkeit der Selbstdarstellung** durch den Besitz bzw. Verwendung eines Produktes. Außerdem bestimmen Art und Intensität der Werbemaßnahmen der Konkurrenz sowie gesetzliche Bestimmungen (z. B. das Verbot negativ-vergleichender Werbung) den Inhalt und die Art der Werbung eines Unternehmens.

Subjektive Kundenwünsche

11.4.1.5 Werbemittel und Werbeträger

Für das Heranbringen der Werbeaussagen an die Kunden bzw. Zielgruppen werden unterschiedliche **Werbemittel** und **Werbeträger** eingesetzt. Eine beispielhafte Zusammenstellung von Instrumenten der Marketing-Kommunikation zeigt Abbildung 83.

Werbemittel, Werbeträger

Werbemittel	Werbeträger
Inserate	Tages- und Wochenzeitungen, Anzeigenblätter, Illustrierte, Fachzeitschriften, Veranstaltungsprogramme
Außen- und Innenplakate	Anschlagflächen an Verkehrswegen, Bauzäune, öffentliche Verkehrseinrichtungen (Bahnhöfe, U-Bahnhöfe, Züge, Straßenbahnen usw.), Veranstaltungszentren (Sportstadien), Ladengeschäfte, Messen und Ausstellungen
Permanente Außen- und Innenwerbung mittels Leuchtschriften, Signeten, Dauerplakaten	private und öffentliche Gebäude, Veranstaltungszentren, Verkehrsmittel, Ladengeschäfte, Messen und Ausstellungen
Prospekte und Kataloge	Postversand, Hausverteilungsorganisationen, Verteilung auf der Straße, an Veranstaltungen, Messen, Ausstellungen, durch Außendienstpersonal, als Beilage zum Schriftverkehr der Firma, in Produktpackungen, in Detailgeschäften
Individuell zu tragende Abzeichen und Signete, Abziehbilder und Kleber, Kleidungsstücke, Startnummern usw.	Firmenangehöriges Personal, Käufer und Verwender, irgendwelche Dritte, Fahrzeuge, Teilnehmer an Sportveranstaltungen
Einpackpapier, Tragtaschen	Käufer und Besucher von Detailgeschäften, Veranstaltungen usw.
Werbegeschenke wie Taschen- und Wandkalender, Arbeitstabellen, Werkzeuge, Taschenrechner, Fachbücher, Etuis usw.	Käufer und Verwender der Produkte, Händler und Absatzhelfer
Diapositive und Werbefilme	Kinos, Theater, Veranstaltungen
Fernsehspots	verschiedene Fernsehanstalten, evtl. auch verbilligte Abgabe von Fernsehkassetten für Unterrichtszwecke
Gesprochene und vertonte Werbetexte	Radiosender, Sport- und Unterhaltungsveranstaltungen, Detailgeschäfte, Autos mit Lautsprechereinrichtung
elektronische Werbebotschaften mit/ohne Produktabbildungen	Internetauftritt des Unternehmens, Handys

Abb. 83: Werbemittel und Werbeträger (Auszug)

Wegen der Vielfalt der Werbeappelle sowie dem unterschiedlichen Kommunikationsverhalten der Wettbewerber und der ausgesuchten Zielgruppen müssen Gestaltung und Einsatz der Werbemittel geprägt sein durch *(Anforderungen an die Werbemittel)*
- Originalität
- Aktualität
- Prägnanz
- Übersichtlichkeit
- Verständlichkeit
- Glaubwürdigkeit
- Angemessenheit.

Diese Anforderungen gelten in ganz besonderem Maße, wenn das Unternehmen eine **Internetaktivität** plant. Dabei sollten eine strenge Kosten-Nutzen-Analyse sowie eine intensive Beratung mit Internet-erfahrenen Werbeberatern die Entscheidungsgrundlage sein. Nicht immer ist es wirtschaftlich sinnvoll, einem „Trend" zu folgen.

Anhaltspunkte zur Überprüfung dieser Anforderungen bei der **Gestaltung von Werbemitteln** kann folgendes Beispiel eines Fragenkatalogs für eine Betriebsanleitung geben:
- Ist die textliche und bildliche Gestaltung ganz auf das Niveau des Verwenders abgestimmt?
- Hat die Bedienungsanleitung auch eine werbliche Ausstrahlung für ihre saubere und klar gegliederte Gestaltung?
- Liegt sie gestalterisch im Firmenstil?
- Sind die leeren Seiten oder Rückseiten werblich so genutzt, dass sie für die Firma und ihr weiteres Lieferprogramm etwas aussagen?
- Ist die Anzahl der Seiten so gewählt, dass sie die volle Druckform ausnutzen oder nicht?
- Ist schon daran gedacht worden, wo ein Einhefter mit einer Antwortkarte eingebaut werden kann, der über das weitere Programm oder über Ergänzungsleistungen, Zusatzgeräte oder Ersatzteile informiert?

Bezüglich des **zeitlichen Einsatzes der Werbemittel** muss zwischen lang- und kurzfristiger Einsatzplanung unterschieden werden. Im **langfristigen Werbeplan** (1–2 Jahre) müssen neben Konjunktur- und Saisoneinflüssen auch Annahmen über die Marktphase der in Frage stehenden Sach- oder Dienstleistungen (z. B. Einführungs- oder Sättigungsphase mit unterschiedlichen Zuwachsraten) und Zeitstruktur der Werbewirkung (70 % sofort und je 10 % in den folgenden 3 Monaten) berücksichtigt werden. Dies führt zu unterschiedlicher Werbeverteilung. *(Langfristiger Einsatz der Werbemittel)*

Entsprechendes gilt auch für die **kurzfristige Werbeeinsatzplanung** (z. B. einen Monat), die wesentlich bestimmt wird von Art der Leistung, Einkommen, Kauf- und Konsumverhalten und Kommunikationsgewohnheiten der Umworbenen. Intensität und Häufigkeit der Nutzung von Werbeträgern (Medien) bedingen bestimmte zeitliche Verteilungen der Werbemaßnahmen, wenn sie erfolgreich sein sollen. Dabei sind nach Kotler z. B. 12 „Zeitmuster" möglich (Abbildung 84). *(Kurzfristige Einsatzplanung)*

11. Marketing – Gestaltungsinstrumente

Werbezeit-
muster

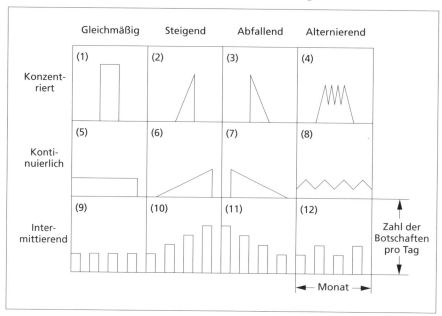

Abb. 84: Beispiele von Zeitmustern für die Werbung

Je nach Zeitmuster haben die Umworbenen unterschiedlich intensiv und häufig Kontakt mit den Werbebotschaften des Unternehmens. Kontrollen während oder nach Ablauf der Werbemaßnahmen werden zeigen, ob mit den gewählten Werbeaussagen, Werbemedien und Werbezeiten die angestrebten Werbeziele, die erwarteten Einstellungs- und Verhaltensänderungen der Umworbenen, erreicht werden konnten. Ein Hilfsmittel zur Ermittlung möglicher Werbestrategien stellt der sog. „Morphologische Kasten" dar. Hier werden zunächst die Elemente einer Werbemaßnahme festgelegt und in vertikaler Richtung geordnet. Für die einzelnen Elemente gilt es dann unterschiedliche Gestaltungsmöglichkeiten zu finden.

Werbestrategien

Hinweise für mögliche unternehmensspezifische **Werbestrategien** erhält man durch sinnvolle situationsgerechte Kombination der gefundenen Gestaltungsalternativen. Nachstehendes, vereinfachtes Beispiel soll die Leistungsfähigkeit dieses Hilfsmittels erkennen lassen (Abbildung 85).

Diese Darstellung zeigt, dass das Unternehmen sich z. B. bei der Zielgruppe „Freie Berufe" für eine geschlossene Werbestrategie unter Medieneinsatz entscheidet. Bei der Zielgruppe „Privathaushalte" hat es sich im Beispiel für eine kombinierte Werbestrategie entschlossen. Dabei handelt es sich allerdings um Vorentscheidungen, die es mit den verfügbaren finanziellen Mitteln, dem Werbeetat, abzustimmen gilt. Insofern ist jede Werbemaßnahme eine Kompromissentscheidung zwischen Marketingerfordernissen und finanzieller Realisierbarkeit.

Werbestrategien

Elemente	Lösungsmöglichkeiten			
Werbeziele	„XY als Spezialist für …"	Imageverbesserung „Zuverlässigkeit"	Ausweitung des Reparaturgeschäftes	Erhöhung des Marktanteils bei Erstausstattung
Zielgruppe	öffentliche Auftraggeber	Gewerbebetriebe	Freie Berufe	Privathaushalte
Werbestil	aggressiv	informativ	humorvoll	suggestiv
Werbemittel	Anzeigen	Plakat	Wurfsendungen	Direktwerbung
Werbeträger	Zeitschriften	Zeitungen	Kraftfahrzeuge	Laden
Werbefrequenz	täglich (während VKF-Aktionen)	14-tägig (insgesamt 3 Monate)	wöchentlich (insgesamt 6 Monate)	3-mal pro Monat (insgesamt 1. Quartal und 4. Quartal)

●────● Werbestrategie für Zielgruppe „Freie Berufe"
●- - - -● Werbestrategie für Zielgruppe „Privathaushalte"

Abb. 85: Aufbau von unternehmensspezifischen Werbestrategien unter Einsatz der Lösungshilfe „Morphologischer Kasten"

Zusammenfassend lassen sich die Aktivitäten zur **Werbeplanung** nach folgendem Phasenschema gliedern:

- **Festlegung des Werbeetats**
  Verfügbare Mittel in Prozent vom angestrebten Umsatz oder Erhöhung/Kürzung des Vorjahresetats.
- **Briefing**
  Zusammenstellung sämtlicher für die Entwicklung der Werbekonzeption wichtigen Firmen- und Marktinformationen.
- **Entwicklung der Werbekonzeption**
  Suchen und Bestimmen der Werbeziele und Werbestrategien für das Unternehmen; insbesondere geht es um die „einzigartige Verkaufsidee", die „unterstützende Beweisführung" und das zu „erreichende Leistungs- oder Firmenimage", die es zu ermitteln und darzustellen gilt.
- **Gestaltung der Werbemittel**
  Hier geht es um die textliche und graphische Umsetzung der Werbekonzeption in ein Layout (Gestalt) der einzelnen Werbemittel und deren inhaltliche und gestalterische Koordination; die Werbestrategie muss „aus einem Guss" sein.

- **Erstellung des Medienplans**
  Die Entscheidungen über Art, Umfang und zeitlichen Einsatz der Werbeträger (Medien) erfolgt meist bereits bei den Entscheidungen über die Werbekonzeption und die einzusetzenden Werbemittel. Die Medienentscheidungen werden weiterhin wesentlich mitbestimmt von Art und Umfang der Kunden-Zielgruppe und dem verfügbaren Werbeetat.
- **Werbeerfolgskontrolle**
  Vergleich von Werbezielen und realisierten Effekten der Werbemaßnahmen (z. B. Ermittlung der Aufmerksamkeitswirkung oder Steigerung des Bekanntheitsgrades) während und nach Abschluss einer Werbekampagne, um Steuerungsinformationen für spätere Werbeaktivitäten zu erhalten.

Die Werbemaßnahmen des Unternehmens, meist in Zusammenarbeit mit einer Werbeagentur erarbeitet, werden ergänzt und unterstützt durch Maßnahmen zur Verkaufsförderung und Öffentlichkeitsarbeit.

11.4.2 Verkaufsförderung

Im Gegensatz zur Langfristwirkung der Werbung geht es bei der Verkaufsförderung primär um Unterstützung der übrigen Marketing-Aktivitäten mit dem Ziel, kurzfristig eine Umsatzsteigerung zu erreichen.

> Unter Verkaufsförderung sind alle Entscheidungen und Maßnahmen zu verstehen, mit denen der mögliche Kunde unmittelbar zum Erwerb der jeweiligen Sach- oder Dienstleistung veranlasst werden soll.

Die Kaufbereitschaft und der Kaufentschluss potenzieller Kunden soll dadurch erleichtert werden, dass das Unternehmen

Verkaufsförderung: zur direkten Kundenbeeinflussung

- Maßnahmen zur **direkten Beeinflussung** potenzieller Kunden ergreift (z. B. über Vorführungen am Einsatzort, in Ausstellungsräumen oder in Verkaufsräumen; Überlassen von Testgeräten, Gewähren von Einführungspreisen; Durchführung von Kosten- und Ertragsvergleichen; Einsatz von kleineren Preisausschreiben; Abgabe von Werbegeschenken u.a.m.)

zur indirekten Kundenbeeinflussung

- Maßnahmen zur **indirekten Beeinflussung** potenzieller Kunden ergreift. Es sind jene Maßnahmen, die im Schwerpunkt abzielen auf eine positive Beeinflussung der Absatzmittler (z. B. Einzelhändler, Handwerksbetriebe u.a.) und der Absatzhelfer (z. B. Architekten, Berater, Ausbildungsstätten wie Schulen, Akademien oder gar Universitäten). Als besonders wirksame Maßnahmen sind zu nennen:
  - Schulung bzw. Unterweisung von Absatzhelfern, Absatzmittlern und deren Mitarbeitern (z. B. über Einsatz, Anwendung, Wartung und Reparatur von Sachleistungen);
  - Übermittlung von Produkt- und Marktinformationen (z. B. Prospekte, Broschüren, Testergebnisse etc.);
  - Bereitstellung von Investitionshilfen oder Ausstattungsteilen (z. B. Lager- und Verkaufshilfen wie Regale, Ständer, Boxen etc.);
  - Anregung der Verkaufsbemühungen durch materielle Anreize (z. B. Verkaufswettbewerbe) oder finanzielle Leistungen (Prämien, Boni, Aktionsrabatte etc.).

Die angestrebte Sofortwirkung zur Förderung des Absatzes kann erreicht werden durch den Einsatz von nichtpersonenbezogenen Mitteln **(sachliche Verkaufsförderung)** und personenbezogenen Maßnahmen **(personenbezogene Verkaufsförderung).**

11.4.2.1 Sachliche Mittel zur Verkaufsförderung

Eine Auswahl von Mitteln zur nichtpersonenbezogenen, sachlichen Verkaufsförderung zeigt folgende Aufstellung:

Sachliche Mittel der Verkaufsförderung

- **Schriftliche Mittel**
  - Verkaufs-, Informations- und Werbebriefe
  - Handzettel für Aussendungen
  - Sonderdrucke aus Besprechungen und Tests in Fachzeitschriften
  - Argumentensammlung für Absatzhelfer und Absatzmittler
  - Beihefter und Beilagen in Korrespondenz, Rechnungen, o. Ä.
  - Merk-, Werbe- und Datenblätter (z. B. für die Verteilung auf Messen, Tagungen und Vortragsveranstaltungen)
  - Kurzbeschreibungen von speziellen Marktleistungen
  - Handbücher, technische Hilfsbücher
  - Forschungs- und Laborberichte, wissenschaftliche Gutachten
  - Verfahrensbeschreibungen, Verfahrens- und Kostenvergleiche
  - Wirtschaftlichkeitsberechnungen
  - Referenzlisten
  - Gebrauchs-, Bedienungs- und Montageanleitungen
  - Diagramme, Zeichnungen, graphische Darstellungen
  - Statistische Auswertungen für Kunden, Meinungsbildner, Absatzhelfer etc.
  - Musterbriefe und Formbriefe zum Einsatz bei Absatzhelfern (z. B. Architekten)
- **Demonstrative Mittel**
  - Messen und Ausstellungen
  - Demonstrationen im eigenen Haus, bei Absatzhelfern, Absatzmittlern oder bei Kunden am späteren Einsatzort
  - Vorführungen in Zusammenarbeit mit anderen Unternehmen oder Lieferanten
  - Proben und Muster
  - Modelle und Schnittmodelle
  - Attrappen
  - Filme, Präsentationshilfen (Displaymaterial), Dias, Tonbildschauen
  - Tonkassetten in Kombination mit Muster
- **Sonstige Mittel mit tendenziell allgemeiner Ansprache**
  - Hauszeitschriften
  - Eigene Fachschriften oder Broschüren
  - Redaktionelle Artikel
  - Pressekonferenzen
  - Informationsdienste (Informationsreihen) mit technischem und wirtschaftlichem Inhalt.

Eine nähere Betrachtung (Analyse) dieser nichtpersonenbezogenen Mittel zur Verkaufsförderung lässt für die schriftlichen und sonstigen Mittel mit tendenziell allgemeiner Ansprache einen engen **Zusammenhang zu den Werbemitteln** erkennen. Das heißt, dass die aufgeführten Mittel und Maßnahmen nur teilweise der Forderung nach Sofortwirkung entsprechen können. Dies gilt insbesondere für den Einsatz der schriftlichen Mittel, die vom Adressaten in aller Regel erst „verarbeitet" werden müssen.

Eine **größere Spontanwirkung** ist den **demonstrativen Mitteln** zuzuordnen. Hier werden die Mitglieder einzelner Zielgruppen, seien es Absatzhelfer, Absatzmittler oder mögliche Kunden, in verstärktem Maße mit der tatsächlichen oder als Modell vorliegenden Marktleistung unmittelbar konfrontiert.

11.4.2.2 Personenbezogene Maßnahmen zur Verkaufsförderung

Personenbezogene Verkaufsförderung

Die **personenbezogenen Maßnahmen** zur Verkaufsförderung richten sich vor allem auf Argumentations-, Einsatz- und Verwendungshilfen des Unternehmens für die **Absatzhelfer**, für das **Verkaufspersonal** des Unternehmens und der **Absatzmittler** und nicht zuletzt für **mögliche Kunden**.

Der verstärkte Einsatz von
– **Demonstrationen**
– **Verkaufsschulungen** (mit Argumentationsbeispielen)
– **Anwendungsbeispielen**
– **Vorführungen und Tests**
– **technischen Unterweisungen**

findet seine Begründung in den Erfahrungswerten über die **Wirkung von Informationen beim Menschen**, z. B.:

Wissenserwerb

– **Wissenserwerb:**
  - 78 % durch das Auge (visuell)
  - 13 % durch das Ohr (auditiv)
  - 3 % durch Geruchs-, Geschmacks- und Tastsinn.

Behaltenswerte

– **Behaltenswerte:**
  - 10 % von dem, was man liest
  - 20 % von dem, was man hört
  - 30 % von dem, was man sieht
  - 50 % von dem, was man audiovisuell aufnimmt (gehört und gesehen)
  - 70 % von dem, was man selbst spricht
  - 90 % von dem, was man selbst ausführt

Schwundwerte

– **Schwundwerte:**

Man vergisst nach:	3 Stunden	3 Tagen
• Gehörtes	30 %	90 %
• Gesehenes	28 %	80 %
• Audiovisuell aufgenommenes, gesehen und gehört	15 %	35 %

Auch wenn es sich bei diesen Angaben nur um Anhaltspunkte handeln kann, wird speziell für erklärungsbedürftige Leistungen deutlich, dass hier die direkten, **optisch-akustisch-sensorisch wirkenden Verkaufsförderungsmaßnahmen** grundsätzlich dominieren sollten. Dieser direkte Kontakt mit der Marktleistung ist einer der Hauptauslöser für eine spontane, positive Beeinflussung der Einstellungen (Meinungen) der Angesprochenen. Daher muss es auch **Hauptziel der personenbezogenen Verkaufsförderungsmaßnahmen** sein, den **direkten Kontakt mit der Marktleistung möglichst häufig und intensiv herbeizuführen** (z. B. Muster, Proben oder Nutzung zum Test).

Optisch-akustisch-sensorische Wirkung

Weitere Maßnahmen für personenbezogene Verkaufsförderung könnte das Unternehmen betriebs- und leistungsspezifisch entwickeln aus nachstehenden Anregungen:

Maßnahmen personenbezogener Verkaufsförderung

– Käufer nennen Konsumideen und erhalten Belohnung (z. B. neue Rezepte, neue Anwendungsmöglichkeiten u. Ä.)
– Einkaufstipps und Gebrauchserleichterungen
– Sonder- und Spezialangebote (mit / ohne Sonderpreise)
– Packungen mit Zusatznutzen (z. B. zur Weiterverwendung als Spielzeug, Dekoration, Stapelbehälter o. Ä.)
– Gutschein-Aktionen
– Warenproben und Muster
– Kostprobenverteilung
– Promotions-Artikel, Zugaben bei bestimmten Artikeln
– Service-Einrichtungen (z. B. Beratungsdienst oder Liefernachweise für Ergänzungsprodukte, Finanzierungshilfen u. a.)
– Aussendungen, Direktkampagnen (z. B. vor Weihnachten oder im Saisontief)
– Verbraucherpreisausschreiben
– Gewinnspiele bei besonderen Anlässen (z. B. Firmenjubiläum).

Das Ziel dieser Anreizmaßnahmen besteht vor allem darin, die angesprochenen Absatzhelfer, Absatzmittler und möglichen Kunden zur Kontaktaufnahme mit dem Unternehmen anzuregen. Insofern sollten diese personenbezogenen Maßnahmen nicht anstelle, sondern – soweit finanziell möglich – in Verbindung mit sachlichen Verkaufsförderungsmaßnahmen durchgeführt werden (Argumentations-, Einsatz- und Verwendungshilfe).

Kombinierter Einsatz

Welche Einzelmaßnahmen oder Maßnahmenkombinationen im Einzelfall sinnvoll sind, hängt u. a. ab von: Art der Marktleistung, Marketingziele, Wettbewerbsaktivitäten, Kundentypen und deren Kauf- und Verbrauchsgewohnheiten sowie von Ideenreichtum, finanzieller Leistungsfähigkeit (Höhe des Werbeetats) und Einsatzbereitschaft (Motivation) der Mitarbeiter des Unternehmens. Dies gilt auch für die Öffentlichkeitsarbeit.

Bestimmungsfaktoren

11.4.3 Öffentlichkeitsarbeit

Die Überlegungen und Maßnahmen zur Werbung und Verkaufsförderung müssen auch noch gesehen werden in ihrer Wirkung auf den **Ruf des Unternehmens** in der Öffentlichkeit, auf das **Image des Betriebes**. Dieses Image gilt es bewusst, mit positiver Wirkung für das Unternehmen stetig zu formen und

Ruf des Unternehmens, Image

zu verbessern, da der Ruf eines Betriebes werbliche (positive oder negative) Nebeneffekte hat. Dieses bewusste Gewinnen von Vertrauen und positiven Meinungen ist Aufgabe der **Öffentlichkeitsarbeit (Public-Relation),** die unter dem Leitsatz: „Tue Gutes und rede darüber!" stehen sollte.

Ansatzpunkte für Öffentlichkeitsarbeit

Für die Planung von Maßnahmen zur positiven Gestaltung des Firmenrufes, d. h. des Ansehens des Unternehmens und seiner Leistungen in der Öffentlichkeit kann von drei Ansatzpunkten ausgegangen werden:
- Wer sind die Adressaten der imagebildenden Maßnahmen?
- Welche Aussagen (Informationen) können zur Imagebildung benutzt werden?
- Wer kann als Träger der Imagebildung und der Öffentlichkeitsarbeit eingesetzt werden?

Grundsätze der Öffentlichkeitsarbeit

In jedem dieser Bereiche sind Zielvorstellungen zu entwickeln; ist festzulegen, was in bestimmten Zeiträumen imagemäßig erreicht werden soll. Diese Ziel- und Maßnahmenüberlegungen, die auf den Grundsätzen **Offenheit, Wahrhaftigkeit und Informationsbereitschaft** basieren, müssen auf die Zielgruppen abgestimmt und untereinander koordiniert und kombiniert eingesetzt werden. Nur so sind einheitlich ausgerichtete **Strategien der Imagebildung und der Öffentlichkeitsarbeit** zu erhalten (vgl. Ausführungen zu „Profilierungsstrategie", Kapitel 9.3). Abbildung 86 zeigt beispielhaft Ansatzpunkte und Kombinationsmöglichkeiten zur Gestaltung zielgruppenspezifischer Teil-Images.

In der Darstellung ist aufgezeigt, dass bei der Ziel- oder Adressatengruppe „Kunden" der Aussageschwerpunkt zur Imagebildung bei „Problemlösung mit Pfiff" liegen könnte, während bei „Interessenten" mehr Gewicht auf das Image „nichts unmöglich" gelegt wird. Die Träger (Medien) zur Imagegestaltung könnten in beiden Fällen Produkte, Verpackung, Werbung oder Dienstleistungen sein.

Imagebildung: leistungs- und unternehmensbezogen

Da ein Unternehmen in aller Regel jedoch sowohl **leistungsbezogene als auch unternehmensbezogene Imagebildung** zum Ziel hat, bedeutet dies
- Festlegung der Adressatenkreise,
- Bestimmung der imagegestaltenden Aussagen (= Image-Schwerpunkte),
- Festlegung der unter finanziellen Gesichtspunkten möglichen Maßnahmen und
- eine klare Aufgabendefinition für die Image-Träger, die vor allem in den Marktleistungen, im Management und in den Mitarbeitern zu sehen sind.

Damit ist gleichzeitig der Rahmen für die Öffentlichkeitsarbeit eines Unternehmens umschrieben.

Maßnahmen der Öffentlichkeitsarbeit

Als **Maßnahmen der Öffentlichkeitsarbeit,** die z. B. einen minimalen finanziellen Aufwand erfordern, muss eine Mitarbeit in kulturellen, kirchlichen, sozialen oder politischen Gremien, Vereinen oder Verbänden angesehen werden. Auch finanzielle und praktische Beteiligungen bei gesellschaftlichen Maßnahmen wie Bau von Sportstätten, Kindergärten, Altenwohnheimen, Tagesstätten für Behinderte, Unterstützung bei Vereinsfeiern, Sportfesten, Musik oder Liederabenden und ähnlichen Veranstaltungen mit speziell lokaler und regionaler Bedeutung (Instrumente des Sponsoring).

11.4 Marketing-Kommunikation

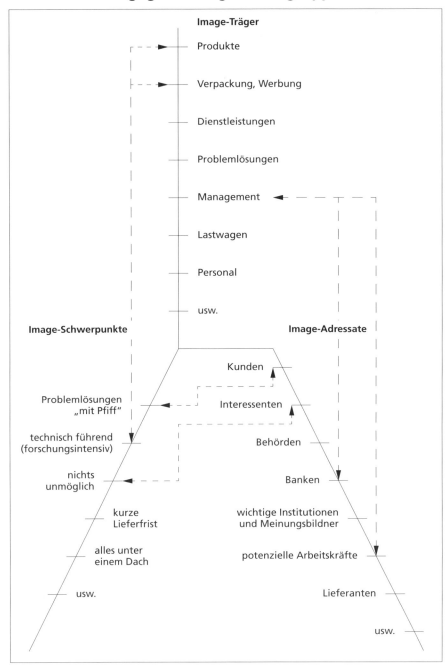

Abb. 86: Elemente zur Imagegestaltung eines Unternehmens.

Weitere Instrumente sind zum Beispiel Einladungen und Mitteilungen an die lokale oder regionale Presse, Fachzeitschriften, Wirtschaftsverbände, Kammern, Vereine, Schulen etc., um (positiv) über Gegebenheiten und Entwicklungen des Unternehmens zu informieren, soweit diese für die Umwelt oder Umgebung des Betriebs interessant sein könnten (z. B. Arbeitsplatzsicherung, Ausbildungsmöglichkeit o. Ä.). Als weitere wichtige Informationsinstrumente dürfen **Betriebsbesichtigungen, „Tag der offenen Tür"** und **Firmenjubiläum** nicht übersehen werden. Wie z. B. ein Firmenjubiläum öffentlichkeitswirksam gestaltet werden könnte, zeigt Abbildung 87.

Oft sind es gerade die unmittelbaren Eindrücke und Gespräche im Unternehmen selbst, mit denen relativ leicht die Imagevorstellungen der verschiedenen Zielgruppen in der Öffentlichkeit verändert oder befestigt werden können.

11.4.4 Imageprägender Kommunikations-Mix

Abstimmung des Kommunikations-Mixes

Da Werbung, Verkaufsförderung und Öffentlichkeitsarbeit die Instrumente sind, mit denen das Unternehmen gezielt Informationen an seine Zielgruppen gibt in der Absicht, **Einstellungs- und Verhaltensänderungen** zu erreichen, müssen diese Instrumente aufeinander abgestimmt sein. Eine solche Abstimmung muss im Hinblick auf die Informationsziele erfolgen nach dem Inhalt der Aussagen, dem Umfang der Maßnahmen und dem zeitlichen Einsatz der Instrumente. Nur so kann verhindert werden, dass bei den Zielgruppen durch den Einsatz der verschiedenen Informationsinstrumente unterschiedliche Vorstellungen und Einstellungen hervorgerufen bzw. gefestigt werden.

> Mangelnde Abstimmung bei den Informationsinstrumenten bedingt Schwierigkeiten bei der Bildung eines einheitlichen Images des Unternehmens bei den verschiedenen Zielgruppen. Daher sollten bei gleichzeitigem Einsatz mehrerer Informationsmittel und -träger so genannte **„Werbekonstanten"** geschaffen und eingesetzt werden.

Werbekonstanten

Unter **Werbekonstanten** sind **einheitliche, gleich bleibende Werbeelemente,** wie z. B. Schriftzug des Firmennamens, Firmenzeichen, Marken, Hausfarben, Erkennungssymbole, Zahlenkombinationen u.a.m. zu verstehen, die in der festgelegten Gestaltung von allen Informationsträgern des Unternehmens verwendet werden sollten (vgl. Ausführungen zu „Profilierungsstrategie/ Corporate Design", Kapitel 9.3). Solche **Werbekonstanten** erfüllen beim einzelnen Mitglied der Zielgruppen eine **integrierende Erkennungs- und Zuordnungsfunktion.**

Mit einer relativ einfachen Checkliste (Abbildung 88) lässt sich das Erscheinungsbild des Unternehmens hinsichtlich seiner Imagewirkung überprüfen. Gleichzeitig lassen sich Hinweise für das weitere imagewirksame Vorgehen gewinnen.

Firmenbewusstsein

Ein **einheitliches Firmen-Erscheinungsbild** fördert die **Bildung eines Firmenbewusstseins** bei den Mitarbeitern und prägt gemeinsam mit den Wirkungen des Marketing-Mix des Unternehmens das Image bei den Zielgruppen der Marketing-Kommunikation.

11.4 Marketing-Kommunikation

Planung eines Firmenjubiläums:
Botschaft, Zielgruppen, Maßnahmen
(Schematische Darstellung)

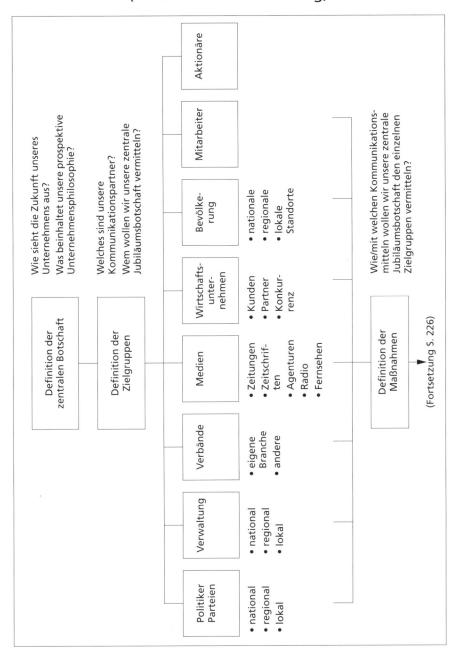

(Fortsetzung S. 226)

11. Marketing – Gestaltungsinstrumente

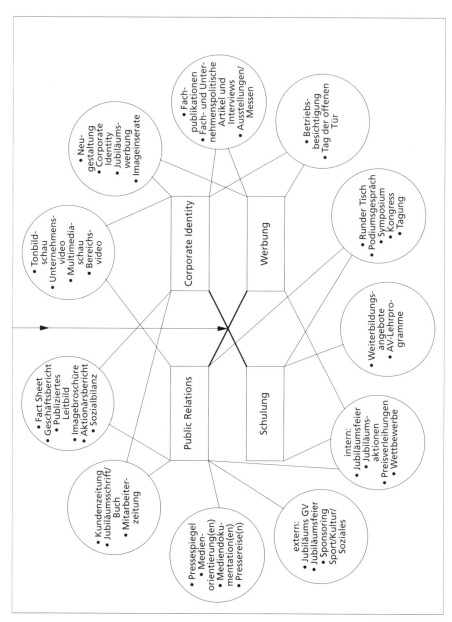

Abb. 87: Anregungen zur öffentlichkeitswirksamen Gestaltung eines Firmenjubiläums (io – Management Zeitschrift)

Test-Bogen zum Firmen-Erscheinungsbild

	Spalte		
	1 Nein	2 Bedingt	3 Ja
Wirken Ihre Geschäftsdrucke und Werbemittel			
• sympathisch und Vertrauen erweckend?	☐	☐	☐
• modern?	☐	☐	☐
• überzeugender als die Ihrer Wettbewerber?	☐	☐	☐
• wie aus einem Guss?	☐	☐	☐
Kommt in Ihren Geschäftsdrucken und Werbemitteln ausreichend zum Ausdruck			
• die Bedeutung Ihrer Firma?	☐	☐	☐
• die Branche Ihrer Firma?	☐	☐	☐
• das Leistungsangebot Ihrer Firma?	☐	☐	☐
• die fachliche Kompetenz Ihrer Firma?	☐	☐	☐
Sind in allen Ihren Geschäftsdrucksachen einheitlich und konsequent angewendet			
• Firmenname?	☐	☐	☐
• Blickfang (Firmenschriftzug/Wortmarke/Firmenzeichen)?	☐	☐	☐
• Aufbau?	☐	☐	☐
• Schriften?	☐	☐	☐
• Farben?	☐	☐	☐
• Leistungsangaben?	☐	☐	☐
Ist Ihr Firmenschriftzug oder Ihr Firmenzeichen			
• leicht erfassbar (auch auf dem Firmenfahrzeug)?	☐	☐	☐
• einprägsam?	☐	☐	☐
• unverwechselbar?	☐	☐	☐
• übertragbar auf alle Werbemittel?	☐	☐	☐
• gut lesbar bei Vergrößerungen oder starker Verkleinerung?	☐	☐	☐
• auch wirksam in Schwarzweiß?	☐	☐	☐
Sind alle werbenden Aussagen in Ihren Geschäftsdrucken			
• ausreichend informativ?	☐	☐	☐
• verständlich?	☐	☐	☐
• überzeugend?	☐	☐	☐

Auf welche Punktzahl kommen Sie?

65–69 Punkte: Herzlichen Glückwunsch. Ihr Unternehmensbild stimmt nahezu in jedem Punkt.
53–64 Punkte: Die Substanz Ihres Unternehmensbildes ist in Ordnung. Vermutlich muss es nur aktualisiert werden. Lassen Sie es sobald wie möglich überprüfen.
23–52 Punkte: An Ihrem Unternehmensbild muss etwas getan werden. Lassen Sie zunächst überprüfen, ob Sie damit auskommen es zu aktualisieren, oder ob Sie es völlig neu gestalten müssen.

Abb. 88: Checkliste zur Eigenbeurteilung Ihres Firmen-Erscheinungsbildes
(Quelle: DRESCHER-Drucke)

11.5 Verkauf und Vertrieb

Hier geht es um Entscheidungen über die Art und Weise des Absatzes von Sach- und Dienstleistungen des Unternehmens an private, gewerbliche und öffentliche Auftraggeber.

Vertriebspolitische Entscheidungen

Grundsätzlich sind drei vertriebspolitische Entscheidungen zu treffen:
- Wahl zwischen direktem und indirektem Absatz (Absatzweg)
- Wahl zwischen eigenen und fremden Verkaufsorganen (Absatzform)
- Gestaltung von Lagerhaltung und Transport.

11.5.1 Wahl der Absatzwege

Absatzwegewahl

Soweit nach Art der Marktleistung überhaupt eine Wahlmöglichkeit gegeben ist, hat jedes produzierende Unternehmen über den Absatzweg zu entscheiden. Es hat die Wahl, ob es seine Leistungen **direkt** an die Kunden absetzen will oder **indirekt** über Absatzmittler, wie z. B. Großhändler, Einzelhändler, Vertreter oder andere produzierende Unternehmen, welche die Leistungen zur Sortimentsabrundung erwerben (Vertriebskooperation).

Folgende in Abbildung 89 dargestellten Grundtypen von Absatzwegen bilden die Entscheidungsalternativen.

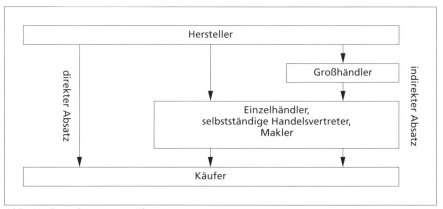

Abb. 89: Grundtypen von Absatzwegen

Dieses Schaubild zeigt, dass der Absatzweg für eine Marktleistung gekennzeichnet ist durch Anordnung (einstufig/mehrstufig) und Aufgaben der eingeschalteten Absatzmittler.

Direkter Absatz

Beim **direkten Absatz,** also ohne Einschalten von Absatzmittlern, muss das Unternehmen folgende Funktionen selbst erfüllen:
- Werbung, Präsentation und Erklärung der Leistung, Überzeugung des Käufers und Verkaufsabschluss (Markterschließungsfunktion)
- Festsetzen von Preis- und Lieferbedingungen (Preisfunktion)

- Bereithaltung und Lieferung der Ware (Lagerhaltungs- und Raumüberbrückungsfunktion)
- Kreditierung und Inkasso (Kreditfunktion)
- Serviceleistungen wie Beratung, Installation, Umtausch, Reparatur und Unterhalt der Produkte (Service- und Garantiefunktion).

Andererseits kann ein eingeschalteter **Absatzmittler** dem Unternehmen verschiedene Funktionen abnehmen, die diesem z.T. nicht oder nur mit großen Kostenbelastungen möglich sind.

Einschaltung von Absatzmittlern

Dies können z. B. sein:
- kundenspezifische Vorauswahl des Angebots und Kombination verschiedener Leistungen unterschiedlicher Unternehmen zu Sortimentsgruppen (Sortimentsfunktion)
- Angebot der vom Käufer erwarteten Mengenstruktur des Angebots (Quantitätsfunktion)
- Bereithaltung, Verkauf und Lieferung der Leistung zu den vom Kunden erwarteten Terminen (Zeitfunktion)
- qualitative Ausrichtung des Sortiments auf die Kundenerwartungen (Qualitätsfunktion).

Diese Sortimentsfunktion von zwischengeschalteten Absatzmittlern ist für ein im Schwerpunkt auf Produktion und Lieferung ausgerichtetes Unternehmen im Allgemeinen mit höheren Kosten – als der Direktabsatz – verbunden. Andererseits ermöglicht der **indirekte Absatz** u. U. eine verstärkte Spezialisierung, eine kostengünstigere Produktion und eine gewinn- oder wettbewerbswirksame Preisgestaltung. Dabei ist jedoch zu beachten, dass die übrigen Marketing-Maßnahmen des Unternehmens, speziell Werbung und Verkaufsförderung, auf die Anforderungen der Absatzmittler und deren Verkaufspersonal auszurichten sind. Im Einzelfall kann es zusätzlich erforderlich werden, die möglichen Kunden über Werbemaßnahmen oder Maßnahmen der Verkaufsförderung zum Kauf bei den Absatzmittlern zu aktivieren. Ob und in welchem Umfang dies vom Unternehmen durchgeführt werden kann, ist sehr häufig eine Frage der Größe, d.h. der Finanzkraft und der personellen Kapazität.

Indirekter Absatz

Insgesamt ist festzustellen, dass der **Direktabsatz** zwar arbeits-, zeit- und kostenintensiver ist als der indirekte Absatz, aber den wesentlichen **Vorteil des unmittelbaren Kundenkontaktes** hat. Dies ist bei kundenspezifischen Sach- und Dienstleistungen so entscheidend, dass es – besonders bei einem überregionalen Kundenkreis – einer sehr strengen Prüfung bedarf, ob und mit welchen Händlern bzw. anderen Produzenten bei welchen Leistungen zusammengearbeitet werden kann.

Vorteile bei Direktabsatz

Neben der Frage, welches **Qualitäts- oder Leistungsniveau die Absatzmittler** aufweisen sollten, gilt es zu klären, auf welcher Basis die Zusammenarbeit erfolgen soll, etwa durch **Kooperation** oder **Lizenzvergabe**. Weiterhin gilt es über die Zahl der künftigen Vertriebspartner zu entscheiden. So kann pro Absatzgebiet z. B. nur mit einem Partner gearbeitet werden **(exklusiver Vertrieb)** oder es werden einige ausgesuchte Betriebe zum Verkauf oder zur Herstellung und zum Verkauf berechtigt **(selektiver Vertrieb)**.

Kooperation oder Lizenzvergabe

Exklusiver/ selektiver Vertrieb

11. Marketing – Gestaltungsinstrumente

Franchise-System

Speziell bei regional oder lokal exklusiver Zusammenarbeit kann auf der Basis von Produkt- und Präsentationslizenzen z. B. ein mit einem einheitlichen Erscheinungsbild am Markt operierendes **Franchise-System** aufgebaut werden (vgl. z. B. McDonald-Verpflegungskette oder das System der BOSCH-Vertragswerkstätten). Bei solchen Franchise-Systemen ist jedoch zu beachten, dass dem Vorteil des (relativ) geringen Kapitaleinsatzes wesentlich höhere Risiken bezüglich systematischer Marktbearbeitung und Marktdurchdringung gegenüberstehen. Der Erfolg solcher Vertriebssysteme hängt nicht nur von der Stärke, d.h. Marktattraktivität der Franchise-Marktleistungen ab, sondern wird in hohem Maße von der fachlichen Qualifikation und der Motivation der Franchisepartner bestimmt.

Die Wahl des Absatzweges und die Wahl der Vertriebspartner in einem Absatzgebiet (z. B. Inland oder Ausland; Region „Nord" oder „Süd") kann nicht durch einen reinen Kosten-Ertragsvergleich ermittelt werden.

Bestimmungsfaktoren für die Absatzwegewahl

Die Entscheidung wird wesentlich bestimmt durch:
– Art der Leistung (beratungsintensive, komplexe Sach- oder Dienstleistungen)
– angestrebte Absatzmärkte (regionaler oder nationaler Absatz)
– reale und potenzielle Zielgruppen (Grad der Marktsättigung; neue Märkte)
– unternehmerische Zielsetzungen (Gewinnziele, Marktanteilsziele)
– Anforderungen an die Partner (Standort, Qualifikation, Größe)
– Wettbewerbssituation (Preis- oder Leistungswettbewerb)
– Image-Gesichtspunkte (Produkt-Image und Image des Partners) u.a.m.

Risikominimierung bei Exportentscheidungen

Diese Überlegungen gelten auch für den Export, wo besondere Risiken zu beachten sind. Diese können durch relativ einfache Verhaltensregeln reduziert werden (vgl. Abbildung 90).

11.5.2 Wahl der Absatzform

Absatzform

Eine weitere wichtige Vertriebsentscheidung des Unternehmens ist die Wahl der Absatzform für die Leistungen. Es geht um die Wahl zwischen verschiedenen Möglichkeiten, wie die Anbahnung, Abwicklung und Erhaltung von Geschäftsbeziehungen erfolgen soll.

> Entscheidungen zur Absatzform betreffen vertragliche, institutionelle und personelle Maßnahmen des Unternehmens zum Absatz seiner Leistungen an seine Kunden, seien es Absatzmittler oder Endverbraucher.

11.5.2.1 Vertragliche Aspekte

Vertragsgestaltung

In vertraglicher Sicht wird die Absatzform bestimmt durch Entscheidungen über die Art der Vertragsgestaltung bei den Geschäftsbeziehungen. Die Vertragsbedingungen sind dabei abhängig von
– der **Kundengruppe** (Gewerbebetriebe oder Privatkunden),
– der **Marktregion** (geographisch naher oder ferner Markt),
– der **Dauer und Intensität der Zusammenarbeit** (einmalige, gelegentliche oder dauernde Geschäftsbeziehung) sowie
– der **Größe des Auftrags und des Kunden** (Klein- oder Großkunden),
um einige wichtige Entscheidungskriterien zu nennen.

Fragen zur Risikominimierung bei Exportaktivitäten von kleinen und mittelgroßen Unternehmen

Information
- Sammeln Sie alle Informationen aus den verschiedensten Quellen: Bereisen Sie Ihr Zielland! Reden Sie mit Wettbewerbern, Händlern und möglichen Kunden!
- Nehmen Sie sich Zeit und Ruhe, die gesammelten Informationen auszuwerten. Achten Sie darauf, ob sie ein vollständiges Bild ergeben: lokalisieren Sie die Lücken, um sie sofort zu schließen!

Strategie
- Sie haben mehr Erfolg, wenn Sie Ihr Auslandsgeschäft systematisch aufbauen: nach einer Strategie aufgrund von Marktanalysen, woraus Sie jeden Ihrer Schritte herleiten.
- Nehmen Sie sich für Ihren Einstieg einen Berater aus dem Zielland! Das ist umso wichtiger, je mehr sich das Zielland von Deutschland unterscheidet.

Marketing
- Beobachten Sie den Markt: welcher Bedarf besteht wo und wann? Dann wissen Sie, wo und wann Sie mit Ihrem Marketing ansetzen müssen.
- Prüfen Sie Ihr Produkt, ehe Sie damit nach draußen gehen: zum Beispiel durch Messebesuche und Gespräche mit potenziellen Kunden; vereinbaren Sie eine Probelieferung, installieren Sie es bei einem Testkunden.

Personal
- Bereiten Sie motivierte, qualifizierte und flexible Mitarbeiter frühzeitig auf Auslandsaufgaben vor. Wenn Sie auch eine Fremdsprache lernen müssen, kann das über ein Jahr dauern.
- Investieren Sie viel Zeit in die Mitarbeitersuche; lassen Sie sich von Ortskundigen (vielleicht von befreundeten Unternehmern) beraten.

Finanzierung
- Stellen Sie einen präzisen Exportfinanzplan auf, aber lassen Sie Spielraum für Unvorhergesehenes; dann bekommen Sie eine realistische Kostenschätzung. Stellen Sie sicher, dass unerwartete Zusatzkosten Ihre Liquidität nicht gefährden.
- Regeln Sie die Finanzierung mit der Bank, bevor Sie das Projekt verabschieden – und vergessen Sie die Sicherheitsreserve nicht (Zahlungsverzögerungen).

Kooperationen
- Informieren Sie sich über potenzielle Partner genau: fragen Sie einen Berater oder Geschäftsfreunde.
- Überlegen Sie vorher, welche Meinungsverschiedenheiten es geben könnte: dann können Sie den Vertrag entsprechend formulieren.

Abb. 90: Checkliste zur Risikominimierung im Export

Allgemeine Geschäftsbedingungen (AGB)	So werden bei Kunden mit geringem Auftragsvolumen i. d. R. wohl die AGB (Allg. Geschäftsbedingungen) dem Vertrag zugrunde gelegt, während bei Großkunden andere Vereinbarungen erforderlich sind (z. B. Haftungsübernahme nach BGB statt VOB), um den Auftrag zu erhalten.

Es ist vom einzelnen Unternehmen grundsätzlich und situativ zu entscheiden, welche Bedeutung der Vertragsgestaltung als Absatzhilfe zugemessen wird; doch dürfen die mit einem lockeren Vorgehen bei der Vertragsgestaltung verbundenen Kosten- und Ertragsrisiken nicht unterschätzt werden (vgl. z. B. Konsequenzen für die Produkthaftung).

11.5.2.2 Institutionelle Maßnahmen

Verkaufseinrichtungen	Der institutionelle Gesichtspunkt bei der Anbahnung, Abwicklung und Erhaltung von Geschäftsbeziehungen betrifft die **Frage, ob das Unternehmen bestimmte Einrichtungen benötigt oder schafft, um seine Leistungen absetzen zu können.** Diese Einrichtungen können im Betrieb selbst sein (z. B. **Ladengeschäft, Musterlager, Beratungsstelle, Ausstellungsraum** o. Ä.), das heißt, die Kunden kommen zum Unternehmen. Andererseits kann das Unternehmen mit Mustern, Modellen oder mobilen Einrichtungen (z. B. **Ausstellungs- oder Demonstrationsfahrzeugen**) zum Kunden gehen. Diesem werden zeitaufwendige Wege erspart und das Unternehmen kann durch Gespräche direkt am Einsatz- oder Verwendungsort häufig noch spezifischere – und oft auch ertragreichere – Problemlösungen anbieten.
Messe, Ausstellung, Hausmesse	Diese direkten Kundenkontakte werden ergänzt bzw. oftmals ausgelöst durch Kontakte, die von **Messen und Ausstellungen** kommen. Es gibt sie als überbetriebliche Einrichtungen (Fach- oder Publikumsmesse) oder als **unternehmungseigene Verkaufsveranstaltung (Hausmesse)**. Die Entscheidung des Unternehmens zur Teilnahme oder eigenen Durchführung von solchen Veranstaltungen oder für die angesprochenen Verkaufseinrichtungen kann nicht nur unter Kostengesichtspunkten erfolgen. Es gilt vielmehr die werbenden und verkaufsfördernden Effekte zu gewichten und zu berücksichtigen. Allerdings ist ein Anpassungsverhalten an die Konkurrenzaktivitäten stets kritisch zu sehen. Der Kunde würdigt zwar die „gleiche" Leistung, erwartet jedoch eine bessere als beim Wettbewerber. Insoweit sollte das Unternehmen auch in diesem Fall möglichst nach Vertriebslösungen suchen, die den Bedürfnissen seiner Kundengruppe mehr entsprechen und vorteilhafter sind als die Aktivitäten seiner Mitbewerber („Abheben statt Anpassen!").

11.5.2.3 Personelle Gesichtspunkte

Die personelle Komponente bei der Wahl der Absatzform ist angesprochen, wenn zu klären ist, ob die Leistungen von **„eigenen" Personen** (Inhaber und Mitarbeiter) oder **unter Mithilfe von „fremden" Personen** (Berater, Absatzhelfer) abgesetzt werden sollen.

Absatzhelfer	Die Besonderheit bei den „fremden" Personen der **Absatzhelfer** liegt darin begründet, dass durch die Beratungen und Empfehlungen dieser Personengruppe (z. B. Architekten, Ärzte, Einrichtungs-, Ernährungs- oder Finanzierungsberater) der Entscheid für oder gegen eine bestimmte Marktleistung oder ein Unternehmen beim Kunden wesentlich vereinfacht wird. Die absatz-

helfenden Berater müssen daher durch persönliche und schriftliche Informationen systematisch und intensiv angesprochen und als Meinungsbildner beim Kunden gewonnen werden. Diese **Beraterpflege** kann für das Unternehmen wichtiger werden als die **Kundenpflege** (vgl. Arztbesuche durch Außendienst der Pharma-Unternehmen oder Umwerbung der Architekten durch Bau-Unternehmen u. a. m.).

Beraterpflege

Die zunehmende Weiterentwicklung und Differenzierung der Kundenwünsche und der Leistungsfähigkeit der Unternehmen führen verstärkt dazu, die Kaufentscheidungen durch den Rat eines unabhängigen Fachmanns wirtschaftlich und psychologisch absichern zu lassen. Solche **Hilfen zur Absicherung der Kaufentscheidungen** können für den Kunden neben dem Expertenurteil auch Erfahrungen von anderen Kunden oder Ergebnisse von Leistungsprüfungen sein, an denen das Unternehmen teilgenommen hat (z. B. Auszeichnungen, Preise, Testate oder auch Zertifikate wie ISO 9000). Soweit der Absatz von Markt-Leistungen überwiegend mit „eigenen" Personen durchgeführt wird, hat die Gestaltung der **Form des persönlichen Kontakts** mit möglichen Kunden **entscheidenden Einfluss auf die Kaufwilligkeit und Abschlussbereitschaft des Kunden**. Daher wird auf diesen Faktor im Absatzverhalten des Unternehmens hier etwas ausführlicher eingegangen.

Persönlicher Verkauf

Der Verkauf als „prozessuale Abwicklung des Übergangs einer Leistung vom Verkäufer auf den Käufer" ist das **Ergebnis eines Prozesses der gegenseitigen Beeinflussung und Willensbildung in einem oder mehreren persönlichen Gesprächen**.

> Das Verkaufsgespräch steht meist am Ende verschiedener Kontakt-, Beratungs- und Anbahnungsgespräche, die der Inhaber, Führungskräfte und Mitarbeiter des Unternehmens bei potentiellen Kunden, Absatzmittlern und Absatzhelfern führen müssen.

Für den angestrebten Gesprächserfolg und eine Minimierung der Verkaufskosten ist daher eine geplante, d.h. intensive **Gesprächsvorbereitung** unerlässlich.

Für den Besuch bei einem potenziellen Kunden können folgende Überlegungen von besonderem Nutzen sein:

Besuchsvorbereitung

- Habe ich eine klare Vorstellung über mein **Besuchsziel**? Was will – und kann – ich erreichen? Welches sind allfällige Alternativziele oder Variationsziele?
- Bin ich im Außendienst der **richtige Mann,** um dieses Besuchsziel zu erreichen? Soll ich Rücksprache mit einem Kollegen, einem vorgesetzten oder untergeordneten Außendienstmitarbeiter aufnehmen? Muss ich mich von jemandem beraten lassen? Kann mir ein Mitarbeiter im Außendienst konkrete Empfehlungen geben, um ein – vielleicht etwas heikel gelagertes – Besuchsziel zu erreichen?
- **Wen** muss ich bei meinem Kunden **ansprechen,** um mein Besuchsziel zu erreichen? Ist es der Unternehmer selbst, der Einkaufschef, ein Einkäufer, ein Kollegium, eine technische Instanz, der Sekretär, der Werkmeister, der Finanzchef, der Betriebsleiter, die Hausfrau usw.?
- Welche Vorarbeiten und **Vorbereitungen** treffe ich für den Besuch? Mit welchen visuellen Hilfsmitteln arbeite ich, wie zeige ich etwas graphisch,

statistisch? Welches sind die mutmaßlichen Probleme des Interessenten und wie bereite ich Problemlösungen vor?
- Welche Vorarbeiten kann ich anlässlich meines jetzigen Besuches in die Wege leiten, um ein **nächstes Besuchsziel** zu erreichen?

Gestaltung eines Verkaufsgesprächs

Eine **erfolgreiche Gestaltung des Verkaufsgesprächs** bzw. **des Verkaufsprozesses** erfordert eine möglichst genaue Kenntnis der Leistungen des Unternehmens, der Umweltbedingungen, unter denen die Verkaufsprozesse ablaufen und der Einstellungen und Erwartungen der potenziellen Kunden. Nach Meinung des Verkaufstrainers Rottmann führt „das prägnante Herausarbeiten der jeweiligen Schwerpunkte, die bei den verschiedenen typischen Kundengruppen entscheidungsbildend sein können, naturgemäß zur Überlegung, mit welchen spezifischen Appellen und Argumenten, mit welchen Ideen und Beispielen sowie mit welchen Hilfsmitteln bei der Gestaltung eines Verkaufsgesprächs oder Kundenbesuchs für die einzelnen Kundentypen gearbeitet werden kann". Dies setzt voraus, dass die Kundengruppen (Kundentypen) nach Art, Umfang und Bedeutung bekannt sind oder entsprechend „lokalisiert" und gegeneinander abgegrenzt werden können.

Bestimmung von Kundentypen

Als Kriterien zur Bildung von **Kundentypen für Verkaufsgespräche** eignen sich nach Rottmann u. a. folgende Unterschiede:
- Unterschiede im Kaufverhalten nach **Geschlecht und Alter**?
- Unterschiede im Kaufverhalten nach **Auftragsgrößen** (wie denken Kunden, die Kleinaufträge tätigen; wie denken, verhalten und urteilen Kunden, die üblicherweise Großaufträge vergeben)?
- Unterschiede im Entscheidungs- und Kaufverhalten zwischen Einkäufern in der **Privatwirtschaft** und einkaufenden Instanzen der **öffentlichen Hand** (Behörden)?
- Unterschiede im Kaufverhalten je nach **Konsumentenhabitus**? (Beispiel Handel: Denkt und urteilt ein Ehegatte alleine anders als in Begleitung seiner Ehefrau?)
- Unterschiede im Kaufverhalten zwischen **Wiederverkäufern und Letztverbrauchern**?
- Unterschiede in der **Denk- und Urteilsweise** des Käufers oder Interessenten je nach Alter, Bildungsgang (technisch oder wirtschaftlich), Branchenzugehörigkeit, Nationalität usw.
- Unterschiede in der Entscheidungsbildung und im **Kaufverhalten** je nach dem zu lösenden Problem? Typische unterschiedliche Denkschwerpunkte bei der Lösung eines bestimmten Problems in den verschiedenen Branchen? Reihenfolge der ausschlaggebenden Kriterien beispielsweise in der Privatwirtschaft, bei den Behörden? Unterschiede?
- Unterschiede in der Entscheidungsbildung je nach **Stellung des Partners** im Kaufprozess in Bezug auf das abzusetzende Produkt (Käufer, Verwender, Geldgeber, Besitzer usw.)?
- Unterschiede im Kaufverhalten je nach **Erscheinungsbild** des Käufers? (Beispiel Detailhandelsgeschäft Herrenbekleidung: Ausrichtung der Argumentation je nach dem „vermuteten Typ"; Gesprächsführung in der dem Kunden eigenen Wortwahl.)

Gelingt es, solche **verhaltensbezogene Kundentypen** mit optischen oder im Gespräch feststellbaren Erkennungsmerkmalen herauszuarbeiten, dann können diese spezifisch angesprochen und bearbeitet werden. Die vom Kunden missbilligten **Schablonengespräche** werden ersetzt durch **individuelle Beratungs- und Verkaufsgespräche**. Deren Erfolgsaussichten sind für das Unternehmen umso größer, je besser man die Eigenarten im Denken und Handeln der jeweiligen Kundentypen und der einzelnen Kunden kennt, erkennt und verwertet.

Individuelle Beratungs- und Verkaufsgespräche

11.5.3 Vertriebslogistik

Als weitere Teilbereiche der Vertriebsentscheidungen eines Unternehmens wurden Lagerhaltung und Transport angesprochen.

Vertriebslogistik

> Bei der **Vertriebslogistik** geht es um **Gestaltungsentscheidungen zur Verbesserung des Warenflusses**, insbesondere um eine möglichst kostengünstige und schnelle Lieferung der Leistungen an den Abnehmer. Dabei hat das Unternehmen speziell bei Sachleistungen die Entscheidung, welcher Servicegrad (Umfang der Lieferfähigkeit) mit welchem Lagerumfang an Bezugsteilen und Halbzeugen erreicht werden soll, unter Kosten- und Ertragsgesichtspunkten zu treffen.

Die Kosten der höheren Lagerhaltung und der damit erreichbaren kürzeren Lieferzeit müssen (zumindest langfristig) geringer sein als die erzielbaren Preis- und Imagevorteile. Da diese Ertragskomponenten häufig nur mit großen Schwierigkeiten errechnet werden können, greift man zurück auf Betrachtungen der Kostenwirtschaftlichkeit.

Lagerhaltung

Im vorliegenden Zusammenhang, wo meist über die Ausdehnung der Lager- und/oder Transportkapazität entschieden werden muss, kommt die Frage nach Fremd- oder Eigenlager bzw. Miet- oder Eigentransport-Fahrzeugen auf. Die Grafik von Abbildung 91 zeigt beispielhaft, wie mit einer Break-even-Analyse die **"kritische Lagergröße (K)"** für die wirtschaftliche Eigenlagerung ermittelt werden kann.

Eigen- oder Fremdlager

Während für die Eigenlagerung ein relativ hoher Fixkostenblock anfällt, sind die Lagerkosten für den Mieter praktisch nur variable Kosten. Kostenmäßig ist daher die Errichtung eines eigenen Lagers erst als sinnvoll anzusehen, wenn dessen durchschnittliche Auslastung dauerhaft über dem vorgenannten Punkt „K" liegt.

Entscheidungen über **eigene und fremde Transportkapazitäten** sind – auch in Bezug auf Unabhängigkeit und Flexibilität des Unternehmens – gleichartig zu behandeln und zu beurteilen wie die Entscheidungen zur Lagerhaltung.

Transportentscheidung

Sind Entscheidungen über Lager- und Transportkapazitäten getroffen bzw. nicht erforderlich, dann sind es die täglich wiederkehrenden Dispositionsprobleme über **Liefermengen, Kapazitätsauslastung und Transport-(Routen-)planung**, denen das Unternehmen seine Aufmerksamkeit widmen muss. Störungen in diesem Bereich sind nicht nur für den Kunden ärgerlich und mit Kosten verbunden; auch beim Unternehmen selbst führen sie meist zu Kostensteigerungen. Nachlässigkeit bei Liefergenauigkeit und Lieferpünktlichkeit wirken auf jeden Fall nachteilig auf die psychologische Wettbewerbsfähigkeit (Imageschädigung).

Lager- und Transportplanung

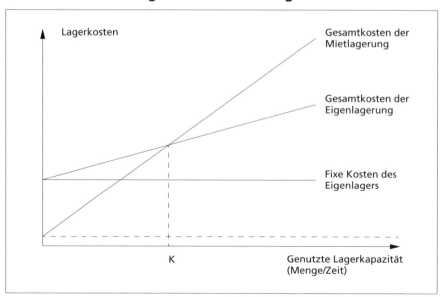

Abb. 91: Entscheidung zwischen Eigen- und Fremdlager unter Kostengesichtspunkten

Wiederholungsfragen zum 11. Kapitel

Leistungsprogramm

1. Welche Entscheidungsfelder lassen sich in Bezug auf die Leistungspolitik unterscheiden? (Seite 177)
2. Welche Ziele sind für die Entscheidungen in der Leistungspolitik maßgebend? (Seite 178)
3. Welche Quellen können zur Gewinnung von Produktideen herangezogen werden? (Seite 180)
4. Welche Möglichkeiten hat ein Unternehmen zur Leistungsdifferenzierung? (Seite 186, 187)
5. Welche Gründe können trotz schwacher Ertragskraft einer Leistung zum Verbleib im Leistungsprogramm des Unternehmens sprechen? (Seite 189)
6. Was versteht man unter Nebenleistung und welche Aufgaben hat sie? (Seite 190)
7. Was sind Entscheidungskriterien für Art und Umfang der Servicepolitik eines Unternehmens? (Seite 190, 191)
8. Worin unterscheiden sich abschluss- und verwendungsbezogene Serviceleistungen? (Seite 191, 193)
9. Welche Funktion haben kaufmännische Serviceleistungen? (Seite 193)
10. Welche Argumente sprechen für eine Berechnung von Serviceleistungen speziell bei verwendungsbezogenem Service? (Seite 193, 194)

Preise und Konditionen

11. Was ist das Ziel der Preispolitik? (Seite 196)
12. Welche Arten der Preisbestimmung kann man unterscheiden? (Seite 198)
13. Welche Verfahren der kostenorientierten Preisbestimmung kennen Sie? (Seite 198)
14. Was ist das Wesen der Break-even-Analyse? (Seite 199)
15. Welche Ziele kann das Unternehmen bei nachfrageorientierter Preisbildung verfolgen? (Seite 200, 201)
16. Was sind die Voraussetzungen für eine Preisdifferenzierung? (Seite 201)
17. Welche Anlässe der Preisbildung kann man unterscheiden? (Seite 202)
18. Welches sind die Instrumente der Preisgestaltung? (Seite 203)
19. Welche Rabattarten kann das Unternehmen als Anreizfaktoren einsetzen? (Seite 203, 205)
20. Welche Gestaltungsmöglichkeiten gibt es bezüglich Kreditgewährung? (Seite 205, 206)

Marketing-Kommunikation

21. Was sind die Aufgabenbereiche der Werbung? (Seite 206)
22. Welches sind die messbaren Werbeziele? (Seite 208, 209)
23. Welche Werbearten gibt es? (Seite 209, 210)
24. Welche Verfahren gibt es, um die Höhe des Werbebudgets festzulegen? (Seite 210, 212)
25. Welche Nachteile stecken in der „Prozent-vom-Umsatz-Methode"? (Seite 212)
26. Was versteht man unter Verkaufsförderung? (Seite 218)
27. Welches sind personenbezogene Verkaufsförderungsmaßnahmen? (Seite 221)
28. Von welchen drei Ansatzpunkten müssen die Überlegungen für Öffentlichkeitsarbeit ausgehen? (Seite 222)
29. Auf welche Maßnahmen zur Beeinflussung des Images kann ein Unternehmen zurückgreifen? (Seite 222, 224)
30. Welche Erkenntnisse sprechen für den Einsatz von sog. „Werbekonstanten"? (Seite 224)

Verkauf und Vertrieb

31. Welche vertriebspolitischen Entscheidungen sind zu unterscheiden? (Seite 228)
32. Welche Grundtypen von Absatzwegentscheidungen sind zu unterscheiden? (Seite 228, 229)
33. Welche Funktionen hat ein Absatzmittler? (Seite 229)
34. Welche Vorteile bietet der direkte Absatz? (Seite 229)
35. Was ist bei der Auswahl der Absatzwege zu beachten? (Seite 230)
36. Welche institutionell wirksamen Entscheidungen sind bei der Absatzform zu treffen? (Seite 232)
37. Durch welche Maßnahmen wird Pflege der Absatzhelfer zur Imagepflege? (Seite 232, 233)
38. Mit welchen Überlegungen kann eine intensivere Vorbereitung von Kundenbesuchen erreicht werden? (Seite 233, 234)
39. Warum ist die Herausarbeitung von Kundentypen für die Verkaufsgespräche von Bedeutung? (Seite 235)
40. Was ist bei der Gestaltung der Lagerhaltung und des Transports zu berücksichtigen? (Seite 235)

12. Marketing – Steuerungsinstrumente

12.1 Marketingplanung

12.1.1 Zur Planung in Klein- und Mittelbetrieben

Eine vor einigen Jahren durchgeführte Untersuchung der Industrie- und Handelskammer Koblenz „Zum Rechnen zu klein?" hat gezeigt, dass zwischen Klein- und Mittelbetrieben ein großes **Planungsgefälle** besteht. Erfahrungen und Untersuchungen in größeren Betrieben haben jedoch gezeigt, dass bereits ein Mindestmaß an formaler Planung die Betriebsentscheidungen von situationsbezogenen oder spontanen unternehmerischen Augenblicksentscheidungen loslösen.

Umfang der Unternehmensplanung

Planung oder Improvisation

> Planung als Ausdruck von bewussten, rationalen und später kontrollierbaren Entscheidungen über künftiges Verhalten soll die mehr situationsorientierten Improvisationsentscheidungen ersetzen.

Die auf subjektiven Einschätzungen basierende, meist gegenwartsbezogene und auf eine unmittelbare Erreichung bestimmter Markt- und Unternehmungsziele ausgerichtete **Improvisation** kann nicht die Basis für langfristig wirkende Unternehmungsentscheidungen sein. Diese Basis kann nur die Planung bilden, denn hier werden Ziele als „künftig in Betrieb und Markt zu erreichende Zustände" festgelegt sowie grundlegende Entscheidungen über Mittel und Maßnahmen zur Erreichung dieser Ziele getroffen.

> Indem mit der Planung festgelegt wird „was sein soll" (Zielentscheidungen) und „wie das erreicht werden soll" (Mittel- und Maßnahmenentscheidungen), hat sie sowohl für die künftige Entwicklung des Betriebs als Ganzes als auch für dessen einzelne Teilbereiche reale Gestaltungsfunktion.

Das bedeutet, dass auch in Klein- und Mittelbetrieben **ohne Planung keine Unternehmungspolitik** und damit z. B. auch keine gezielte Investitionspolitik und keine Marketingpolitik möglich sind. Daher bedarf jedes Unternehmen, das wettbewerbs- und gewinnwirksames Marketing betreiben will, der Planung, speziell der **Marketingplanung.**

12.1.2 Ziele und Aufgaben

Unter **Marketingplanung** sollen alle gedanklichen Überlegungen und Entscheidungen über die realisierbaren Marketingziele sowie über die zu wählenden Mittel und Wege (Marketingstrategie) zur Zielerreichung verstanden werden. Dies heißt für das einzelne Unternehmen, zunächst Vorstellungen zu entwickeln über die am Markt zu erreichenden Ziele. Es gilt für kurz- und längerfristige Zeiträume möglichst rechen- und damit kontrollierbare qualitative, mengenmäßige, preisliche, werbe- und imagebezogene Vorgaben (Ziele) zu formulieren. Für das Unternehmen mit überwiegender Auftragsfertigung von Sach- und Dienstleistungen ist dies nicht immer in der geforderten exakten Form möglich; es mangelt häufig an Informationen oder Erfahrungen über die künftigen Aufträge. Durch Einsatz der Marketingplanung kann das

Ziele der Marketingplanung

Unternehmen jedoch Vorstellungen über sein grundsätzliches Verhalten im Markt entwickeln und somit wichtige Anhaltspunkte für künftige Marketingentscheidungen erhalten.

Aufgaben der Marketingplanung

Nach Abbildung 92 lassen sich fünf Funktionen oder **Hauptaufgaben der Marketingplanung** unterscheiden.

Komplexitätsreduktion

– **Komplexitätsreduktion**
Hier sollen mit Hilfe der Marketingplanung die für das Unternehmen und sein Marktverhalten bedeutsamen Einflussfaktoren der Umwelt erkannt werden. Ziel der Planungsüberlegungen ist es, dem Unternehmen bewusst zu machen, wie die Konkurrenz- und Nachfragesituation ist, wie sie sich entwickelt und welche rechtlichen, sozialen, kulturellen und technologischen Einflüsse in welchem Umfang bei den Entscheidungen des Unternehmens zu berücksichtigen sind. Kommt das Unternehmen zu der Erkenntnis, dass z. B. kulturelle Bedingungen oder Wandlungen ohne größeren Einfluss auf sein Marketingverhalten sind, können diese Faktoren bei künftigen Ziel- und Maßnahmenentscheidungen unberücksichtigt bleiben. Damit wird ein Abbau der Entscheidungskomplexität erreicht.

Risikominderung

– **Risikominderung**
Durch bewusstes, rationales Vorgehen bei der Ermittlung von Zielen und Maßnahmen sollen Fehlentscheidungen vermieden werden. Dazu trägt die systematische Informationsverarbeitung bei der Planung bei; sie bewirkt eine wesentliche Reduzierung der Marketingrisiken als potenzielle Verlustquellen für das Unternehmen.

Zielsuche

– **Zielsuche**
Diese Funktion der Planung ergibt sich aus der Erkenntnis, dass Planen gleichbedeutend ist mit Ziele setzen. Je genauer (operationaler) ein Unternehmen seine Marketingziele (z. B. Umsatzziele, Mengenziele, Bekanntheitsziele) für festgelegte Zeitpunkte oder Zeiträume bestimmt bzw. umschreibt, desto mehr kann es sein Marketingverhalten, seine Maßnahmen und falls erforderlich auch seinen Gesamtbetrieb auf diese Ziele ausrichten. Ziele als künftige Soll-Größen sind unabdingbare Voraussetzungen

- für bewusste (geplante) Entscheidungen über Mittel und Maßnahmen zur Erreichung dieser Ziele,
- für die Kontrolle der Zielerreichung (Soll-Ist-Vergleiche) und
- für erforderliche Korrekturentscheidungen (z. B. Änderung des Angebotsverhaltens, der Werbung oder der Preisbildung), um die Ziele dennoch zu erreichen.

Funktionen der Marketingplanung

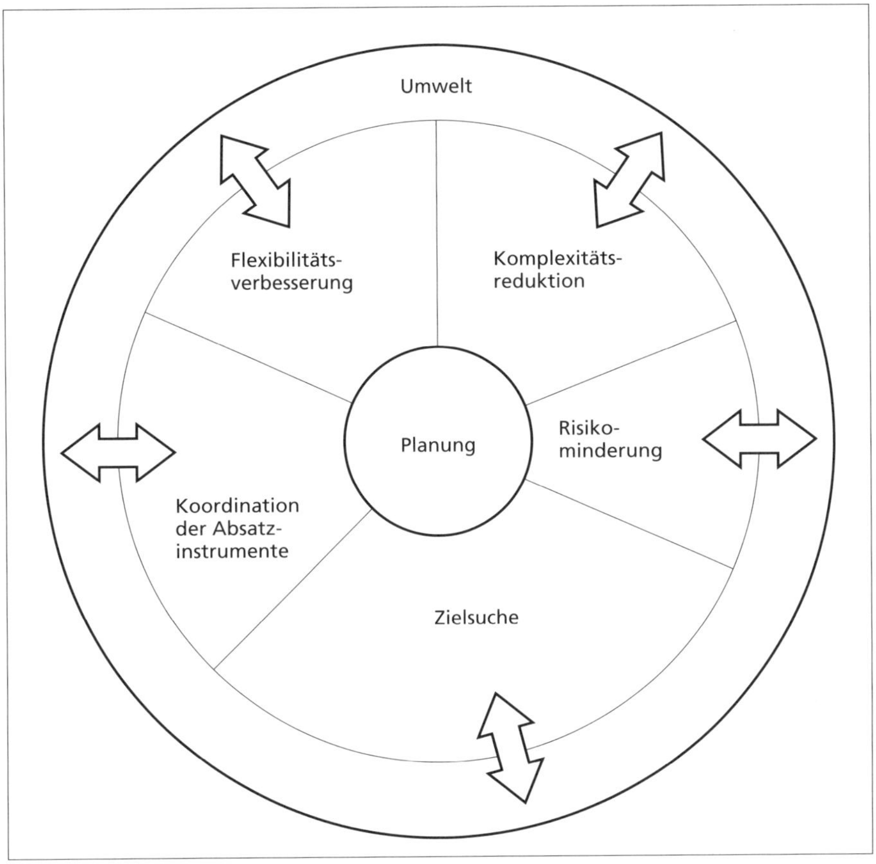

Abb. 92: Funktionen der Marketingplanung

- **Koordinierung**

    Die Aufgabenstellung der Planung heißt hier, eine Abstimmung der lang- und kurzfristig angestrebten Marketingziele und -maßnahmen miteinander und untereinander herbeizuführen. Mit der Marketingplanung soll zum einen Klarheit über die Rangfolge der Marketingziele erreicht werden und zum anderen gilt es nicht Einzelmaßnahmen, sondern abgestimmte Marketing-Maßnahmenbündel (Marketing-Aktionen) nach Inhalt, Umfang und Aktionszeitraum festzulegen. Dadurch kann vermieden werden, dass vom Unternehmen – meist unbewusst – gleichzeitig oder kurz nacheinander marktwirksame Einzelmaßnahmen mit gegenläufigen Wirkungen (z. B. Werbung für qualitativ hochwertige Leistungen und gleichzeitiges Anbieten einer weniger qualifizierten Leistung als Sonderangebot) geplant und später auch durchgeführt werden. Die Maßnahmenbündel sollten vielmehr unter dem Gesichtspunkt einer Wirkungsmultiplikation geplant werden, wie z. B. Werbung für qualitativ hochwertige Leistung,

    Koordinierung

Herausstellen einer Leistungsverbesserung und Bekanntgabe einer Preissenkung aufgrund günstiger Entwicklung der Nachfrage.

- **Flexibilitätsverbesserung**

Flexibilitätsverbesserung

Durch die Verarbeitung von Zukunftsinformationen (Prognosen) beim Festlegen der geplanten Ziele und Maßnahmen versucht das Unternehmen, sich auf angenommene oder zu erwartende Entwicklungen innerhalb und außerhalb seines Betriebs einzustellen. Das Unternehmen muss verhindern, dass ihn Umweltveränderungen (z. B. Nachfragerückgang, ruinöser Preiswettbewerb o. Ä.) unvorbereitet treffen und ihm Anpassungsentscheidungen unter Zeitdruck aufzwingen. Durch bewusstes Berücksichtigen von künftigen Veränderungen und Wandlungen bei der Erstellung seines Marketingplanes und einer systematischen (z. B. viertel- oder halbjährlichen) Überprüfung der Noch-Richtigkeit der früheren Annahmen und Erwartungen kann das Unternehmen sein Marketingverhalten und ggf. seinen Gesamtbetrieb auf die neuen Bedingungen und Entwicklungen einstellen.

> Ein planendes Unternehmen reagiert in der Gegenwart; handelt jedoch für die Zukunft.

12.1.3 Aufbau und Gestaltung

Phasen der Marketingplanung

Betrachtet man die Marketingplanung als einen Prozess der Informationsverarbeitung, so lässt sich in Anlehnung an die zu lösenden Aufgaben folgender 5-Phasen-Aufbau feststellen:

1. Planungsphase:
   Erstellen einer Diagnose

Diagnose

Zu Beginn jeder Planung sollten möglichst exakt die für den Erfolg wichtigen Zustände im Betrieb (vgl. Betriebsanalyse, Kapitel 10.2) und im Markt (z. B. Umsätze, abgesetzte Mengen, Bekanntheitsgrad oder Image differenziert nach Leistungen, Kundengruppen, Absatzgebieten o. Ä.) und die Einflussfaktoren erfasst und untersucht werden. Diese Analyse des Ist-Zustands ist die Basis für das weitere Vorgehen.

2. Planungsphase:
   Erarbeiten einer Prognose

Prognose

Ausgehend von Gegenwarts-, Vergangenheits- und Zukunftsinformationen über Situationen und Entwicklungen im Unternehmen, seinen Märkten und deren Einflussfaktoren, muss das Unternehmen zu ermitteln versuchen, auf welche künftigen Bedingungen in Betrieb und Markt es seine Leistungen und sein Marketingverhalten auszurichten hat. Eine solche Vorhersage soll aufzeigen, was sich in unmittelbarer und naher Zukunft ändern könnte und mit welchen Gegebenheiten dann zu rechnen ist. Hierzu und für die Festlegung seiner späteren Handlungsziele sollte das Unternehmen aufgrund seiner Erfahrungen und gewonnener Erkenntnisse dann Prognosen erstellen. Diese betreffen die voraussichtliche Entwicklung des Branchen- und des eigenen Umsatzes, der Kosten und der erforderlichen Investitionen, um bestimmten Marktentwicklungen gerecht zu werden.

3. Planungsphase:
   Bestimmen der Marketingziele
   Hier gilt es, aus den Diagnose- und Prognoseinformationen die marktbezogenen Ziele zu bestimmen. Es sind dies zum einen Vorgaben von Veränderungen oder Situationen im Markt (z. B. neue Zielgruppen, zusätzliche Absatzgebiete o. Ä.), auf die sich das Unternehmen langfristig einstellen will. Dies kann z. B. durch Umstellungen bei Betriebsgröße, Betriebsstruktur, Leistungsprogramm, Angebots- und Kundendienstverhalten u.a. erfolgen. Die Festlegung und Formulierung solcher Langfristziele werden von einem großen Teil der kleineren Unternehmen in ihrer Bedeutung für die künftige Entwicklung unterschätzt und daher oft unterlassen. Dies bedeutet, dass in diesen Fällen langfristig wirkende Investitionsentscheidungen nach Vergangenheits- und Gegenwartsbedingungen getroffen werden. Dies kann später nicht nur zur Gewinn-, sondern gar zur Existenzbedrohung führen. Die langfristigen Überlegungen und Ziele werden ergänzt von kurzfristigen Zielen, die es unmittelbar in der nächsten Planungsperiode zu erreichen gilt. Hier handelt es sich um relativ konkrete (operationale) Vorgaben, die als Handlungsziele (Sollwerte) gleichzeitig den späteren Maßstab für die Erfolgsmessung beim Soll-Ist-Vergleich bilden. Besondere Bedeutung hat diese Zielbestimmung für das Marketingverhalten in den nächsten Wirtschaftsperioden (z. B. Halbjahr, Quartal oder Monat). Dies zeigt auch die enge Verknüpfung mit der Bestimmung von Umsatz-, Kosten-, Absatzmengen- und Auslastungszielen für das Unternehmen in diesen Perioden.

   Zielbestimmung

4. Planungsphase:
   Festlegen der Marketingmaßnahmen
   Im Anschluss bzw. gleichzeitig mit der Festlegung der lang- und kurzfristig zu erreichenden Marketingziele muss das Unternehmen darüber entscheiden, wie es im Markt vorgehen will, um die geplanten Ziele zu erreichen. Bei den Langfristzielen gilt es über „Weichenstellungen" für die künftigen Veränderungen des Unternehmens, z. B. bezüglich künftiger Kundengruppen, Leistungsprogramm, Standort und Erscheinungsform des Ladengeschäfts u. a. m., zu entscheiden. Diese grundlegenden Entscheidungen, die auf Muss- und Kann-Zielen beruhen, werden auch mit Bestimmung der **Marketing-Strategie** bezeichnet. Sie bestimmt neben den Gegenwartsbedingungen in Betrieb und Markt wesentlich die auf kurzfristige Wirkung ausgelegten taktischen Marketingmaßnahmen. Es sind die Entscheidungen, mit denen das Unternehmen im Grundsatz festlegt, mit welchen Maßnahmenkombinationen es die kurzfristigen Marketingziele (z. B. Umsatz- oder Mengenvorgaben, Bekanntheitserhöhung oder Beschäftigungsausgleich) gegenüber Wettbewerber und Zielgruppen durchsetzen möchte. Hier gilt es, die vorgesehenen Marketingmaßnahmen nach Art, Umfang und zeitlichem Einsatz einzelnen Abschnitten der Wirtschaftsperioden (z. B. Quartal, Monat, Woche) zuzuordnen, um für diese Zeiträume wirkungsoptimale Maßnahmenkombinationen zu erhalten.

   Marketingmaßnahmen

5. Planungsphase:
   Bestimmen der Marketingkontrollmaßnahmen
   Die Planungsüberlegungen sind unvollständig, wenn nicht bereits vor Durchführung der Marketingmaßnahmen festgelegt wird, an welchen Zie-

   Marketingkontrolle

len und wie die Marketingwirkungen gemessen werden sollen. Erst durch diese Kontrollphase mit ihren Soll-Ist-Vergleichen wird die Marketingplanung zu einem echten Führungsinstrument. Durch diese regelmäßigen Vergleiche kann das Unternehmen die Erfolge seiner auf Kurz- oder Langfristwirkung ausgerichteten Marketingmaßnahmen im Hinblick auf die zu erreichenden Ziele überwachen und, falls notwendig, Korrekturmaßnahmen ergreifen. Überwachung ist insoweit eine Zwischenkontrolle, die ergänzt wird durch die Endkontrolle am Ende der Wirtschaftsperiode. Erst bei diesem endgültigen Soll-Ist-Vergleich kann das Unternehmen feststellen, in welchem Umfang es seine geplanten Marketingziele erreicht hat. Bei Nichterfüllen der Zielvorgaben gilt es, die Gründe für Art und Umfang der Abweichungen über **Ursachenanalysen** zu ermitteln und über Konsequenzen für die Marketingpläne in den nächsten Wirtschaftsperioden zu entscheiden. Dies kann z. B. dazu führen, dass etwa die künftigen Maßnahmenkombinationen beim Marketing-Mix in ihrer Zusammensetzung oder im zeitlichen Einsatz geändert werden. Auch können etwa Langfristziele des Unternehmens aufgegeben oder sie müssen für neue Zeiträume formuliert werden. Erst mit der Kontrollphase und den hier gewonnenen zusätzlichen Planungsinformationen wird die Marketingplanung zu einem fortlaufenden Informationsprozess zur Ausrichtung des Unternehmens auf die Erfordernisse des Marktes. Dies zeigt auch nachstehendes Schaubild der Abbildung 93.

12.1 Marketingplanung

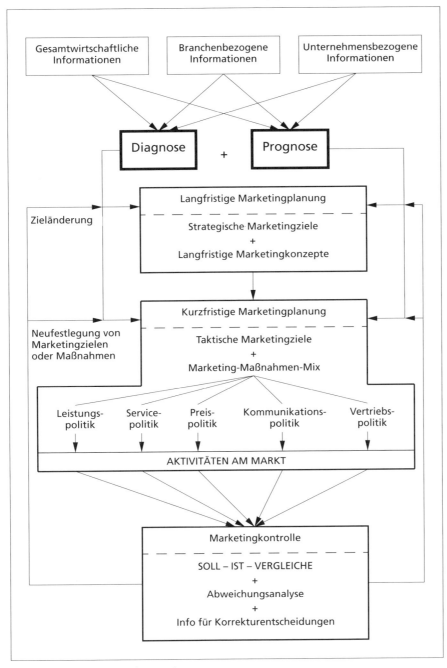

Abb. 93: Prozess der Marketingplanung

Prozess der Marketingplanung	Die Darstellung lässt klar die 5 Prozessphasen der Marketingplanung und zwei wesentliche Merkmale eines solchen systematischen Vorgehens erkennen. Dies ist zum einen die von lang- nach kurzfristig zunehmende **Planungsgenauigkeit,** bedingt durch kontinuierliche Informationsgewinnung (z. B. regelmäßig Soll-Ist-Vergleiche) und größere Erfahrung bei der Prognosebildung für kürzere Zeiträume, z. B. bei 1-Jahres-Planung. Zum anderen ist es die **zunehmende Verbindlichkeit der Planwerte** für das kurzfristige Verhalten. Damit ist jedoch keine Einschränkung der marktnotwendigen Flexibilität gemeint. Es soll vielmehr sichergestellt werden, dass das Unternehmen seine Ziele durch bewusstes Marktverhalten erreicht.
Aufbau einer Marketingplanung	Wie ein kleineres Unternehmen z. B. eine Jahres-Planung für Marketingmaßnahmen durchführen könnte, zeigt Abbildung 94. Die Gestaltung der Marketingplanung, d. h. die Vorgabe der Marketingziele kann in Form einer Alternativplanung oder in Form einer rollenden Planung erfolgen.
Alternativplanung	Bei der **Alternativplanung** versucht das Unternehmen für verschiedene, von ihm prognostizierte Situationen jeweils einen eigenen Ziel- und Maßnahmenplan zu erstellen. Das Unternehmen legt seinem Handeln zunächst einen Marketingplan zugrunde. Es hält die anderen Pläne in Reserve, um beim Eintreten von vorher genau festgelegten Umweltsituationen sofort auf einen anderen Marketingplan überwechseln zu können.

Nachstehendes Zahlenspiel für geplante Marketingmaßnahmen bei rückläufigen Aufträgen (Absatzmengen) soll den Einsatz dieser Planungsart verdeutlichen:

Absatzmenge am 1. 6. 20..	Maßnahmen
10 000	wie geplant
9 000	zusätzlicher Einsatz von 5000,- € für persönliche Werbebriefe an die Kunden.
8 000	Preissenkung um 10 % und zusätzlich 5000,- € für persönliche Werbebriefe.
7 000	Preissenkung um 25 % und Einsatz eines Reisenden für die Steigerung des Absatzes.

Das Unternehmen kann z. B. auch bestimmte Konkurrenzmaßnahmen, im folgenden Beispiel sind es Preisänderungen, zum Anlass für geänderte Marketingmaßnahmen nehmen.

Eigener Preis der Leistung	Preis der Konkurrenz	Maßnahmen
200,-	200,-	Ausgangsbasis
200,-	180,-	Preis bleibt auf 200,- €, aber die Ausgaben für Werbung werden um 10 000,- € erhöht. In der Werbung soll die hohe Produktqualität in den Vordergrund gestellt werden.
180,-	150,-	Senkung des Preises auf 150,- €. Es soll die gleiche Werbestrategie verfolgt werden wie oben.
200,-	220,-	Beibehaltung des Preises.

Planung Marketing und Kosten

Marketingmaßnahmen- und Kostenplanung									
Planungsabschnitte / Marketing-Instrumente SOLL / IST	1. Quartal		2. Quartal		3. Quartal		4. Quartal		Marketingkosten insgesamt
	Maßnahmen	Kosten	Maßnahmen	Kosten	Maßnahmen	Kosten	Maßnahmen	Kosten	€
Informationsgewinnung SOLL	1. 2. 3.								
IST									
Änderungen									
Marktleistungen SOLL									
IST									
Änderungen									
Serviceleistungen SOLL									
IST									
Änderungen									
Preise und Konditionen SOLL									
IST									
Änderungen									
Werbung, Verkauf und PR SOLL									
IST									
Änderungen									
Distribution SOLL									
IST									
Änderungen									
Marketingaufwand insgesamt SOLL									
IST									
Änderungen									

Abb. 94: Aufbau einer 1-Jahres-Marketingmaßnahmen- und Kostenplanung

Rollende Planung

Bei Eintreten einer der genannten Wettbewerbsmaßnahmen geht das Unternehmen entsprechend den geplanten Marketingaktivitäten vor.

Wird das **Konzept der rollenden Planung** gewählt, dann muss sich das Unternehmen – zwangsläufig – auch mit Fragen der langfristigen Marketingplanung befassen, was beim Konzept der Alternativplanung nicht unbedingt erforderlich ist. Die rollende Planung ist geprägt durch **Verbesserung des Informationsstandes mit Hilfe von laufenden Überwachungen** (Soll-Ist-Vergleiche) sowie zusätzlichen Erkenntnissen und Erfahrungen im Zeitablauf. Mit Ende jeder Planungsperiode werden die vorliegenden Planwerte auf deren Richtigkeit für die nächste Periode überprüft, falls erforderlich angepasst und eine weitere Planungsperiode hinzugefügt.

Überlappende Marketing- und Unternehmensplanung

Das in Abbildung 95 dargestellte Beispiel einer 3-Jahres-Planung soll das Prinzip der rollenden Planung verdeutlichen. Vor Ende 2001, spätestens zu Beginn 2002, wird überprüft, in welchem Umfang die Marketingziele im abgelaufenen Jahr im Einzelnen erreicht wurden, ob die Planwerte für die restlichen vier Planperioden geändert werden müssen und welche Anhaltspunkte sich das Unternehmen für das neue 3. Planjahr vorgibt. Unter diesem Gesichtspunkt der **Verknüpfung von kurzfristigen Soll-Vorgaben und längerfristigen Orientierungsdaten** ist die überlappende Marketing- und Unternehmensplanung für jedes Unternehmen angeraten. Mit diesem Vorgehen wird das Unternehmen geradezu gezwungen, kontinuierliche Planung zu betreiben. Ein wesentlicher Vorteil, der bei der Alternativplanung nicht gegeben ist; dort kann auch für Einzelfälle, also mehr „nach Bedarf" geplant werden.

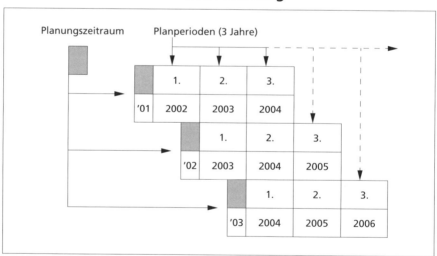

Abb. 95: Prinzip der rollenden Planung

12.2 Marketingkontrolle

12.2.1 Aufgaben und Ablauf

Im Rahmen der Ausführungen zur Marketingplanung wurde bereits darauf hingewiesen, dass **Planung ohne Kontrolle nicht sinnvoll** ist; das Unternehmen hat ohne **Vergleich von realisiertem Ist und geplantem Soll** keine Bestätigung für die Richtigkeit oder Fehlerhaftigkeit seines bisherigen Verhaltens. Damit fehlt dem Unternehmen aber eine wichtige Information für sein künftiges Verhalten im Betrieb und gegenüber Kunden und Konkurrenten. *Aufgabe der Marketingkontrolle*

Die **Aufgaben der Marketingkontrolle** sind:
- Ermittlung von Ergebnissen,
- Bestimmung von Maßstäben zur Beurteilung der Ergebnisse,
- Analyse der Abweichungsursachen,
- Auslösung von Korrekturmaßnahmen.

Korrekturentscheidungen können sich auf Zusammensetzung und Einsatz des Marketing-Mix, auf kurz- oder langfristig angestrebte Marketingziele oder auf die Durchführung der Marketingmaßnahmen erstrecken. *Informationen der Marketingkontrolle*
Erst mit Hilfe der Marketingkontrolle kann festgestellt werden, ob und in welchem Umfang die erzielten Ergebnisse auf
- nicht vorhersehbare Zufallseinflüsse (z. B. Witterungseinfluss, Personalmangel, kurzfristiger Nachfragerückgang o. Ä.),
- Fehlverhalten bei der Bestimmung der Marketingziele und Maßnahmen (ungenügende Konkurrenzanalyse, Fehleinschätzung der Nachfrageentwicklung) oder
- Fehlverhalten (Mängel) bei der Durchführung (Nichteinhalten der geplanten Maßnahmen, keine Zwischenkontrollen u. a. m.)

zurückzuführen sind. An den Erkenntnissen über Art und Umfang festgestellten Fehlverhaltens muss das Unternehmen seine Korrekturmaßnahmen ausrichten.

Wie die Aufgaben von Marketingplanung und -kontrolle organisatorisch gekoppelt werden können, zeigen die Ausführungen und speziell die Abbildung 26 im Kapitel 5.8.2 „Vertriebsplanung". In diesem Beispiel für eine Jahresumsatzplanung mit Soll-Ist-Vergleichen pro Monat und Quartal ist eine reale **Marketing-Steuerung** möglich. Durch die Abschreibung der jeweiligen Monatsergebnisse (Ist) vom Rest-Soll für das laufende Jahr hat das Unternehmen an jedem Monats- und Quartalsende eine genaue Information über bisherige Zielerreichung und das Umsatzziel für die restlichen Monate des Jahres. *Verknüpfung von Marketingplanung und -kontrolle*

Prozess der Marketing-Steuerung

Zieht das Unternehmen zur Bewertung der Ergebnisse noch Vergleichswerte aus der Vergangenheit hinzu, hat es einen relativ guten Informationsstand für eventuell notwendige Korrekturen oder zusätzliche Marketingmaßnahmen, um das Jahresumsatzziel zu erreichen. Diese Betrachtungen lassen erkennen, dass es sich bei der Marketingkontrolle um eine fortlaufende Beobachtung, Überprüfung und Beurteilung der Bedingungen im Markt und des Marktverhaltens des Unternehmens handelt. Nur so können einerseits Marktchancen und Marktrisiken rechtzeitig erkannt und andererseits **Marketing-Schwachstellen** identifiziert werden.

Dieser Prozess kontinuierlicher Informationsgewinnung und -verarbeitung für Marketingplanung und -kontrolle kann nach einem als Abbildung 96 wiedergegebenen Schema (Anlehnung an Kotler) gestaltet und überprüft werden.

Phasen des Marketing-Entscheidungsprozesses

Diese Darstellung zeigt in der oberen Reihe die Phasen der Ermittlung und Verwirklichung von Marketingmaßnahmen der **Analyse** (mit Diagnose und Prognose), der **Planung** (mit Zielfindung, Planerstellung und Bestimmung von „Standardwerten" oder Soll-Vorgaben, z. B. bezüglich Kosten, Absatzmengen oder Umsatzwerten) sowie der **Durchführung** (mit Ausführung der geplanten Maßnahmen und Ermittlung der erzielten Ergebnisse). In der unteren Reihe wird die **Kontrolle** als Fragenkette dargestellt, die in alle bisherigen Marketingaktivitäten hineingreift, wenn die Schlüsselfrage einer „zufrieden stellenden Zielerreichung" verneint wird. Dann muss es zu den hier exemplarisch aufgeführten Analysen und Korrekturentscheidungen kommen, um in späteren Plan- und Durchführungsperioden bessere Ergebnisse bei den Kontrollen feststellen zu können.

12.2.2 Strukturanalysen

Vergleichsarten

Zur Messung und Beurteilung von Ergebnissen einer Wirtschaftsperiode kann man z. B. auf
- **Soll-Ist-Vergleiche** (Vergleichswerte sind aus einer Wirtschaftsperiode)
- **Zeitvergleiche** (Vergleichswerte sind aus verschiedenen Wirtschaftsperioden)
- **Betriebsvergleiche** (Vergleichswerte sind aus ähnlich gelagerten Unternehmen)
- **Branchenvergleiche** (Vergleichswerte sind Durchschnittswerte der Branche) zurückgreifen.

Näheres findet sich in den Ausführungen im Band „Finanz- und Rechnungswesen".

Dabei hat das Unternehmen zu prüfen, ob es nicht mehrere der Vergleichsarten gleichzeitig einsetzt, um bessere Beurteilungsinformationen zu erhalten. Solche Vergleiche finden ihren Niederschlag in beschreibender Form als „Bericht" oder in konzentrierter Form als **„Kennzahl"**.

> Kennzahlen sind überwiegend Durchschnitts- und Verhältniszahlen, die bestimmte Marketingsituationen und -beziehungen überschaubarer und verständlicher darstellen sollen als dies durch eine reine Gegenüberstellung absoluter Zahlen möglich ist.

Struktur- und Beziehungs-Kennzahlen

Durch die Kombination von zahlenmäßig fassbaren Marketingtatbeständen (z. B. Gesamtumsatz/Kundenzahl in Periode Z) und dies etwa noch im Zeitvergleich (Durchschnitts-Umsatz pro Kunde in Perioden X und Y) erhält das Unternehmen Erkenntnisse über **Strukturgrößen** (z. B. Umsatz-, Kunden- oder Auftragsstruktur) und über **Beziehungsgrößen** (z. B. Gewinn pro Umsatzeinheit, Umsatzzuwachs pro € Einheit einer Preisreduktion oder Mehrumsatz durch XY € Verkaufsförderung). Im Zusammenhang mit der Marketingkontrolle sind es einerseits **Kunden- und Umsatzstruktur** und andererseits Marketing-**Erfolgsanalysen,** die für das Unternehmen von besonderem Interesse sind.

12.2 Marketingkontrolle

Marketingprozess

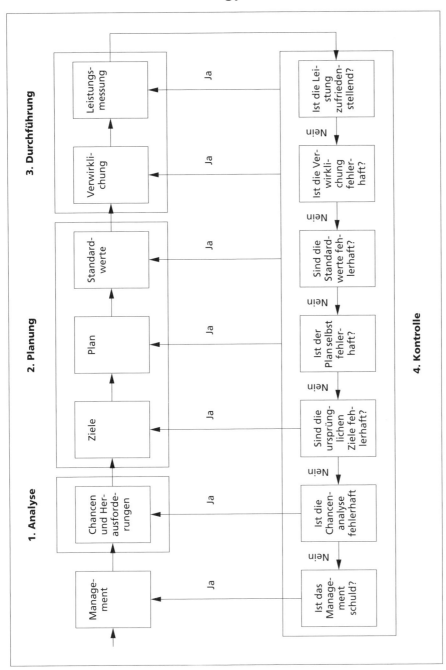

Abb. 96: Phasen des Marketing-Planungs- und Kontrollprozesses

12. Marketing – Steuerungsinstrumente

Beispiel:

Strukturanalyse (Beispiel)

Für das künftige Marketingverhalten des Unternehmens ist wichtig zu wissen, ob und in welchem Umfang Dauer- und Zufallskunden gegeben sind und wie das Auftragsvolumen strukturiert ist. Ergibt sich z. B., dass 10 % des Umsatzes mit 80 % der erhaltenen Aufträge gemacht wurden (vgl. Problematik der Reparaturaufträge), so stellt sich für das Unternehmen die Frage nach Verzicht auf diese 10 % Umsatzanteil. Durch Ersparnis oder Einschränkung auftragsfixer Kosten, die mit jedem Auftrag anfallen (Rechnung schreiben, Zeitplanung etc.), könnte u. U. ein höherer Gewinn erzielt werden; insbesondere wenn die erzielten Preise nicht sehr ertragsstark sind. Natürlich ist zu prüfen, ob solche Kleinaufträge zur Gewinnung von Anschlussaufträgen oder Großaufträgen unbedingt zu erbringen sind. Andererseits ist aber auch zu prüfen, ob solche Kleinaufträge nicht über Kooperation mit anderen, kleineren oder größeren Unternehmen erbracht werden können. Die positiven Wirkungen bei Kosten und Erträgen der beteiligten Unternehmen sind nicht zu unterschätzen.

Das Beispiel in Abbildung 97 soll die Aussagekraft solcher Strukturanalysen für die Marketingentscheidungen eines Unternehmens verdeutlichen:

Strukturanalyse

Größen-klasse	Jahresumsatz in € (Klassen)	Umsatz €	%	Kunden Anzahl	%	Rechnungen Anzahl	%
I	0,– bis 15,–	2 224,–	0,1	280	13,6	322	3,8
II	16,– bis 30,–	5 021,–	0,3	221	10,7	268	3,1
III	31,– bis 50,–	7 020,–	0,4	177	8,6	262	3,1
IV	51,– bis 75,–	11 230,–	0,7	182	8,8	347	4,0
V	76,– bis 100,–	8 960,–	0,5	103	5,0	242	2,8
Zwischensumme		34 455,–	2,0	963	46,7	1 441	16,8
VI	101,– bis 200,–	40 141,–	2,3	278	13,5	725	8,5
VII	201,– bis 500,–	108 376,–	6,4	331	16,0	1 449	16,8
VIII	501,– bis 1 000,–	157 242,–	9,3	221	10,7	1 437	16,7
IX	1 001,– bis 2 000,–	229 288,–	13,5	160	7,7	1 290	15,0
X	2 001,– bis 5 000,–	218 262,–	12,8	73	3,5	909	10,5
XI	5 001,– bis 10 000,–	133 379,–	7,9	20	1,0	562	6,5
XII	über 10 000,–	778 857,–	45,8	15	0,9	778	9,2
Summe		1 700 000,–	100,0	2 061	100,0	8 591	100,0

Abb. 97: Aufgliederung des Umsatzes, der Kundenzahl und der Rechnungen nach Jahresumsatz-Größenklassen.

Es zeigt sich, dass hier 46,7 % der Kunden nur 2 % des Gesamtumsatzes bringen. Eine weitere Analyse muss klarstellen, aus welchem Kundenkreis diese Kleinaufträge kommen (s. Abbildung 98).

Umsatz der Abnehmergruppen

Abnehmer-gruppen	Jahresumsatz		Zahl der Kunden		Umsatz je Kunde	Zahl der Rechnungen		Umsatz je Rechnung
	€	%		%	€		%	€
1. Großhandel	1 620 100,–	95,3	610	29,6	2 655,–	6 460	75,2	250,–
2. Industrie	66 300,–	3,9	993	48,2	67,–	1 589	18,5	41,–
3. Gewerbliche Verbraucher	5 100,–	0,3	180	8,7	28,–	198	2,3	25,–
4. Sonstige Kunden	8 500,–	0,5	278	13,5	30,–	344	4,0	24,–
Summe	1 700 000,–	100,0	2 061	100,0	825,–	8 591,–	100,0	198,–

Abb. 98: Gliederung des Umsatzes nach Abnehmergruppen

Es sind die Abnehmergruppen „Sonstige Kunden" und „Gewerbliche Verbraucher", die überwiegend Kleinaufträge bringen. Das Unternehmen hat zu entscheiden, ob es sich von diesen Kunden trennt, höhere Umsätze zu erreichen versucht oder die Situation belässt.

Die Situation wird noch transparenter, wenn man den Markt nach der Konkurrenzdichte in verschiedenen Absatzgebieten untersucht. Hier könnte sich folgendes Bild ergeben:

Konkurrenzdichte

Absatzgebiet	Potenzielle Kunden	Konkurrenten	Konkurrenzdichte
I	216	9	24,0
II	312	21	14,9
III	413	7	59,0
IV	171	4	42,8

Abb. 99: Konkurrenzdichte in verschiedenen Absatzgebieten

Im Markt II ist bei durchschnittlich 14,9 Kunden pro Unternehmen mit einem wesentlich härteren Auftragswettbewerb zu rechnen, als etwa in dem kleineren Markt IV, wo mit 42,8 Kunden pro Wettbewerber gerechnet wird. Weitere Hinweise erhält das Unternehmen, das seinen Standort im Markt II haben soll, wenn es einen Kundenumsatz-Zeitvergleich für diesen Markt durchführt. Eine Analyse einer Umsatzsteigerung von 20 % könnte folgendes Bild ergeben:

Kundenumsatz im Zeitvergleich

Markt II Abnehmergruppe	Umsatz € 2001	Umsatz € 2002	Umsatzzuwachs	Auftragsbestand
Privat	20 000,–	10 000,–	–50 %	–
Einzelhandel	30 000,–	45 000,–	+50 %	6,0 Monate
Großhandel	40 000,–	60 000,–	+50 %	4,5 Monate
Sonstige	10 000,–	5 000,–	–50 %	–
Summe	100 000,–	120 000,–	+20 %	–

Abb. 100: Kundenumsatz – Zeitvergleich

Bei den unterschiedlichen Entwicklungen ist zu prüfen, ob es sich um einen allgemeinen Trend oder um unternehmensspezifische Erscheinungen handelt. Außerdem ist die negative Situation bei den Auftragsbeständen bei Privatkunden dahin zu prüfen, ob dies eine Auswirkung gezielter oder unterlassener Marketingmaßnahmen darstellt.

12.2.3 Erfolgsanalysen

Absatz-Erfolgsanalysen

Zusätzlich zu solchen Strukturanalysen muss das Unternehmen in mehr oder weniger großen Zeitabständen auch **Absatz-Erfolgsanalysen** bei seinem Leistungsprogramm machen. Dadurch lassen sich wertvolle Erkenntnisse über die **Ertragskraft einzelner Leistungen oder Leistungsbereiche** gewinnen und Hinweise zur **Entwicklung, Stabilisierung oder Aufgabe von Leistungen** ableiten.

Absatzerfolg

Produkte	Umsatz in €	in % des Gesamtumsatzes	Aufträge (Stück)	Deckungsbeitrag I	Auftragsfixe Kosten	Deckungsbeitrag II	% des Gesamtdeckungsbeitrags
A	900 000,–	53	1 800	600 000,–	4 500,–	595 500,–	61,75
B	600 000,–	35	2 400	350 000,–	6 000,–	344 000,–	35,70
C	100 000,–	6	4 000	40 000,–	10 000,–	30 000,–	3,10
D	50 000,–	3	2 000	5 000,–	5 000,–	0	0
E	40 000,–	2	1 400	3 000,–	3 500,–	– 500,–	–0,05
F	10 000,–	0,5	1 200	2 000,–	3 000,–	–1 000,–	–0,10
G	10 000,–	0,5	1 600	–	4 000,–	–4 000,–	–0,40
Summe	1 700 000,–	100,0	14 200	1 000 000,–	36 000,–	964 000,–	100,0
Auftragsfixe Kosten je Auftrag = 2,50 €							

Abb. 101: Absatz-Erfolgsanalyse

Informationen über ertragsstarke oder schwache Leistungen

Hier wird deutlich, daß 2 von 7 Leistungsarten 88 % des Umsatzes erbringen. Die restlichen 12 % des Umsatzes bringen 5 Leistungsarten, wobei die Leistungen E, F und G nur einen Umsatzanteil von 3 % aufweisen. Steht das Unternehmen vor der Frage, sich auf einzelne Leistungen zu konzentrieren und ein gewinnbezogenes Marketing zu entwickeln, dann genügt diese Umsatzanalyse allein nicht mehr. Es müssen die Kostenbedingungen bei den einzelnen Leistungsarten mit berücksichtigt werden. Es gilt festzustellen, welches **ertragsstarke und ertragsschwache Leistungen** sind, wie hoch die Beiträge der Leistungen zur Abdeckung der fixen Kosten und damit letztlich zur Gewinnzielung sind.

Ermittlung von Deckungsbeiträgen

Aufgrund dieser Erkenntnisse wird das Unternehmen jene Leistungen ausbauen, die bereits einen hohen Deckungsbeitrag erbringen oder in Zukunft erwarten lassen. Als **Beurteilungsmaßstab** dient in der Regel der **Deckungsbeitrag II,** der aus allen Leistungen summiert, für die Deckung der Unternehmungsfixkosten (Kosten der Betriebsbereitschaft) und für die Gewinnzielung benötigt wird.

Die **Ermittlung der Ertragskraft einer Leistung oder eines Auftrags** erfolgt nach dem Schema:

<u>Erlös (Umsatz) pro Leistungseinheit (Auftrag)
./. variable Kosten (Einzelkosten)</u>
= Deckungsbeitrag I (DB I)
<u>./. auftragsfixe Kosten</u>
= Deckungsbeitrag II (DB II)

Ergänzt man die Werte aus Abbildung 100 noch um
- die Zahl der Aufträge,
- die erzielten Roherlöse (Deckungsbeitrag I) pro Leistungsart (Auftrag) sowie
- um Angaben über die auftragsfixen Kosten (beispielhaft 2,50 € je Auftrag),

dann lassen sich folgende Ertragsinformationen gewinnen:

Die Produktgruppen A, B und C bestreiten zusammen 94 % des Umsatzes und erbringen 100,55 % DB II. Die Produkte D – G tragen nicht oder negativ zum Gewinn bei. Bestehen vom Markt in Form von Kundenerwartungen oder von der Fertigungsseite des Unternehmens keine zwingenden Erfordernisse für die Beibehaltung des Leistungsangebots von D, E, F und G, dann sollten sie aufgegeben werden. Dies wird offensichtlich, wenn man diese Gesichtspunkte noch einem Zeitvergleich unterzieht – falls entsprechende Zahlen aus Vorjahren ermittelbar. Dann erhält das Unternehmen eine klare Erfolgsanalyse seines bisherigen Betriebs- und Marketingverhaltens.

Folgendes Beispiel (Abbildung 102) soll dies verdeutlichen:

Ergebnisanalyse

Leistungen	Umsätze	Zahl der Aufträge	Durchschnittsumsatz pro Auftrag	erwirtschafteter Deckungsbeitrag (DB)	DB in % vom Umsatz	Deckungsbeitrag pro Auftrag			Einzelkennzahlen zur Ergebnisanalyse
						lfd. Jahr	Vorjahr	± % geg. Vorjahr	
Leistungsteilprogramm „A"	150 000,–	30	5 000,–	90 000,–	60 %	3 000,–	2 880,–	+ 4 %	
Leistungsteilprogramm „B"	150 000,–	50	3 000,–	100 000,–	66²/₃ %	2 000,–	2 000,–	± 0 %	
Leistungsteilprogramm „C"	100 000,–	20	5 000,–	50 000,–	50 %	2 500,–	2 250,–	+11 %	
insgesamt	400 000,–	100	4 000,–	240 000,–	60 %	2 400,–	2 300,–	+ 4 %	

Abb. 102: Ergebnisanalyse I. Quartal

Die Analyse zeigt, dass das Leistungsteilprogramm „B", obwohl gleich umsatzstark wie Teilprogramm „A", bei kleinerem Umsatz pro Auftrag die ertragsstärkste Gruppe seiner Leistungen darstellt. Bei einem durchschnittlichen Gesamtdeckungsbeitrag von 60 % vom Umsatz ist „B" also überproportional. Unter diesen Gesichtspunkten sollte das Unternehmen seine Aktivitäten auf „B" konzentrieren. Diese Empfehlung könnte sich jedoch ändern, wenn die Deckungsbeiträge pro Auftrag und deren Entwicklung gegenüber dem Vorjahr mit zur Beurteilung herangezogen werden. Hier zeigen „A" und „C" Steigerungen, während „B" stagniert und im laufenden Geschäftsjahr um fast 17 % unter dem durchschnittlichen Deckungsbeitrag pro Auftrag liegt.

Das heißt, das Unternehmen hat im I. Quartal zu viele Aufträge der Gruppe „B" ausgeführt; es sollte sich künftig verstärkt um Aufträge für das Teilprogramm „A" oder „C" bemühen. Gezielte und erfolgreiche Marketingbemühungen (mehr Aufträge) bringen bei diesen Leistungen dem Unternehmen noch bessere Ergebnisse. Allerdings dürfen Entwicklungen im Markt (z. B. Konkurrenzaktivitäten, Veränderungen in den Einstellungen, Erwartungen oder in den Kaufgewohnheiten der Kunden oder einzelner Kundengruppen) bei der Bewertung der Kennzahlen nicht außer Acht gelassen werden.

Marketingorientiertes Kennzahlensystem

Neben diesen **Einzelkennzahlen** zur Zwischen- und Endkontrolle von Marketingaktivitäten, deren Ergebnisse und Wirkungen kann das Unternehmen zur Kontrolle (und letztlich auch zur Planung) seiner Gesamtaktivitäten in einer Wirtschaftsperiode auch auf **Kennzahlensysteme** zurückgreifen. Ein solches Kennzahlensystem kann erfolgen durch Aufspaltung einer (Haupt-)Kennzahl in Unter-Kennzahlen, die in der Mittel-Zweck-Beziehung zueinander stehen. Sie lassen von „unten" nach „oben" die Ursachen für das Ergebnis bei der Hauptkennzahl erkennen und ermöglichen entsprechende Korrekturmaßnahmen. Näheres ist im Band „Finanz- und Rechnungswesen" beschrieben.

Die Besonderheit eines **marketingorientierten Kennzahlensystems** besteht im Aufzeigen des Zusammenhangs von Gewinnerzielung, Kapitaleinsatz und erwirtschaftetem Umsatz als der zentralen Zielgröße.

Beispiel:

Beeinflussung von Umsatzrendite und Kapitalumschlag

Die **Rentabilität eines Unternehmens** ergibt sich aus der Multiplikation von erzielter Umsatzrendite oder Umsatzgewinnrate (Gewinn: Umsatz) und erzieltem Kapitalumschlag (Umsatz: Kapitaleinsatz) einer Wirtschaftsperiode. So kann z. B. eine Rentabilität von 18,37 % des eingesetzten (Gesamt-)Kapitals erreicht werden durch eine Umsatzrendite (Umsatzgewinnrate) von 10 % und einem Kapitalumschlag von 1,837 in dieser Periode oder über eine Umsatzrendite von 20 % und einem Kapitalumschlag von 0,9185 pro Jahr. Es zeigt sich, dass die gleiche Rentabilität mit unterschiedlichen Teilergebnissen erreicht werden kann. Erst die Analyse dieser Kennzahlen bringt Klarheit für Marketing- und Betriebsentscheidungen. Es gilt die **Beeinflussungsgrößen der Umsatzrendite und des Kapitalumschlags** zu erkennen und so zu steuern, dass die geplante Unternehmensrendite auch erreicht werden kann. Dies betrifft z. B. die Preis- und Mengenstruktur beim Gesamtumsatz einerseits sowie die Mengen- und Wertstruktur bei den Kosten und der Vermögensstruktur des Unternehmens andererseits. Insofern müssen alle Marketingmaßnahmen unter dem Gesichtspunkt ihrer Wirkung auf das Unternehmen insgesamt getroffen werden.

Erfolge oder Misserfolge im Marketing beeinflussen letztlich nicht Kunden-, Preis- und Mengenstruktur des Umsatzes, sondern wirken auf Umsatzrendite und Kapitalumschlag des gesamten Unternehmens. Daher muss das **Marketingdenken** eine zentrale Stellung neben dem **Kostendenken** einnehmen.

Marketing- und Kostendenken

> Die Überlegungen, Entscheidungen und Maßnahmen im **Marketing** (Leistungsangebot) müssen insoweit das **Ergebnis von ganzheitlich ausgewogenen Kosten- und Ertragsüberlegungen** sein, wenn der Erfolg oder Fortbestand des Unternehmens auch langfristig gesichert werden soll.

Wiederholungsfragen zum 12. Kapitel

1. Worin unterscheiden sich Planung und Improvisation? (Seite 240)
2. Welche Hauptaufgaben lassen sich bei der Marketingplanung zuordnen? (Seite 240–242)
3. Wie würden Sie die Aussage begründen, dass durch Marketingplanung die Flexibilität des Unternehmens vergrößert wird? (Seite 242)
4. Was sind die Phasen (Arbeitsschritte) einer Marketingplanung? (Seite 243, 244)
5. Worin sehen Sie Unterschiede zwischen Prognosen und Planung? (Seite 243)
6. Worin sehen Sie die Vorteile des Konzepts der rollierenden Planung für ein Unternehmen? (Seite 248)
7. Welche Funktion hat die Kontrolle im Prozess der Marketingplanung eines Unternehmens? (Seite 249)
8. Welche Vergleichsarten kann ein Unternehmen zur Marketingkontrolle verwenden? (Seite 250)
9. Welche Informationen lassen sich mit Struktur- und Erfolgsanalysen im Rahmen der Marketingkontrolle gewinnen? (Seite 250, 253)
10. Welche Überlegungen führen dazu, dem Marketing- und Kostendenken eine zentrale Stellung einzuräumen? (Seite 255, 256)

A

ABC-Analyse 95
Ablauforganisation 80
Absatz, direkter 228
–, indirekter 229
Absatz-Erfolgsanalysen 254
Absatzerfolgsrechnung 188
Absatzfinanzierung 205
Absatzform 230
Absatzhelfer 232
Absatzmittler 229
Absatzplan 62
Absatzpolitik 22
Absatzwege 228
Abschlussbezogene Leistungen 191
Abschlussbezogene Serviceleistungen 193
Aktive Ideensuche 182
Alleinwerbung 210
Alternativplanung 246
Aufbauorganisation 79
Aufgabe 174
Auslaufprodukt 26, 32
Ausprägung 48
Ausprägung der Erfolgsfaktoren 45
Ausstellung 232

B

Balkendiagramm 89
Basisziele 129
Bedarf 125, 152, 179
Bedarfsbündel 179
Bedarfsforschung 162
Bedarfslage 162
Bedürfnisfeld 162
Befragung 165
Begrenzungsfaktoren 161
Beobachtung 165
Beraterpflege 233
Bereitstellungsplan 62
Beschaffungsplan 62
Beschaffungspolitik 22
Bestimmungsfaktoren 161
Betriebsanalyse 140, 173
Betriebsanalyse, Aufgabe 174
Beziehungen zu den Mitarbeitern 23
–, zu Kapitalgebern 23
–, zu Verbänden 23
–, zur Öffentlichkeit 23
Branchen-Erfolgsfaktoren 39, 41
Break-even-Analyse 199

C

Corporate Behavior 143
Corporate Design 143
Corporate Identity 142, 144

D

Deckungsbeitragsrechnung 199, 200
Demographische Segmentierung 148
Differenzierte Marktbearbeitung 157
Differenziertes Marketing 187
Differenzierung 36
Direkter Absatz 228, 229
Distributionsorientierte Ideensuche 182
Diversifikation 153, 186

E

E-Business 132
Einsatzplanung 215
Einzelkennzahlen 256
Einzelwerbung 209
Erfolgsfaktoren 28, 39, 42
–, Aktivitätenplan 46, 50
–, Ausprägung 45, 48
–, branchenspezifisch 39
–, Priorisierung 46, 49
–, unternehmensspezifisch 40
–, Vernetzung 44
–, Vernetzungsmatrix 45, 47
Ertragsschwache Leistungen 188
Exklusive Marktbearbeitung 158
Expansionspolitik 22
Externes Wachstum 153

F

Finanzierung 231
Finanzplan 62
Finanzplanung 65, 69
Finanzpolitik 22
Firmenneuheiten 179
Firmenwerbung 210
Fixierung der strategischen Ausrichtung 26
Flexibilität 12
Formale Ziele 52
Führungssysteme 93
Funktionale Kooperation 156
Funktionsanalyse 182

G

Ganzheitliche Unternehmensprofilierung 146
Gemeinkosten-Wertanalyse 93
Gemeinsame Lösungen 24
Geographische Segmentierung 148
Geschäftsfeld 124, 129
Geschäftsfeldwahl 125
Geschäftsgrundsätze 18, 22
Gesprächsvorbereitung 233
Gewinner-Gewinner-Spiel 28
Glaubwürdigkeit 24
Grundnutzen 187

H

Hausmesse 232
Hochpreis-Strategie 202
Horizontale Kooperation 156

I

Ideen 180
 –, neue Leistungen 180
Ideensuche, aktiv 182
 –, distributionsorientiert 182
 –, leistungsorientiert 182
 –, marktorientiert 182
Imagebildung 145, 147, 208, 222
 –, leistungsbezogen 222
 –, unternehmensbezogen 222
Imagepflege 208
Imitation 151, 179
Improvisation 239
Indirekter Absatz 229
Information 77, 123, 166, 231
 –, Konjunktur 161
 –, Konkurrenz 161
 –, Kunde 160
Informationsgewinnung 166
Informationsquelle 166
Informationssystem 13, 71, 93
Innerbetrieblicher Standort 137
Innovation 11, 13, 24, 37, 151, 179
Innovationsanalyse 28
Innovationskraft 24
Instrumentarium 197
Internes Wachstum 154
Internet 132, 174, 191, 215
Investitionsplan 62

K

Kapitalumschlag 256
Kaufbeeinflussung 148
Kaufentscheidung 233
Kaufentscheidung, Absicherung 233
Kennzahlen 174, 250
Kennzahlensysteme 256
K-Informationen 160
Kollektivwerbung 210
Kommunale Wirtschaftsförderung 135
Kommunikations-Mix 206
Konditionen 196, 205
Konjunkturinformationen 161
Konkurrent, Reaktionsprofil 170
Konkurrenzanalyse 170
Konkurrenzforschung 163
Konkurrenzinformationen 161
Konkurrenzorientierte Preisbildung 201
Kontrolle 22, 60, 64
Kontrollsystem 64

Konventionalstrafe 205
Konzentration 37
Kooperation 154, 231
Kooperationsfibeln 156
Kooperationsformen 156
Kooperationsmanagement 156
Kooperative Zielvereinbarung 54, 57
Kostendenken 257
Kosteneinsparungen 93
Kostenführerschaft 35, 36
Kostenorientierte Preisbildung 198
Kostenplan 62
Kreditgewährung 205
Kritischer Weg 92
Kunden 93
Kundenanalyse 30, 31
Kundendienst 190, 194
Kundeninformationen 160
Kundenpflege 233
Kundentypen 234
Kundenzufriedenheit 123

L

Layoutplanung 137
Lean Management 98
Leasing 205
Lebenszyklus, Positionsbestimmung 127
Leistungen, abschlussbezogen 191
 –, ertragsschwach 188
 –, verwendungsbezogen 191
Leistungsangebot 179
Leistungsanpassung 177
Leistungsdifferenzierung 142, 177, 186
Leistungsimage 142
Leistungskombinationen 179
Leistungskompetenz 144
Leistungsorientierte Ideensuche 182
Leistungsorientierung 141
Leistungspolitik 178
Leistungsvarianten 187
Leistungswerbung 210
Leistungswettbewerb 141, 151
Lieferbedingung 205
Liquiditätsplanung 66, 68
Lösungen, gemeinsame 24

M

Marketing 123, 124, 131, 134, 231
 –, Absatz-Erfolgsanalysen 254
 –, Aktionen 241
 –, Aktionsziele 130
 –, Alternativplanung 246
 –, Basisziele 127, 129
 –, Diagnose 242
 –, differenziert 187

–, Endkontrolle 244
–, Grundsatzentscheidungen 124
–, Instrumente 176
–, Kommunikation 206
–, kontinuierliche Planung 248
–, Kontrolle 249
–, Konzepte 139
–, Konzeption 124, 126, 131
–, Langfristziele 243
Marketing, Planung 239
–, Planung 239, 242, 245, 248
–, profilierendes 142
–, Prognose 242
–, Risiken 240
–, rollende Planung 248
–, Schwachstellen 249
–, Soll-Ist-Vergleich 243
–, Steuerungsinstrumente 239
–, Strategien 124, 243
–, Strukturanalysen 252
–, undifferenziert 187
–, Ursachenanalyse 244
–, Ziele 124, 240
–, Zwischenkontrolle 244
Marketing-Aktionsziele 130
Marketingdenken 123, 257
Marketingorientiertes Kennzahlensystem 256
Marketingplanung 239
Marketingrisiken 240
Markt 129
Marktanalyse 164
Marktanpassung 151
Marktauftritt 141
Marktausweitung 127, 129
Marktbearbeitung, differenziert 157
–, exklusiv 158
–, selektiv 158
–, undifferenziert 157
Marktbeeinflussung 151
Marktbeobachtung 164
Marktdurchdringung 152
Marktentwicklung 152
Markterkundung 160
Markterschließung 127
Marktforschung 140, 160, 163, 167, 168
Marktforschungsmethoden 163
Marktinnovation 37
Marktneuheiten 179
Marktorientierte Ideensuche 182
Marktpotenzial 162
Marktprognose 164
Marktsättigung 162
Marktsegmente 148, 187
Marktsegmentierung 148
Marktsicherung 127
Marktverhalten 161

Marktverzicht 127
Marktziele 129
Massenwerbung 209
Materiale Ziele 52
Melkkuh 26, 32
Messe 232
Mischstrategien 141, 154
Mitarbeiter 13, 93
Mitbewerberanalyse 29

N
Nachfrageorientierte Preisbildung 200
Nachwuchsprodukt 26, 32
Netzplantechnik 86, 91
Neu- oder Weiterentwicklung 179
Neue Leistungen 179, 180
Neuer Verbraucher 162
Niedrigpreis-Strategie 202
Nischenstrategie 37
Nutzwertanalyse 110, 113

O
Öffentlichkeitsarbeit 222
Öffentlichkeitsarbeit, Maßnahmen 222
Ökologisches Gesetz des Lernens 12
Organisation 18, 22, 77, 85, 93
–, Anforderungen 78
–, Detailuntersuchung 85
–, Einführung des Systems 85
–, Phasen 83, 85
–, Systemkonzeption 85
–, Systemrealisation 85
–, Voruntersuchung 85
Organisationsgestaltung 83
Organisationssysteme 78
Organisationsverhalten 93

P
Personal 231
Personalplan 62
Planhierarchie 62
Planung 20, 60, 61, 65, 239
–, Absatz 62
–, Änderung 63
–, Aufbau 63
–, Bereitstellung 62
–, Beschaffung 62
–, Elastizität 63
–, Ergebnis 70
–, Finanzen 62, 65, 69
–, Grundlagen 61
–, Grundsätze 62
–, Hierarchie 62
–, Interdependenz 63
–, Investition 62

–, Jahresumsatz 72
–, Konstanz 62
–, Kontrolle 63
–, Kosten 62
–, Motivationsfunktion 63
–, Personal 62
–, Produktion 62
–, Schwerpunkte 62
–, System 62, 63
–, Vertrieb 71, 73, 75
–, Vorteile 73
–, Wechselwirkung 63
Planungsgefälle 239
Planungsgrundsätze 62
Portfolio-Analyse 32, 34
Portfolio-Matrix 125
Preisänderung 202, 203
Preisbestimmung 198
Preisbildung 202
  –, konkurrenzorientiert 201
  –, kostenorientiert 198
  –, nachfrageorientiert 200
Preisdifferenzierung 201
Preisführerschaft 35
Preisgestaltung 196, 203
Preiskompetenz 144
Preisniveau 197
Preisorientierung 141
Preispolitik 196, 197
Preiswettbewerb 141, 142, 151
Primärforschung 165
Priorisierung der Erfolgsfaktoren 46
Problembündel 139
Problemlösung 142
Problemlösungspaket 162
Problemlösungsstrategie 139
Problemtreue 139, 140
Produktanalyse 26, 32
Produktdifferenzierung 186
Produktentwicklung 152
Produktinnovation 37
Produktionsplan 62
Produktlebenszyklus 32, 33, 127
Produkt-Portfolio 33
Produkttreue 139
Profilierung 142, 146, 147
Prognosen 242
Projekt 88
Projektmanagement 86, 87, 90, 115, 120, 121
Prozessinnovation 37
Publik-Relation 222
Punktwertung 186

Q
Qualitätsmanagement 103
Qualitätspolitik 141
Qualitätszirkel 38

R
Reaktionsprofil des Konkurrenten 170
Regelkreis 22
Regionale Kooperation 156
Relativer Marktanteil 126
Rentabilität 256

S
Scharfschützenmethode 149, 157
Schnelligkeit 12
Schrotflintenmethode 149, 157
Segmentierung, demographisch 148
  –, geographisch 148
  –, Gesichtspunkte 149
  –, Kriterien 150
  –, nach Produktvorteilen 149
  –, sozio-psychographisch 149
  –, Strategien 148
Sekundärforschung 166
Selektive Marktbearbeitung 158
Service 190
Serviceerwartungen 194
Serviceleistungen 191
  –, abschlussbezogen 193
  –, kaufmännische 193
  –, technische 193
  –, verwendungsbezogen 193
Servicepräferenzen 194
Skonto 205
Soll-Ist-Vergleich 240
Sortimentsbereinigung 188, 189
Sortimentserweiterung 153
Sortimentsfunktion 229
Soziale Ziele 52
Sozio-psychographische Segmentierung 149
Standort 135
Standortanalyse 137
Standortfaktoren 135
Standortspaltung 137
Standortverlegung 137
Stern 26, 32
Steuerungsinstrumente 239
Strategie der Einsparungen 179
  –, der Leistungsorientierung 141
  –, der Neu- oder Weiterentwicklung 179
  –, der Preisorientierung 141
Strategien 18, 26, 27, 35, 36, 93, 124, 148, 151, 231
Strategische Planung 18
Strategisches Geschäftsfeld 125
Subunternehmertum 11

T

Tätigkeitsfeld der Unternehmung 22
Teilkostenrechnung 200
Teilziele 54, 60, 61
Test 166

U

Umsatzrendite 256
Undifferenzierte Marktbearbeitung 157
Undifferenziertes Marketing 187
Unternehmen, ganzheitliche Profilierung 146
 –, Erfolgsfaktoren 42
 –, Kontrolle 22
 –, Planung 20
 –, Strategien 18
 –, strategische Planung 18
 –, Tätigkeitsfeld 22
 –, Ziele 20
Unternehmensführung, Elemente 18, 19
Unternehmensführung, Tendenz 16
 –, Ziele 15
Unternehmensgrundsätze 18, 22
Unternehmensleitbild 145
Unternehmensorganisation 18
Unternehmensziele 52, 53

V

Verdrängungswettbewerb 141
Verkauf 233
 –, Gespräch 233
 –, Gesprächsvorbereitung 233
 –, Kundentypen 234
 –, Prozess 234
Verkaufsförderung 218
 –, nichtpersonenbezoge 219
 –, personenbezoge 219, 220
 –, sachliche 219
Verkaufsgespräch 233
Verkaufsprozess 234
Vermietung 205
Vernetzung der Erfolgsfaktoren 44
Vernetzungs-Matrix 44, 45
Vernetzungsmatrix der Erfolgsfaktoren 45, 47
Vernetzungstechnik 42
Vertikale Kooperation 156

Vertrieb 235
Vertriebslogistik 235
Vertriebsplanung 71, 73, 75
Verwendungsbezogene Leistungen 191
 –, Serviceleistungen 193
Vorteile einer Planung 73
Voruntersuchung 85

W

Wachstum, extern 153
 –, intern 154
Wachstumspolitik 22
Wachstumsstrategie 151, 154
 –, geschäftsfeldspezifisch 154
Wahl des Standorts 135
Weiterentwicklung, Leistung 186
Werbeaktivitätenrechnung 212
Werbeart 209
Werbeaussagen 213
Werbebudget 210
Werbekonstanten 224
Werbemittel 214, 215
 –, Einsatzplanung 215
 –, Gestaltung 215
Werbeplanung 217
Werbestrategien 216
Werbeträger 213, 214
Werbewirkungen 208
Werbeziele 208
Werbung 206
 –, Zeitmuster 216
Wertanalyse 182
Wettbewerbsanalyse 26, 29
Wettbewerbsstrategie 140, 141
Wirkungsmultiplikation 241
Wissenstreue 139, 140

Z

Zahlungsbedingung 205
Zeitmuster 216
Ziele 20, 52, 53, 54
Zielgruppen 148
Zielgruppentrennung 149
Zielvereinbarung 54, 57, 58
Zulieferer 163
Zusatznutzen 187

Die Autoren:

Prof. Dr. Kurt Nagel, promoviert und habilitiert in Betriebswirtschaft, seit ca. 35 Jahren Ratgeber von Entscheidungsträgern in großen und mittelständischen Unternehmen in Managementfragen, Lehrbeauftragter und Honorarprofessor an der Universität Würzburg, Verfasser und Mitautor von ca. 40 Büchern, Inhaber der Beratungs- und Weiterbildungsfirma „Systeme für Erfolg".

Dr. Heinz Stark, Jahrgang 1940, Studium der Betriebswirtschaftslehre, 1971 Promotion mit einer Arbeit zum Thema „Beschaffungs-Marketing". Heinz Stark arbeitete im Bereich Betriebswirtschaft an der Universität Stuttgart und an der Akademie des Handwerks Baden-Württemberg. Seit 1994 ist er als Unternehmensberater tätig und war von 1994–2000 auch Mitglied der Geschäftsführung einer mittelständischen Holding in Baden-Württemberg. Spezialisiert auf Fragen der ganzheitlichen Unternehmensführung, des Marketing und der Beschaffung in mittelständischen und handwerklichen Unternehmen, Dozent zahlreicher Seminare und Autor vieler Veröffentlichungen.